Ulrike Lunacek

»Frieden bauen heißt weit bauen«

Von Brüssel ins Amselfeld und retour:
Mein Beitrag zu Kosovos/Kosovas Weg in die EU

Vorbereitet und aufgezeichnet
von
Wolfgang Machreich

Wieser Verlag

Die Herausgabe dieses Buches erfolgte mit freundlicher Unterstützung durch *Cicero – Verein zur Förderung der literarischen, essayistischen und wissenschaftlichen Erkundung in Europa*, *ERSTE Stiftung*, *Land Niederösterreich* und *Stadt Wien*.

ERSTE Stiftung KULTUR NIEDERÖSTERREICH WIEN KULTUR

Wieser Verlag GmbH

A-9020 Klagenfurt/Celovec, 8.-Mai-Straße 12
Tel. +43(0)463 37036, Fax +43(0)463 37036-90
office@wieser-verlag.com
www.wieser-verlag.com

Lektorat: Josef G. Pichler
ISBN 978-3-99029-304-1

Inhalt

Einleitung
Warum Andere und Anderes den Reichtum Europas ausmachen

Oliver Ivanović war einer, der anders war. Sein Anders-Sein – nämlich ein gemäßigter Serbe aus Nord-Mitrovica, des Albanischen mächtig, zu sein – war wahrscheinlich einer der Gründe für seine brutale Ermordung am 16. Jänner 2018. Der Politiker, der sich dafür stark machte, die Realität der Unabhängigkeit von Kosovo/Kosova anzuerkennen, der die Ansicht vertrat, die kosovarischen SerbInnen sollten sich in dem neuen Staat engagieren und für ihre Rechte als Minderheit eintreten, war vielen ein Dorn im Auge. Seine politischen Haltungen waren eindeutig: sowohl gegen den fortgesetzten und verstärkten Einfluss Belgrads in Kosovo/Kosova als auch gegen die Missstände in der neuen Republik. Vor allem aber machte er sich bei den mafiösen Netzwerken im Norden unbeliebt, benannte er doch diese und die von Belgrad immer noch unterstützten Parallelstrukturen als Ursache für Gewalt und Rückständigkeit. Schon einmal war er 2005 einem Attentat entgangen. Auch in jüngster Zeit war er bedroht worden, und gab in einem Interview mit dem serbischen Journalisten Dejan Anastasijević im September vergangenen Jahres wohl einen Hinweis darauf, wer ein Interesse daran haben könnte, ihn zu ermorden: »Diese Menschen fürchten sich nicht vor Albanern, sondern vor Serben, lokalen Kriminellen, die ohne Nummernschilder in Jeeps durch die Stadt fahren.« Zu hoffen ist, dass durch die Tatsache, dass mittlerweile – zum ersten Mal seit der Ausrufung der Unabhängigkeit vor zehn Jahren – die Staatsanwälte beider Staaten zusammenarbeiten, die Täter rasch ausgeforscht und vor Gericht gestellt sowie verurteilt werden. Und für die Aufarbeitung und das Ende des Schürens gegenseitiger Vorwürfe wäre es hilfreich, wenn die serbische Delegation an den Brüsseler Dialogtisch zurückkehrte und dort zukunftsfähiges Handeln vor rückwärtsgewandter Rhetorik an den Tag legte. Ivanovic' Anders-Sein kam auch darin zum Ausdruck, dass er sich weigerte, Kosovo/Kosova weiterhin als »heiliges serbisches Land« zu betrachten, sondern er war der Überzeugung: Nicht die Berge und Wälder seien serbisch, sondern die Menschen.

Die schwarzen Smog-Wolken über Prishtina in diesen Jänner-Tagen des Jahres 2018 haben mit der Ermordung von Oliver Ivanović nichts zu tun. Aber die durch ein uraltes Kohlekraftwerk, Hausbrand und Autoabgase produzierte höchst gesundheitsgefährdende Luft über der Hauptstadt kann als symptomatisch bezeichnet werden für die politische Stimmung im Land. Weit weg von den politisch sonnigen Tagen, von der Aufbruchstimmung vor zehn Jahren, die Mühen der Ebene ernüchtern und drücken die hoch fliegenden Hoffnungen nach unten. Und der von 43 Abgeordneten im Parlament eingebrachte Antrag auf Abschaffung des Sondergerichtes wegen Kriegsverbrechen, das demnächst Anklagen erheben wird, die einige der führenden Persönlichkeiten des Landes treffen könnten, tut das Seine zur Lähmung des Landes. Nichts geht mehr. Der Antrag – zweieinhalb Jahre, nachdem Regierung und Parlament grünes Licht für den Gerichtshof gegeben haben – wird derzeit hin und hergeschickt, anstatt zurückgezogen oder abgelehnt zu werden. Momentan, bei Drucklegung dieses Buches, harrt er auf dem Tisch des Regierungschefs der weiteren Behandlung. Zum Glück ist die Regierung gespalten, und der Antrag wird im Parlament wohl doch nicht zur Abstimmung kommen. Aber Aufbruchstimmung ist das keine, zehn Jahre nach dem 17. Februar 2008.

Das »Balkan Investigative Reporting Network«, kurz BIRN genannt (birn.eu.com), ein Leuchtturm des unabhängigen und investigativen Journalismus mit Print- und Online-Publikationen, Radio- und TV-Präsenz am ganzen Westbalkan und so auch in Kosovo/Kosova, hat mich im September 2011 um einen Kommentar gebeten. Gefragt wurde nach meiner Antwort auf die Frage: Was hat die EU jemals für Kosovo/Kosova getan? Eine ziemliche Provokation, war meine erste Reaktion auf diese Anfrage., sogar der Begriff »Frechheit« kam mir im ersten Moment in den Sinn. Ich habe nach einiger Überlegung den Kommentar dann dennoch geschrieben. Meine Kommentar-Antwort auf diese zweifellos provokante Frage, in einem Satz zusammengefasst, hat schließlich gelautet: Die EU

hat viel geleistet in personeller, institutioneller, finanzieller Hinsicht – aber auf politischer Ebene letztlich doch nicht genug, da sie aufgrund der Uneinigkeit der Mitgliedsländer schwächer ist, als sie sein könnte.
Insofern ist dieses Buch eine auf acht Jahren als Kosovo-Berichterstatterin des Europaparlaments basierende Fortsetzung meines damaligen kurzen Innehaltens und Nachdenkens über das Fordern und Gefordert-Werden, das Geben und Nehmen, das Hin und Her zwischen EU, den mittlerweile und gerade noch 28 Mitgliedsstaaten und der Republik Kosovo/Kosova. Dieses Buch handelt von dem, was die Europäische Union mit ihren Institutionen und 28 Mitgliedsstaaten zum Aufbau des unabhängigen Staates Kosovo/Kosova beigetragen hat, von den Erfolgen und von den Fehlern und Versäumnissen. Dieses Buch thematisiert die Leistungen der kosovarischen Politik und ihre durch viele innere wie äußere Faktoren verursachten Fehler und Mängel. Und dieses Buch versucht in jedem Kapitel den Bogen von der Politik zu den Menschen, zu den Bürgerinnen und Bürgern zu spannen, für die und zu deren Nutzen und Vorteil ja all die Programme, Vereinbarungen, Abkommen, Initiativen, Berichte, Resolutionen usw. gedacht sind, die unter dem abstrakten Begriff »EU-Erweiterungspolitik« zusammengefasst werden.
Als Conclusio in meinem damaligen BIRN-Kommentar habe ich neben erweiterungspolitischen und -technischen Maßnahmen auf einen mir nach wie vor wichtigen Punkt gedrängt: Ich habe eingemahnt, dass die EU-Institutionen

wie auch wir EU-PolitikerInnen und generell die BürgerInnen der EU den KosovarInnen das Gefühl vermitteln müssen, dass sie »zu uns, zu Europa« gehören und wir sie in der EU haben wollen, und dass sie mit-gemeint sind, wenn EU-ropäerInnen über Südosteuropa und den westlichen Balkan sprechen. Dann, so meine damalige Zuversicht, würden weder BIRN noch andere mehr fragen, was die EU für Kosovo/Kosova tut und jemals getan hat.

Die leider schon verstorbene Wiener Journalistin Christine von Kohl, dänischer Herkunft und ausgestattet mit großer Kenntnis und grenzenloser Liebe zum Balkan, hat in ihrer Wiener Vorlesung zum Thema »Balkan – europäischer Kulturraum« am 16. Juni 2004 auf die Frage, warum es so wichtig ist, die Mentalität der Menschen am Balkan zu verstehen, geantwortet: »Sehr einfach: weil diese Menschen zu Europa gehören. Ungeachtet der uns fremden Elemente in ihrem Wesen, ihrem Verhalten, die aus Erfahrungen herrühren, die wir – im Westen – nicht hatten.« Vor diesem Hintergrund hat Christine von Kohl die Forderung an uns westliche EU-Europäerinnen und -Europäer – übrigens auch und vor allem zu unserem eigenen Nutzen – erhoben: »Wenn aber wir, der Westen Europas, die Bereitschaft aufgeben, ›andere‹ und ›anderes‹ innerhalb des Kontinents als Teil des Reichtums Europas zu verstehen und entsprechend anzuerkennen, dann wird es hier keine friedliche Gemeinsamkeit in der Zukunft geben können. Eine Zweiklassengesellschaft unter einem

Dach würde eine ständige Beunruhigung und Bedrohung bedeuten, weil sie – die Geschichte hat uns dies längst gelehrt – kein bleibender Zustand sein kann.« Diese Kritik trifft übrigens, aus heutiger Sicht – 14 Jahre nach dem Big Bang der großen Erweiterung um 12 Staaten 2004 und 2007 – auch auf die östlichen, immer noch neueren Mitgliedsstaaten zu.
Gerade im Falle Kosovo/Kosova zeigt uns die noch nicht so weit zurückliegende Geschichte, wohin eine »Zweiklassengesellschaft unter einem Dach« – im früheren Jugoslawien – geführt hat: zu Unterdrückung, Verfolgung, Vertreibung und letztlich zu Krieg gegen eine ethnische und – das ist heute wieder wichtiger geworden, als es im größtenteils säkularen Jugoslawien war – religiöse Minderheit. Im von der EU moderierten »Normalisierungsdialog« zwischen Serbien und Kosovo/Kosova geht es weniger um die Aufarbeitung dieser konfliktreichen Vergangenheit, sondern um die Neuausrichtung des künftigen Verhältnisses zwischen diesen beiden Staaten am Weg der Integration in die Europäische Union. Das europäische Ziel in diesem Dialogprozess, nach dem Motto »Kooperation statt Konfrontation«, mit dem die Europäische Union nach dem Zweiten Weltkrieg Frieden fand und wirtschaftlich groß wurde, ist der Aufbau eines gutnachbarschaftlichen Neben- und Miteinanders der beiden Staaten und ihrer Regierungen sowie ihrer BürgerInnen. Wie dieses Ziel erreicht werden kann und was und oft auch wer dieser guten Nachbarschaft zwischen SerbInnen und KosovarInnen entgegensteht, ist ein weiteres Kern-

thema dieses Buches. Oft wird das Beispiel Südtirol-Autonomie als Vorbild zitiert. Ich nehme mir den französischen Piloten und Schriftsteller Antoine de Saint-Exupéry, weltberühmt durch seine Erzählung »Der Kleine Prinz«, als Beispiel. Er hat in seinem Buch »Die Stadt in der Wüste« eine Strategie beschrieben, wie Minderheiten gut in ein Staatsganzes integriert werden können. Wie kann der Staat, der eine ethnische und kulturelle Mehrheit repräsentiert, auch zur Heimat, zum akzeptierten Staat für die auf seinem Gebiet lebende(n) Minderheit(en) werden? Das war und ist nach wie vor die alles entscheidende Frage für die im Nordkosovo wie auch im Süden von Kosovo/Kosova lebenden SerbInnen: »Den Frieden bauen«, schreibt de Saint-Exupéry, »heißt den Stall weit genug bauen, damit die ganze Herde darin schlafe.« Mit einem guten Bild wird hier erklärt, was weitgehende Autonomie und Selbstbestimmungsrechte leisten müssen: Ein weit genug ausladendes Dach für alle Bürgerinnen und Bürger zu schaffen, damit der Staat, in diesem Fall Kosovo/Kosova, als gemeinsames Haus für alle akzeptiert wird. Gleiches gilt natürlich auch für das gemeinsame Haus Europa, das gleichsam so weit gebaut gehört, dass auch die sechs südosteuropäischen Staaten, die rundherum von EU-Mitgliedsstaaten umgeben sind, darin Platz und Zuhause, ja sogar Heimat finden.

Nach acht Jahren intensiver Beschäftigung mit Kosovo/Kosova und der Region als zuständige Berichterstatterin des Europaparlaments und mit der Erfahrung aus mehr als zwei Dutzend Reisen nach Kosovo/Kosova und in die Region sowie vielen Kontakten und Begegnungen sage ich aus tiefster Überzeugung: Wir EU-ropäerInnen haben auch die Verpflichtung, die großen Hoffnungen, die gerade die BürgerInnen Kosovos/Kosovas in die EU setzen, nicht zu enttäuschen. Die Kosovarinnen und Kosovaren sollen endlich – Krieg, Vertreibung, Flucht liegen für die Kosovo-AlbanerInnen nicht einmal zwanzig Jahre zurück – ein »normales« Leben in einem »normalen« und weltweit anerkannten Staat, weder von der EU isoliert noch von Nachbarn angefeindet, führen dürfen. Dies ist der Auftrag, den die EU aus ihrer Entstehungsgeschichte und auch mit der Annahme des Friedensnobelpreises übernommen hat. Dass das Europaparlament neben der EU-Kommission ein verlässlicher und starker Motor für die Anerkennung Kosovos/Kosovas und eine Aussöhnung zwischen Serbien und Kosovo/Kosova ist, zeigen nicht zuletzt alle meine Kosovo-Berichte, die jeweils von einer großen Mehrheit des Europaparlaments angenommen wurden, und auf die ich im Detail im Laufe dieses Buches noch öfters zurückkommen bzw. verweisen werde.

Veränderungen über Nacht sind leider nicht möglich – genauso wenig wie der die Lungen verschmutzende oder der politische Smog über Prishtina von heute auf morgen verschwinden wird. Das haben mich, die ich durchaus für meine Ungeduld bekannt bin, meine Jahre als Kosovo-Berichterstatterin gelehrt. Was es braucht, ist ein kontinuierlicher Prozess, ein Voranschreiten, Schritt für Schritt in die richtige Richtung, die EU-Integration heißt. Das heißt hinter den Kulissen und in der Öffentlichkeit Druck machen; das heißt allen Beteiligten Mut machen, dass es schneller, besser und transparenter gehen kann und muss; das heißt vor allem die Regierenden in die Pflicht nehmen, das heißt die freien Medien unterstützen, das heißt die Bedeutung der Zivilgesellschaft und auch Kulturelles, Künstlerisches und Sport thematisieren – mit Arbeiten in diesen Bereichen sind Menschen zu erreichen, die sich für Politik im Allgemeinen weniger interessieren. Und das heißt nicht zuletzt die Arbeit und das Engagement ganz vieler Frauen in den immer noch sehr patriarchal gelenkten Gesellschaften Südosteuropas für den Erfolg der Integrationsbemühungen sichtbar zu machen, zu fördern und zu unterstützen. Gerade im Falle Kosovos/Kosovas muss und kann und sollte sich erneut die friedenspolitische Durchsetzungskraft und Soft Power der Europäischen Union beweisen. Die EU zeigt damit auch, dass sie trotz teilweiser Erweiterungsmüdigkeit zu ihren Versprechungen und Verpflichtungen steht. Wobei ich immer betone: EU-Erweiterung ist keine Einbahnstraße, sondern politische, wirtschaftliche und soziale Stabilität am Westbalkan bleibt im beiderseitigen Interesse sowohl der Europäischen Union und ihrer Mitgliedsstaaten als auch der sechs Staaten Südosteuropas. Dabei steht außer Frage – und das sollte auch die Erweiterungs-SkeptikerInnen in der EU und vor allem in Österreich überzeugen –, dass jeder Fortschritt im Beitrittsprozess von der Erfüllung der Kriterien durch die Kandidatenländer inklusive gutnachbarschaftlicher Beziehungen abhängt. Mehr denn je zuvor brauchen die Regierungen der EU-Mitgliedsstaaten heute zum einen Mut, aber auch gute Argumente für weitere Erweiterungen, um diese gegenüber den skeptischen Teilen ihrer Bevölkerungen überzeugend bewerben zu können. Dieses Buch liefert jedenfalls gute Argumente für eine intensivierte Fortsetzung des Beitrittsweges mit Kosovo/Kosova. Gerade in Kosovo/Kosova und am Westbalkan generell sind dabei die Umsetzung von Rechtsstaatlichkeit, eine nachhaltige Reform der Justiz und eine effiziente Korruptionsbekämpfung von höchster Wichtigkeit. Das bedarf noch vieler Anstrengungen und Mühen – und vielleicht auch neuer, innovativer Herangehensweisen. So wie bei der Bekämpfung des Smog Ende Jänner – erstmals wird es in Prishtina Beschränkungen für den Autoverkehr geben. An einem Tag dürfen nur jene mit geraden, am nächsten jene mit ungeraden Nummernschildern fahren. Und der öffentliche Verkehr wird verstärkt.

Die Idee, mit den beiden Noch-Nicht-Kandidaten-Staaten Kosovo/Kosova und Bosnien-Herzegowina Kapitel 23 und 24 zu öffnen oder zumindest das Screening des Acquis zu beginnen, um ein positives Signal zu geben, wird genauso thematisiert wie die Jugendinitiative RYCO (Regional Office for Youth Cooperation), die Versöhnungsinitiative RECOM, und die Westbalkangipfel sowie die gerade für Februar 2018 angekündigte neue Strategie der Europäischen Kommission. Von all dem und noch vielem mehr handelt dieses Buch und last, but not least geht es mir darum, aufzuzeigen, dass sich alle diese Anstrengungen und Mühen lohnen: Denn erst mit der Einbindung ALLER Nachfolgestaaten Jugoslawiens wie auch Albaniens wird das Europäische Friedensprojekt auch für diesen Teil des Kontinents erfüllt sein.

Kapitel 1
»Schatzi«-Sommer 2010
Europaparlament und Internationaler Gerichtshof stellen Kosovo-Ampeln auf Grün

Den Sommer in Kosovo/Kosova spürt die/der Reisende bereits beim Einchecken am Flughafen Wien. Während das übrige Jahr vorwiegend Berufspendler mit politischem oder geschäftlichem Hintergrund die Strecke frequentieren und deutlich an ihrer Kleidung (sehr Business), ihrem Gehabe (sehr formell), ihrem Gepäck (sehr wenig) erkennbar sind, werden die Sommerflieger vor allem von ferienhungrigen, fröhlich plaudernden Kosovarinnen und Kosovaren aus allen Ecken Europas angesteuert. Bunte Freizeitkleidung verdrängt grauen Business-Look, Eltern schieben Buggys, und den dazu gehörigen Kindern lacht die Vorfreude auf den Besuch bei den Verwandten und die langen Ferien aus dem Gesicht. Und wenn nach der Landung des Linienflugs am Flughafen Prishtina auch noch begeisterter Applaus aufbrandet, weiß ich, dass der Sommer auch in Kosovo/Kosova Einzug gehalten hat.

»Schatzi-Monate« werden Juli und August in Kosovo/Kosova genannt. Der Name verdankt sich dem Umstand, dass Zehntausende Diaspora-Kosovarinnen und -Kosovaren in den Sommerferien in ihre ursprüngliche Heimat, zu Eltern, Geschwistern, Großeltern … reisen. Die Verwandtschaft wird von den UrlauberInnen mit »Schatizs« begrüßt und auch auf Brautschau befindliche kosovarische

Kosovo-Sommerfrischler grüßen Mädchen und Frauen auf den Straßen durch die offenen Seitenfenster ihrer geleasten Audis, BMWs, Mercedes gerne mit »Schatzis« – weshalb die Einheimischen den Sommer-KosovarInnen samt ihren Urlaubsmonaten diesen Kosenamen gleich augenzwinkernd selbst verpasst haben. So sind die Sommerferien in Kosovo/Kosova die Zeit des Wiedersehens, des Heiratens und der (manchmal sehr lauten und lange dauernden) Sommernachtsträume ...

Einigen männlichen Schatzis geht es dabei sicher auch darum, zu zeigen, was man im Ausland erreicht hat. Was mitunter in Angeberei bis hin zu rüpel- und rowdyhaften Verhalten kippen kann – und zu Ärger und Vorurteilen der daheimgebliebenen KosovarInnen gegenüber der Diaspora führt, wie nicht nur die Kosovo-Polizei zu berichten weiß, die in den Ferienmonaten sehr oft Strafmandate wegen Raserei an Autolenker mit ausländischen Nummerntafeln ausstellen muss.

Die familiären Bande zwischen Kosovo/Kosova und Deutschland, Österreich, der Schweiz, Italien, Schweden, Großbritannien und vielen anderen Ländern bleiben dennoch in jedem Fall eng geknüpft – und das ist gut und wichtig so. Nicht zuletzt ist ein Großteil der Familien in Kosovo/Kosova auf regelmäßige finanzielle Zuwendungen ihrer Verwandten im Ausland angewiesen. Zusätzlich kurbeln die »Schatzis« die Wirtschaft an, indem sie sich Ferienhäuser bzw. Alterswohnsitze in Kosovo/Kosova bauen (lassen) oder in den Ferien die Verwandtschaft in

Restaurants einladen und auch sonst unterstützen. Ohne Überweisungen der Ausland-KosovarInnen wäre das Land jedenfalls noch ärmer. Dessen ist man sich im Ministerium für Diaspora auch durchaus bewusst. Ein zuständiger Minister hat deswegen nicht zu Unrecht die KosovarInnen im Ausland einmal »unsere Lebensader« genannt. Mehr als 750 Millionen Euro wurden im Jahr 2015 laut dem früheren Diaspora-Minister Salon Murati[1] von der Diaspora in die Heimat überwiesen. Das macht bis zu einem Sechstel des Bruttoinlandprodukts aus und ist ein unersetzlicher Motor der kosovarischen Wirtschaft. Diese Überweisungen haben zudem eine lange Tradition: Waren es in den 60er- bis 80er-Jahren des vorigen Jahrhunderts die Gastarbeiter, die regelmäßig Geld schickten, reihten sich in den 1990ern die politischen Flüchtlinge in diese Überweisungen ein und heute sind es vor allem die während der Kriegsjahre geflüchteten KosovarInnen und ihre Nachkommen, die in EU-Staaten und darüber hinaus bleiben wollten und vor allem (noch) durften. Durchschnittlich erhält jeder Haushalt in Kosovo/Kosova 175 Euro[2] im Monat an Überweisungen von Verwandten. Der Vergleich mit dem durchschnittlichen monatlichen Pro-Kopf-Einkommen von 300 Euro zeigt die enorme Bedeutung dieser Geldtransfers.

Für mich ist dieses Zusammengehörigkeitsgefühl, das sich

[1] http://baruti.ch/wp-content/uploads/2017/01/Rep-Kosovo_Tamedia-AG-1.pdf

[2] Ebd.

in regelmäßigen Besuchen und finanziellen Zuwendungen manifestiert und durch die gemeinsame (Kriegs-)Geschichte der Kosovo-AlbanerInnen stärker ist als bei den meisten der anderen BürgerInnen Ex-Jugoslawiens, aber auch ein Zeichen an die Politik in Europa und im Speziellen an die Politik der Europäischen Union gegenüber Kosovo/Kosova: Der jüngste Staat Europas ist nicht weit weg, ist kein anonymes Konstrukt, kein vernachlässigbarer Flecken Erde irgendwo an der Peripherie. Die Republik Kosovo/Kosova und ihre Menschen sind ein Teil Europas und auf vielfältige Weise mit diesem Europa, auch mit der EU, verbunden. Das zeigen nicht zuletzt diese engen und von beiden Seiten gepflegten Beziehungen zwischen den KosovarInnen in Kosovo/Kosova und in der Diaspora.
Die bereits in der Einleitung von mir zitierte Journalistin und Menschenrechtsaktivistin Christine von Kohl, gemeinsam mit ihrem Mann Wolfgang Libal eine Schlüsselfigur der Balkanberichterstattung, betonte zeit ihres Lebens auch immer wieder die Verbundenheit und Aufeinander-Bezogenheit der Balkan-Länder mit dem anderen Europa. In ihrer Wiener Vorlesung zum Thema »Balkan – europäischer Kulturraum« erzählte sie einmal von ihrer ersten Begegnung mit »Europa« am Balkan: Als sie Mitte der 1960er-Jahre Kosovo/Kosova bereiste, stellte ihr in Gjakova, im Südwesten Kosovos/Kosovas, nahe der albanischen Grenze, ein Familienvater seine Kinder mit Namen vor: Helena, Antigone, Elektra, Xanthippe, Sokrates und

Paris. Christine von Kohl erklärte das folgendermaßen: »Sehr viele albanische Eltern gaben und geben ihren Kindern griechische Namen – sie fühlen sich den griechischen Wurzeln des albanischen Volkes zutiefst verbunden. Diese Wurzeln teilen auch wir im Westen mit ihnen – nur machen wir, sozusagen im täglichen Leben, keinen Gebrauch davon.«
Diese Geschichte der von mir zeitlebens sehr geschätzten Frau von Kohl ist mir wieder eingefallen, als ich mich am Anfang meiner Zeit als Kosovo-Berichterstatterin des Europaparlaments am 27. November 2010 mit Studentinnen und Studenten in der Universität Prizren getroffen habe. Alle sprachen ein tadelloses Deutsch. Was nicht verwundert, wird doch an der Uni Deutsch unterrichtet, und viele, die diesen Zweig besuchen, sind mit ihren Eltern während des Kosovo-Kriegs nach Deutschland, Österreich oder in die Schweiz geflüchtet, sind dort aufgewachsen und haben den Großteil ihres noch jungen Lebens dort verbracht. Eine Studentin sagte zu mir: »Wir leben hier im Kosovo so weiter wie in Deutschland, wir studieren hier, wir haben Spaß und wir hoffen, dass wir nach dem Studium hier einen Arbeitsplatz finden.« Für mich hat die junge Frau damit perfekt zusammengefasst, was der sperrige Begriff »EU-Integration« in der Praxis bedeutet: ein den europäischen Standards entsprechendes Leben überall in Europa führen zu können – sozial, wirtschaftlich, rechtsstaatlich, ökologisch, ökonomisch, kulturell …

Und die junge kosovarische Studentin an der Universität Prizren hat damit in wenigen Worten auch eine Beschreibung meines Selbstverständnisses und meiner Arbeit als Kosovo-Berichterstatterin des Europaparlaments in den vergangenen acht Jahren geliefert: Mitzuarbeiten, mitzuhelfen, und wo und wann es notwendig war, auch zu mahnen, zu treiben, zu kritisieren, zu moderieren – auf europäischer Ebene wie auch in Kosovo/Kosova –, um diese Zukunft nicht nur als fernes Ziel festzuschreiben, sondern im konkreten Alltag der Kosovarinnen und Kosovaren Schritt für Schritt umzusetzen. Neben meinem Engagement bei den EU-Institutionen und Mitgliedsstaaten, diesen EU-Integrationsweg der Länder des gesamten Westbalkans nicht mit bürokratischen oder innenpolitisch motivierten Hürden zu erschweren oder gar zu blockieren, habe ich meine Aufgabe auch als konstruktive Kritikerin der Politik in Kosovo/Kosova verstanden. Deswegen bin ich auch nicht müde geworden, die jeweilige Regierung, Opposition aber auch Zivilgesellschaft und Medien aufzufordern, selbst mehr Verantwortung für die Verbesserung der ökonomischen, sozialen, politischen und ökologischen Lage zu übernehmen – das Schlagwort des »Ownership« war mir hier immer ein zentraler Orientierungspunkt. Meine Erfahrung ist, dass das lange Aufrechterhalten der Präsenz internationaler Organisationen dazu führt, dass einige kosovarische PolitikerInnen die Verantwortung für Probleme nicht bei sich selbst suchen, sondern immer auf Vorschläge und Ideen vonseiten der »Internationalen«

verweisen können, die sie umsetzen wollen. Manche suchen sich dann selbstverständlich jene Vorschläge aus, die ihnen genehm sind, für die sie aber aus eigener Entscheidung nicht unbedingt die Verantwortung übernehmen wollten. Dazu passt, was mir bei dem bereits zitierten Gespräch mit Studierenden der aus Deutschland stammende damalige Rektor der Universität Prizren, Ronald Mönch, gesagt hat: »Die Jugend ist der Reichtum dieses Landes und diese gut ausgebildete, mehrsprachige Jugend sollte auch für Mitteleuropa interessant sein.« Ich pflichtete ihm vorbehaltlos bei, und er hatte ebenso recht, wenn er meinte, diese heimgekehrte Fluchtgeneration müsse unbedingt für den Aufbauprozess genützt werden. Diese Generation ist auch heute noch das stärkste Bindeglied für eine erfolgreiche EU-Annäherung mit dem definitiven Ziel des EU-Beitritts für Kosovo/Kosova. Denn die kosovarische Bevölkerung ist gerade wegen der vielfachen im europäischen Ausland gemachten Erfahrungen – und trotz wachsenden Frusts mit der Europäischen Union – die immer noch am meisten pro-EU eingestellte Bevölkerung am Westbalkan.

Doch wie reagierte die EU in den vergangenen Jahren auf diese positive Einstellung? Was antworteten die EU-Institutionen in der Zeit meiner intensiven Beschäftigung mit diesem jüngsten Land Europas seit 2009 auf die Erwartungen aus Kosovo/Kosova?

Ich werde in den weiteren Kapiteln dieses Buches immer wieder auf diese zentrale Frage zurückkommen. Wichtig ist mir aber, bereits bei einer ersten Antwort zwischen den einzelnen europäischen Institutionen zu unterscheiden. Die EU darf (auch) hier nicht als monolithischer Block wahrgenommen werden. Rat und Kommission sind in der Außenpolitik immer noch – auch nach dem Lissabon-Vertrag – an Einstimmigkeit gebunden. Lediglich das Europaparlament entscheidet, demokratischen Errungenschaften sei Dank, mit Mehrheiten – und das nach intensiven Verhandlungen und Kompromissen über die Parteigrenzen hinweg. Daher muss das Europaparlament, Kosovo/Kosova betreffend, nicht wie Rat und Kommission »status-neutral« handeln. Deshalb habe ich über die Jahre hinweg im Europaparlament immer eine breite Unterstützungsfront für Kosovo/Kosova hinter mir und meinen Berichten gehabt, während im Rat – bedingt wie beschrieben durch das Einstimmigkeitsprinzip – einzelne Mitgliedsstaaten die EU-Integration Kosovos/Kosovas gebremst, teilweise sogar blockiert haben. Und dabei handelt es sich nicht nur um einen oder mehrere der fünf Nicht-Anerkenner-Staaten, auf deren Positionen ich später noch genauer eingehen werde. Als Grund für diese weiter um sich greifende Ignoranz in den Regierungskanzleien der EU-Mitgliedsländer sehe ich die allgemein wachsende Erweiterungsmüdigkeit. Einige EU-Regierungen sind, vor allem seit der Solidaritäts- und Flüchtlingskrise 2015, auf einen Anti-Erweiterungskurs geschwenkt, auf dem Kosovo/Kosova als jüngster der sechs Westbalkanstaaten auf der Strecke zu bleiben droht. Die Hetze rechtspopulistischer bis rechtsextremer

Kräfte, manche mit guten Beziehungen zu Putins Russland, lässt so manche Regierung angesichts xenophober Propaganda weg von einem offensiven EU-Erweiterungskurs treiben – zum Schaden der EU, aller Erweiterungskandidaten am Westbalkan und vor allem Kosovos/Kosovas, das schon aufgrund seiner Geschichte das letzte Land in der Reihe der Beitrittswerber auf dem Balkan ist.
In diesem Sinne warnte ich als Reaktion auf die vagen Erklärungen bei der EU-Westbalkan-Konferenz in Sarajewo im Juni 2010 davor, dass »Kosovo nicht das isolierteste Land am Westbalkan bleiben darf«. Unterstützung bekam ich dabei vom damaligen außenpolitischen Sprecher der Grünen und jetzigen österreichischen Bundespräsidenten, Alexander Van der Bellen, der mit mir die Forderung aufstellte: »Bei dieser Integration in die Europäische Union muss die Region als Ganzes im Blickpunkt bleiben, eine Heranführung mit zwei Geschwindigkeiten wäre fatal.« Kosovo/Kosova war damals und ist nach wie vor das am meisten isolierte Land der Region. Das ist gerade für die kosovarische Bevölkerung, von der zwei Drittel unter 25 Jahre alt sind, eine Katastrophe. In Kapitel 10 werde ich im Detail auf alle diese mit der Visa-Liberalisierung zusammenhängenden Probleme eingehen. Gemeinsam mit Van der Bellen drängte ich aber jedenfalls schon damals zur Eile: »Bringt die EU nicht bald konkrete Schritte für den Kosovo auf den Weg, und gelingt es EULEX nicht, Erfolge im Kampf gegen Korruption vorzuweisen, besteht die Gefahr, dass wir die Unterstützung der Bevölkerung im Kosovo verlieren.«

Die Gespaltenheit der EU zu diesem Thema spiegelte sich kurz nach der Westbalkan-Konferenz in Sarajewo auch in meinem ersten Kosovo-Bericht wider, der am 8. Juli 2010 im Straßburger Europaparlament mit 455 zu 155 Stimmen bei 28 Enthaltungen angenommen wurde. Auf den ersten Blick erscheint dieses Abstimmungsergebnis als eindeutiges Votum. Zur besseren Einordnung dieses Zuspruchs für meinen Bericht muss ich aber klarstellen, dass derartige Resolutionen in Fortsetzung der Fortschrittsberichte der EU-Kommission bei anderen Westbalkan-Staaten meist weniger kontrovers diskutiert und mit größeren Mehrheiten angenommen wurden und werden. Insofern hatte ich im September 2009 mit dem Amt der Kosovo-Berichterstatterin sicher das forderndste, umstrittenste, spannendste Portfolio aus dem Pool der Balkan-Erweiterungskandidaten-Länder übernommen, aber wie sich im Laufe meiner achtjährigen Erfüllung dieser Aufgabe zeigen wird: auch das schönste und lohnendste. Schon vor mir war ein anderer Grüner, Joost Lagendijk, Kosovo-Berichterstatter – und ich muss dazu sagen, dass sich zu meinem Glück auch niemand anderer wirklich um diese absehbar nicht ganz leichte Aufgabe bemühte.

Trotz aller genannten Einschränkungen war die gute Zweidrittelmehrheit der Abgeordneten des Europaparlaments für meinen ersten Bericht eine wertvolle Unterstützung für meine gerade erst begonnene Arbeit für und ein deutliches Signal der Ermutigung an Kosovo/Kosova,

gute zwei Jahre nach der Unabhängigkeitserklärung. Noch dazu wo dieser Bericht die fünf EU-Nicht-Anerkenner-Staaten Spanien, Slowakei, Rumänien, Griechenland und Zypern unmissverständlich aufforderte, Kosovo/Kosova anzuerkennen und nicht eigene innenpolitische Nationalitätenkonflikte zum Schaden dieses jüngsten europäischen Staates auszutragen. Die Medienberichterstattung zu dieser Abstimmung fokussierte ebenfalls auf diesen Aspekt meines Berichts, nicht ohne Grund, stand doch in diesem Sommer noch eine weitere wichtige internationale Entscheidung für Kosovo/Kosova an. Die Austria Presseagentur schrieb folgerichtig in ihrer Meldung: »Kurz vor dem mit Spannung erwarteten Rechtsgutachten des Internationalen Gerichtshofs (IGH) zum Kosovo erhält der junge Balkan-Staat Rückendeckung durch das Europaparlament. Die EU-Abgeordneten nahmen am heutigen Donnerstag mit 455 zu 155 Stimmen eine Entschließung an, in dem die fünf aus dem EU-Konsens ausscherenden Mitgliedsstaaten aufgerufen werden, die Unabhängigkeit des Kosovo anzuerkennen. Außerdem wird jede Möglichkeit einer Teilung des Kosovo zurückgewiesen.«
Weitere zentrale Forderungen in meinem ersten Kosovo-Bericht, die auch die folgenden Jahre auf der Tagesordnung stehen werden, waren der unverzügliche Beginn des Dialogs zur Visa-Liberalisierung (Serbien, Mazedonien und Montenegro erhielten mit 19. 12. 2009 Visa-Freiheit für 90 Tage, Bosnien-Herzegowina sowie Albanien ab 16. 12. 2010), mehr Zusammenarbeit in der Korruptions-

bekämpfung zwischen der EU-Rechtsstaatlichkeitsmission EULEX und den kosovarischen Behörden, die Integration der serbischen Minderheit in Kosovo/Kosova sowie die Aufforderung an die Regierung in Belgrad, gegen die intransparenten serbischen Strukturen im Norden Kosovos/Kosovas vorzugehen. »Hier herrschen Parallelstrukturen«, lautete mein von einer großen Mehrheit unterstützter Vorwurf, »hier ist Rechtsstaatlichkeit ein Fremdwort.« Weder EULEX, immerhin die größte europäische zivile Mission mit dem Ziel des Herstellens von Rechtsstaatlichkeit, noch die kosovarische Regierung in Prishtina, in der ja auch kosovo-serbische Vertreter Ministerposten hatten, konnten sich hier durchsetzen. Und auch vonseiten der EU und ihrer Mitgliedsstaaten wurde zu wenig Druck auf Serbien zur Abschaffung dieser für die gesamte Gesellschaft Kosovos/Kosovas schädlichen Parallelstrukturen ausgeübt. Beiden Konfliktparteien richtete das Europaparlament mit meinem Bericht aus, »dass gutnachbarliche Beziehungen ein wesentliches Kriterium« im Hinblick auf die EU-Ambitionen beider Staaten sind. Mein Bericht konzedierte zwar, dass eine offizielle Anerkennung Kosovos/Kosovas für Belgrad »derzeit keine machbare Option« sei, doch Serbien solle sich in dieser Frage »pragmatisch« zeigen. Denn für mich stand zu diesem Zeitpunkt schon fest: Will Belgrad das Ziel der EU-Integration im Auge behalten, darf es das Leben der albanischen wie der serbischen KosovarInnen im neuen Staat weder offen noch verborgen torpedieren. Denn eines war mir immer klar und habe ich bei jeder Gelegenheit auch gegenüber den politisch Verantwortlichen in Belgrad betont: Es wird am Ende der serbischen Beitrittsverhandlungen sicherlich kein zweites Zypern – also einen Staat mit völkerrechtlich umstrittenen Grenzen – in der EU geben.

Mein österreichischer EU-Abgeordneten-Kollege und damalige sozialdemokratische Vize-Fraktionschef Hannes Swoboda äußerte bei der Plenardebatte zu meinem Kosovo-Bericht die Hoffnung auf einen Dialog zwischen Kosovo/Kosova und Serbien nach dem zwei Wochen später erwarteten IGH-Gutachten. Auch für ihn stand im Fokus einer möglichen Lösung des Konflikts, dass Kosovo/Kosova und Serbien »möglicherweise Hand in Hand« der EU beitreten können. Der deutsche CSU-Politiker Bernd Posselt (damals im EP Kosovo-Verhandler der Europäischen Volkspartei und in Sachen Kosovo/Kosova mit mir sehr oft am gleichen Strang ziehend, was bei Politikern von CSU und Grünen sonst selten der Fall ist) warnte vor einer Teilung Kosovos/Kosovas entlang ethnischer Grenzen: »Wer Kosovo zu teilen versucht, legt auch die Hand an die Einheit Serbiens«, sagte er mit Blick auf die Albanergemeinden in Südserbien und die Minderheitengebiete Vojvodina und Sandschak.

Natürlich meldeten sich in der Debatte auch mehrere Gegner der kosovarischen Unabhängigkeit zu Wort. So warf nicht überraschend der FPÖ-Mandatar Andreas Mölzer der EU vor, mit zweierlei Maß zu messen. Während die Besetzung des EU-Mitglieds Zypern kein Hindernis für Beitrittsgespräche mit der Türkei sei, soll die Anerkennung Kosovos/Kosovas für Serbien »so etwas wie eine Nagelprobe werden«. Dabei wäre die Unabhängigkeit Kosovo/Kosova, laut Mölzer »eindeutig völkerrechtswidrig« gewesen.

Am 22. Juli 2010 wurde der Abgeordnete Mölzer und mit ihm viele Kosovo-GegnerInnen[3] und (angeblichen) FreundInnen Serbiens vom Internationalen Gerichtshof in Den Haag eines Besseren belehrt:

»Die Erklärung vom 17. Februar 2008 hat das allgemeine internationale Recht nicht verletzt«, stellte IGH-Präsident Hisashi Owada bei der Verlesung des Rechtsgutachtens unmissverständlich fest. Und Owada ergänzte: »Das internationale Recht kenne kein Verbot von Unabhängigkeitserklärungen.« Zudem habe der UN-Sonderbeauftragte für Kosovo/Kosova, Finnlands Ex-Präsident Martti Ahtisaari, in seinem Plan vom Februar 2007 ausdrücklich die Unabhängigkeit Kosovos/Kosovas als einzigen möglichen Weg empfohlen.

Diese IGH-Stellungnahme war natürlich in Prishtina, in Belgrad, in Brüssel, Washington und vielen anderen Hauptstädten mit großer Spannung erwartet worden. Sie war

[3] Schon damals zeigte sich übrigens ähnliche Argumentation sowohl bei Rechts- wie bei Links-Außen: Kein Wunder, einige auf der Links-Außen-Seite halten Putin immer noch für den besten Verbündeten im Kampf gegen den (US-amerikanischen-) »Imperialismus«; und auf der Rechts-Außen-Seite haben sich Front National, FPÖ und andere seit ihrer Entdeckung des Christentums mit der Orthodoxie fraternisiert, egal ob in Russland oder in Serbien – und sich damit meist gegen Muslime gerichtet.

zwar rechtlich für keine Seite bindend, jedoch von großer politischer Bedeutung. Als außenpolitische Sprecherin der Grünen im österreichischen Nationalrat pochte ich in der Zeit vor der kosovarischen Unabhängigkeitserklärung im Februar 2008 auf ein EU-einheitliches Vorgehen, und brachte auch meine Bedenken gegen das Vorpreschen einiger Staaten – darunter auch Österreich – deutlich zu Gehör (siehe Kapitel 3). Im Juli 2010 war der unerwartet eindeutige IGH-Spruch aber eine wichtige Klarstellung zur Zukunft Kosovo/Kosova und eine willkommene Bestätigung meines Kosovo-Berichts. Nach dem parlamentarischen Votum für die Unabhängigkeit Kosovos/Kosovas hatte somit auch die höchste internationale Justiz-Instanz den Status und die Grenzen Kosovos/Kosovas bestätigt. Ein Gebietstausch zwischen dem von Serben besiedelten Nordkosovo und albanisch dominierten Gebieten im Süden Serbiens war damit ebenfalls vom Tisch. Und meine daran anschließende Forderung berechtigter denn je: Es braucht keine neuen Grenzziehungen am Balkan, sondern den Ausbau von Autonomie- und Minderheitenrechten. Und in Richtung EU-Mitgliedsstaaten wiederholte ich die in meinem Bericht aufgestellte Forderung: Die erfreulich eindeutige Stellungnahme des IGH sollte den Weg für die Anerkennung des unabhängigen Kosovo/Kosova durch jene fünf EU-Staaten ebnen, die dies bisher noch nicht getan haben. Damit würde die Glaubwürdigkeit und Effizienz der EU-Politik in Kosovo/Kosova nachhaltig verbessert. Die serbische Regierung sollte zudem erkennen,

so mein Ratschlag an Belgrad, dass ihre Hoffnungen auf das von ihr (insbesondere dem damaligen Außenminister Vuk Jeremić) initiierte IGH-Urteil ins Leere gelaufen sind – und dass Belgrad sich nun auf seinen Weg in die Europäische Union konzentrieren und bereit sein sollte, gute nachbarschaftliche Beziehungen mit dem unabhängigen Kosovo/Kosova aufzubauen. Denn durch den Spruch des Haager RichterInnen-Kollegiums war für mich endgültig der Moment gekommen, an dem sich Serbien und Kosovo/Kosova um einen Modus Vivendi bei wirtschaftlichen, polizeilichen aber auch ökologischen Themen bemühen mussten. Gleichzeitig wollte ich die überschäumende Freude auf der einen und die Enttäuschung bis hin zu Wut auf der anderen Seite etwas einbremsen, indem ich beide Seiten ermunterte ihre Emotionen im Zaum zu halten und in vernünftiger Form und konstruktiv auf das Gutachten zu reagieren.
Gleichzeitig konnte ich die Feierstimmung in Prishtina und in ganz Kosovo/Kosova an diesem 22. Juli 2010 natürlich nur zu gut verstehen. Endlich hatte die höchste internationale Rechts-Instanz den Wunsch der KosovarInnen nach Unabhängigkeit und Selbstbestimmung offiziell bestätigt.
Für die Regierung in Belgrad war dieser Sommertag 2010 im Gegensatz dazu eine schwere diplomatische Schlappe. Serbiens Führung hatte gehofft, mithilfe des Gutachtens dieses höchsten UN-Gerichts eine Resolution in der UN-Vollversammlung durchsetzen zu können, die neue Ver-

handlungen über den Status Kosovos/Kosovas verlangt hätte. Dementsprechend trotzig reagierte man auch in Belgrad auf die IGH-Entscheidung: »Wir werden niemals die Unabhängigkeit des Kosovo anerkennen«, sagte ein sichtlich enttäuschter Außenminister Vuk Jeremić und kündigte an, der »diplomatische Kampf« gehe weiter. Dass diese diplomatische Auseinandersetzung in einen von der EU moderierten Dialogprozess zwischen Prishtina und Belgrad übergeführt wurde und so nach langem Tauziehen im Rahmen der UNO-Generalversammlung in New York im September 2010 erfolgreich abgeschlossen werden konnte, ist das Verdienst der damaligen »Hohen Vertreterin der EU für Außen- und Sicherheitspolitik, Vizepräsidentin der Kommission«, oder wie ich kurz und bündig und stimmig sage, »EU-Außenministerin« Catherine Ashton. Während Jeremić auf einen neuerlichen Prozess im Rahmen der UNO drängte und von seinem Ziel neuer Statusverhandlungen nicht abrücken wollte, konnte sich die EU als aktive Vermittlerin in diesen Konflikt einschalten, ihn entschärfen und auf konstruktive Geleise stellen, auf denen der kosovarisch-serbische Dialog-Zug seit damals viele wichtige Stationen erfolgreich durchfahren hat, das gutnachbarschaftliche Ziel der Reise aber noch lange nicht erreicht ist. Auch darum wird es in den folgenden Kapiteln dieses Kosovo-Buches gehen.
Zum Abschluss dieses einleitenden Kapitels über den für Kosovo/Kosova so erfolgreichen Sommer 2010 möchte ich aber noch einmal Christine von Kohl zitieren. In ihrem

Buch »Eine Dänin am Balkan – Zwischen Kosova und Brüssel« hat sie geschrieben: »Wenn es dennoch eine Zukunft geben kann – es gibt sie immer –, dann werden es die jungen Menschen von heute sein, die sie gestalten müssen. Gerade darum aber ist es so ungemein wichtig, ihnen eine Chance zu hinterlassen, die besser sein soll als die, die ihre Eltern erbten.«
Im Rückblick bin ich heute noch mehr als damals überzeugt, dass der Juli 2010 mit der Abstimmung meines ersten Kosovo-Berichts im Europaparlament und der IGH-Spruch die Chancen für die kosovarische Jugend verbessert haben und dieser Juli seine Zuschreibung, ein »Schatzi«-Monat zu sein, vollends verdient hat.

Kapitel 2
Unterwegs im dreisprachigen Kosovo/Kosova
Auf der Suche nach Erste-Hand-Informationen und dem Gespür für Land und Leute

Da ich nie eine Kosovo-Berichterstatterin nur vom Schreibtisch aus sein wollte, meine Berichte nie nur vom Büro in Brüssel aus schreiben wollte, gefüllt ausschließlich mit Infos aus Telefonaten oder gar nur vom Hörensagen, bin ich regelmäßig nach Kosovo/Kosova gekommen, um Erste-Hand-Informationen zu erhalten, und vor allem auch, um ein Gespür für Land und Leute zu bekommen. Diese Reisen, angefüllt mit unzähligen informellen und formellen Treffen, Besuchen, Interviews, mit Agenden von bis zu – Rekord! – 17 Stunden, haben nicht nur die Qualität meiner Berichte erhöht. Ich habe dadurch wertvolle Einblicke in das Alltagsleben der Menschen in Kosovo/Kosova gefunden. Und ich haben damit auch den KosovarInnen das Gefühl vermitteln können, dass ich ihr Land und seine Menschen wertschätze und dass ich mich für Kosovo/Kosova und seine BürgerInnen sowohl auf europäischer Ebene als auch auch gegenüber den kosovarischen PolitikerInnen und Behörden einsetze.

Eine Reise im Frühjahr 2010 möchte ich an dieser Stelle herausgreifen, weil sie mir vor allem aus einem Grund besonders gut in Erinnerung geblieben ist, der wahrscheinlich mit meinem gelernten Beruf einer Dolmetscherin zusammenhängt. Im südlichen Österreich ist es lange Zeit nicht einmal gelungen, zweisprachige Ortstafeln aufzustellen. Aber im südkosovarischen Prizren, der ursprünglichen Hauptstadt im Grenzgebiet zu Albanien und Mazedonien, kam ich aus dem Staunen nicht heraus. Da stand es, in einem Erholungsgebiet am Fluss Lumbardhi, weiß auf blau in Albanisch, Serbisch und Türkisch: »Mos Hudh Mbeturina« – »Ne Bacaj Smece« – »Copleri Atmayiniz«, also die Aufforderung: »Wirf keinen Müll weg!«

Auch Richtungsanzeiger mit Stadtnamen in allen diesen drei in Prizren gesprochenen Sprachen waren überall zu finden. Die Aufschriften »Shkup/Skopje/Üsküp« wiesen den Weg in die mazedonische Hauptstadt. Sogar die Fußgängerzone war in der historisch bedeutsamen Stadt im Süden des jüngsten Staates Europas in drei Sprachen ausgeschildert. Meine Begleiterin Verena Knaus, damals von der European Stability Initiative, machte mich in einem Leder- und Souvenirgeschäft an der Flusspromenade darauf aufmerksam, dass ein Kunde und die Verkäuferin zuerst türkisch und dann albanisch miteinander sprachen! Nicht nur deswegen kaufte ich dort ein immer noch benutztes, mit rotem Leder überzogenes Tablett und eine Tasche in Regenbogenfarben ein.

Apropos Leder: Prizren war in seiner wechselhaften Geschichte unter den Osmanen im 18. und 19. Jahrhundert eine blühende Handelsstadt; vor allem die Gerber machten gute Geschäfte – schließlich brauchte das hier stationierte Militär Sättel. Im frühen 18. Jahrhundert gab es laut

Gail Warrander's und Verena Knaus' Bradt Travel Guide Kosovo nicht weniger als 43 Gerber!
Es war der 1. Mai 2010, Feiertag, die Straßen waren voller Menschen in Festtagskleidung; mit Kind und Kegel wurde flaniert und eingekehrt. Die Speisekarten der Lokale boten die Vielfalt der regionalen Küche an: albanisch-kosovarischen Schopska-Salat (Paradeiser, Gurken mit geriebenem Käse), serbisch-kosovarische Pleskavica und Ražnjići – alles Speisen, die Leute meines Alters in ihrer Kindheit und Jugend bei Jugoslawien-Urlauben gerne gegessen haben; aber auch Ayran, das türkische Joghurt-Getränk, gibt es und eine Art Rahm, der sowohl zu den üppigen Fleischspeisen als auch zu den leicht gebratenen Paprika- und Pfefferonischoten gerne gegessen wird.
Wir ließen uns heimisches Peja-Bier schmecken, das in der gleichnamigen Grenzstadt zu Montenegro gebraut wurde – gleich in der Nähe des berühmten serbischen Patriarchenklosters. Mit seinen Kunstschätzen, Gräbern und Schreinen gilt das Patriarchenkloster in Peć (serbisch für Peja) als heiligster Ort der serbisch-orthodoxen Kirche. Wegen der politisch heiklen Situation in Kosovo/Kosova und der schwierigen Sicherheitslage hatte die UNESCO das Kloster 2006 auf der Roten Liste als gefährdetes Weltkulturerbe eingetragen, wo es sich nach wie vor noch befindet. Für BesucherInnen ist das Kloster offen, wobei eine Identitätsprüfung durch die KFOR vorgenommen wird.
Nach dem ausgezeichneten Mittagessen mit türkischem Kaffee und Baklava als krönendem Abschluss machten wir

einen Rundgang zu den heiligen Stätten der drei Religionen, die diese Stadt geprägt haben: In Prizren befindet sich die katholische »Helfende-Frau-Kathedrale« genauso wie die Moschee mit dem höchsten Minarett des Balkans, die Sinan-Pascha-Moschee. Daneben gibt es aber auch die serbisch-orthodoxe Muttergotteskirche Ljeviška, die einzige erhaltene mittelalterliche serbische Stadtkathedrale, und die ebenfalls orthodoxe St.-Georgs-Kathedrale. Sie wurde nach den Zerstörungen von 2004 renoviert, im Dezember 2010 wurde der neue serbisch-orthodoxe Bischof Teodosije Šibalić eingesetzt. Bei meinem Besuch in dieser Zeit war die Kirche innen noch ganz weiß, ein junger serbischer Pope führte uns durch die Kirche und erzählte, dass er in der Stadt immer wieder freundlich mit »Dober Dan« (serbisch für »Guten Tag«) angesprochen werde. Gutes Beispiel dafür, dass das Miteinander möglich ist, auch wenn die Ruinen der zerstörten Häuser an den Hängen über Prizren damals noch nicht wieder aufgebaut waren.

Dieses multireligiöse Ensemble ergab für uns ein einträchtiges Bild und ein schönes Symbol für die jahrhundertelange zwar immer wieder kriegerische – aber wo in Europa war sie das vor der Schaffung der Europäischen Union nicht? –, jedoch über weite Strecken auch friedliche und multiethnische wie multireligiöse Geschichte Kosovos/Kosovas.

In Prizren mit seinen Minaretten und christlichen Gotteshäusern war es an diesem 1. Mai schwer vorstellbar, dass vor sechs Jahren genau hier Schüsse gefallen und serbische

Kirchen, darunter die St.-Georgs- und die Ljeviška-Kathedrale, vom albanischen Mob in Brand gesetzt und schwer zerstört wurden. Die damaligen Unruhen hatte ein (falsches) Gerücht ausgelöst: Am 17. März 2004 sollen albanische Kinder von Serben in den Ibar-Fluss in Mitrovica getrieben worden sein. Nach zweitägigen Unruhen im ganzen Land gab es nicht nur 19 Tote, Hunderte Verletzte und rund 4000 vertriebene kosovarische Serbinnen und Serben wie auch Angehörige der Roma-Minderheit. Der gesamte mühsam begonnene Versöhnungs-, oder nennen wir es besser Wieder-Nebeneinander-Leben-Prozess, war damit wieder einmal ins Stocken geraten. Die leerstehenden Häuser serbischer Familien am Hang oberhalb der Stadt zeugten davon. Einige Serbinnen und Serben hatten damals gerade begonnen, wieder zurückzukehren. Nun standen die Häuser in Prizren aufgrund des noch fehlenden Vertrauens immer noch leer.

Die Unruhen des Jahres 2004 hatten sowohl die kosovarische Polizei (mittlerweile als eine der bestfunktionierenden auf dem Balkan bekannt) als auch die KFOR-Truppen unvorbereitet getroffen. Eine der Konsequenzen daraus war, dass seit damals (auch österreichische) KFOR-Soldatinnen und Soldaten gemeinsam mit der kosovarischen Polizei den konflikt-minimierenden Umgang mit der Bevölkerung üben. Zum Glück hat es seit 2004 keinen ähnlichen Vorfall mehr gegeben – auch ein Zeichen dafür, dass bei allen Schwierigkeiten in Kosovo/Kosova so etwas wie Normalität wieder Einzug gehalten hat.

Im kleinen Ort Zočište in der Nähe des KFOR-Camps Casablanca südlich von Suhareka/Suva Reka wurde das dortige serbisch-orthodoxe Kloster mit seinen drei bis fünf Popen von knapp 30 KFOR-Soldatinnen und Soldaten österreichischer wie Schweizer Provenienz Tag und Nacht bewacht. 1999, im Kosovo-Krieg, war es fast völlig zerstört worden, mittlerweile war es, mit Spenden aus Serbien finanziert, wieder aufgebaut worden. Der kurz gemähte Rasen, die blühenden Sträucher sowie die Kakteenzucht machten eine friedliche Klosterexistenz glauben. Die für serbische Rückkehrer-Familien neu gebauten Häuser im Dorf unterhalb des Klosters standen aber seit den blutigen Unruhen 2004 genauso wie in Prizren leer. Die wirtschaftlichen Schwierigkeiten, mit denen serbische Rückkehrer in einem Dorf wie Zočište konfrontiert waren, hatten natürlich ebenso Schuld daran wie der noch wenige Jahre zurückliegende Krieg.
Die friedliche Idylle des Klosters, dessen umgebender Grund und Boden bei unserem Besuch gerade von Freiwilligen aus Serbien von Unkraut und Abfall gereinigt wurde, steht in scharfem Kontrast zu Geschichten aus der Vorkriegs- und Kriegszeit um dieses wie andere serbisch-orthodoxe Klöster: Einige Popen sollen demnach selbst Waffen gelagert und serbischen Soldaten die Verstecke von albanischen Familien verraten haben. Das rechtfertigte – egal ob wahr oder falsch – trotzdem nicht die Attacken von Kosovo-Albanern auf heilige Städten der serbischen Orthodoxie, und dass am Kloster in Zočište bis kurz vor

unserem damaligen Besuch die Fahne des serbischen Staates wehte, und nicht die der serbischen Orthodoxie (was, wie mir ein österreichischer KFOR-Soldat berichtete, zeigt, auf wessen Seite die orthodoxen Popen standen und viele immer noch stehen). Damals war es den Militärs aber gelungen, die Popen zu überzeugen, doch die Fahne ihrer Religion und nicht die des Staates, dem sie sich zugehörig fühlen, zu hissen.
Nach unserem Prizren-Besuch fuhren wir über den gut 1500 Meter hohen Prevalac/Prevalla-Pass. Oben am Pass und am Weg hinunter Richtung Štrpce/Shtërpca war kaum ein freier Platz am Straßenrand und in den breiten frühlingsgrünen Wiesen zu finden: Familienpicknick war auf der ganzen Route angesagt!
In Štrpce/Shtërpca angekommen, warteten schon der Bürgermeister, seine Stellvertreterin, der Gemeinderatsvorsitzende sowie ein NGO-Vertreter auf uns. Sie wollten mich unbedingt in ihrem Ort begrüßen und mir über ihre Pläne berichten. Seit der Gemeinderatswahl im November 2009 war Bratislav Nikolić neu gewählter serbischer Bürgermeister in dieser seit der Unabhängigkeit Kosovos/Kosovas neu geschaffenen, mehrheitlich serbisch bewohnten Gemeinde im Süden des Landes. Er hatte es satt, erzählte er, dass Belgrad nur groß rede, wenn die TV-Kameras eingeschaltet sind, aber die serbische Bevölkerung im Süden Kosovos nicht unterstütze. Deshalb sei er bei den letzten Wahlen mit einem neuen Team angetreten und von 70 Prozent der Bevölkerung gewählt worden.

Jetzt wollte er den Ort endlich wirtschaftlich vorwärtsbringen, vor allem mit der Entwicklung des Schiortes Brezovica – internationale Investment-Zusagen wurden in der Zwischenzeit zwar immer wieder gemacht, aber auch wieder zurückgezogen; somit wartet der Schiort Brezovica immer noch darauf, wachgeküsst und damit ein touristisch wie wirtschaftlich wie arbeitsmarktpolitisch bedeutsamer Faktor in der Region zu werden.

Das Treffen mit mir war Bürgermeister Nikolić auch deshalb wichtig, weil er den Eindruck hatte, dass sich die EU vor allem auf den politisch schwierigen Norden konzentrierte und die Unterstützung der serbischen Gemeinden im Süden, die nach den Wahlen im November gute Entwicklungschancen zeigten, links liegen lasse. »Wenn wir hier Erfolg haben, werden auch meine serbischen Landsleute in Mitrovica Nord erkennen können, dass unsere Zukunft im Kosovo liegt und nicht in Serbien«, war er überzeugt – und hat in weiterer Folge recht damit behalten. Ich gab dem Bürgermeister das Versprechen, dass ich die politische und wirtschaftliche Unterstützung für seinen Ort und die anderen serbisch dominierten Orte im Süden und ihre Entwicklungschancen in meinem Bericht für das Europäische Parlament extra erwähnen werde.

So wie die völlig andere Situation in Mitrovica Nord: Hier herrschten zu dieser Zeit noch Parallelstrukturen, hier war Rechtsstaatlichkeit ein Fremdwort. Das begann schon damit, dass die meisten Autos ohne Nummernschilder herumfuhren. Keine Behörde, weder die von Belgrad abhängigen Parallelstrukturen, noch die der kosovarischen Regierung in Prishtina, versuchte ernsthaft, dieses Symbol einer rechtlosen Gesellschaft abzuschaffen. Denn dann hätten sich die BewohnerInnen entscheiden müssen, wo sie leben wollen: Im neuen kosovarischen Staat oder in Serbien?

Während dieser ersten längeren Reise durch Kosovo/Kosova wurde ich Zeugin der Euphorie vieler Menschen nach der Aktion, die EULEX, die Rechtsstaatlichkeitsmission der EU Kosovo/Kosova, in der Nacht vom 28. auf den 29. April 2010 setzte: Ich saß mit einigen kosovarischen FreundInnen und meinem Team im De Rada, einem der beliebten Lokale in der Nähe des Hotels Ora, in dem ich meistens nächtigte. Plötzlich begannen sie gebannt auf die auf ihren Handys aufpoppenden Nachrichten zu schauen: Haus- und Bürodurchsuchungen beim damaligen Verkehrsminister Fatmir Limaj! Macht EULEX endlich Ernst mit den »großen Fischen«? Limaj stand schon seit Langem unter Verdacht, in der öffentlichen Vergabepolitik seines Ministeriums nicht immer Transparenz und Korruptionsfreiheit gewahrt zu haben. Die Freude bei meinen FreundInnen war überwältigend, endlich die Hoffnung, dass EULEX ihr Versprechen, auch gegen die »großen Fische« vorzugehen, wahr machen würde (mehr darüber in Kapitel 8)!

Nach Interviews für kosovarische Fernsehstationen, in denen ich EULEX für diese Vorgangsweise lobte und meine Erwartung äußerte, dass sie bis zur endgültigen Klärung weiterarbeiten und sich nicht von politischem Druck zur vorzeitigen Beendigung der Untersuchungen verleiten lassen, sprachen mich ein Kellner in einem Restaurant und ein Polizist bei der Passkontrolle am Flughafen an: Beide gaben ihrer Hoffnung Ausdruck, dass nun endlich von ganz oben und EU-Seite etwas getan wird, um gegen Korruption, Bestechung, Intransparenz und unzulässige Bereicherung vorzugehen.

In diesen Wochen war der Druck vonseiten der kosovarischen Regierung wie vonseiten einiger transatlantischer Stellen massiv, dass EULEX klein beigeben sollte. Wenn das passierte, so bereits meine damalige Überzeugung, wären alle Bemühungen der Europäischen Union in den letzten Jahren, inklusive massiver finanzieller Unterstützung, vielleicht nicht umsonst gewesen, aber die EU würde jegliche Glaubwürdigkeit verlieren. Ich hoffte und baute auf den gesunden Menschenverstand und die lautstarke Unterstützung der kosovarischen Bevölkerung für das Fortführen der Antikorruptionsarbeit – wenn nötig bis in die höchsten Kreise.

In der Blütezeit der albanischen Autonomie in Tito-Jugoslawien in den 1970er- und beginnenden 1980er-Jahren war es in Kosovo/Kosova selbstverständlich, dass die Kinder der serbischen und albanischen Ethnie gemeinsam zur Schule gingen und beide Sprachen lernten. Unter heutigen jungen Menschen in Kosovo/Kosova gibt es diese Zweisprachigkeit kaum mehr. Der junge serbische Bürgermeister von Štrpce hatte mich bei meiner Reise im Frühjahr 2010 positiv überrascht, als er meinte, er spreche etwas Albanisch. Aber im Gemeinderat würden sie mit Dolmetscherinnen und Dolmetschern miteinander sprechen und verhandeln.

Mein Bericht im Europaparlament, der im Sommer 2010 (siehe auch Kapitel 1) in seiner Endfassung im Plenum in Straßburg angenommen wurde, enthielt auch unter Punkt 29 folgende Formulierung, die das Lernen der Sprache der jeweils anderen Volksgruppe in Kosovo/Kosova einforderte: Das Europaparlament »betont, dass Bildung von entscheidender Bedeutung ist, und zwar sowohl wenn es darum geht, Jugendlichen die für den Arbeitsmarkt notwendigen Fähigkeiten zu vermitteln, als auch wenn es darum geht, einen Beitrag zur Aussöhnung zwischen den Volksgruppen zu leisten; ruft daher dazu auf, schrittweise gemeinsame Klassen und das Unterrichten von Minderheitensprachen einzuführen, insbesondere Serbisch für Schüler der albanischen Volksgruppe, sowie von Albanisch für alle Minderheiten«.

An der Universität Belgrad gibt es seit einigen Jahren das Studienfach Albanologie, das durchaus Interesse bei einigen Studierenden findet. Und am Seminar für Sprache und Literatur in Prishtina lernen im Sommer einige serbische StudentInnen Albanisch. Sie wissen – genauso wie ihre kosovarischen KollegInnen, die Serbisch am Stundenplan haben – um die Wichtigkeit der Mehrsprachigkeit. Auch der serbisch-kosovarische stv. Premierminister

Dalibor Jevtić, der selbst Albanisch spricht, forderte seine Landsleute im Dezember 2017 unmissverständlich auf: »Albanisch zu können, ist eine Notwendigkeit für die serbische Gemeinschaft.«
Denn wer nicht erkennt, dass gerade sprachliche Vielfalt ein Reichtum – einer der großen Reichtümer Europas – ist, und diese, statt zu fördern, verhindern will, hat nicht erkannt, was die Welt des 21. Jahrhunderts braucht – in Kosovo/Kosova und anderswo: gut ausgebildete junge Menschen, die die Möglichkeit haben, durch Reisen, durch Studium und Arbeit im Ausland zu lernen und dann in ihrer Heimat oder anderswo zur Schaffung von gerechteren, sozial ausgewogeneren und ökologisch nachhaltigeren Gesellschaften beizutragen. Am besten gleich dreisprachig.

Kapitel 3
Neun Tonnen schweres »Newborn«
Die Geburtswehen des jüngsten Staates Europas

»Newborn« ist das international bekannteste Wahrzeichen der kosovarischen Hauptstadt Prishtina: Sieben drei Meter hohe Großbuchstaben aus vier Millimeter dicken Metallplatten bilden auf 24 Metern Länge das englische Wort für »Neugeborenes« oder »neu geboren«. Am 17. Februar 2008, dem Tag der Unabhängigkeitserklärung, wurde das Monument auf dem Platz vor dem Jugend-, Kultur- und Sportpalast direkt neben einer der Hauptverkehrsadern im Stadtkern enthüllt. Am Tag darauf brachte es ein Foto davon sogar bis auf die Titelseite der »New York Times«. Sehr schnell wurde das Denkmal mit prestigeträchtigen Preisen der Werbebranche ausgezeichnet: Beim 49. Clio Awards Festival in Miami gewann es eine Silbermedaille, beim Cannes Lions International Advertising Festival wurde es mit einem Goldenen Löwen ausgezeichnet; Preise beim Eurobest European Advertising Festival, beim Golden Drum Grand Prix, bei den London International Awards und weitere folgten …

Dabei war die Installation ein Schnellschuss gewesen. Erst zehn Tage vor der Unabhängigkeitserklärung war Fisnik Ismaili, dem künstlerischen Leiter der Marketingagentur Ogilvy Kosova, die Idee dazu gekommen. Ismaili hatte sich für speziell dieses Wort in englischer Sprache entschieden, weil damit nur positive und freudige Konnotationen verbunden werden und weil das Wort auch für nicht Englisch sprechende Menschen leicht zu verstehen ist. Außerdem sollte der jüngste Staat Europas als ein modernes Land dargestellt werden – und vielleicht wollte der Künstler ja auch jenen Staaten, die einen unabhängigen Staat Kosovo/Kosova unterstützen, und allen voran wohl den USA seine Reverenz erweisen.

Am Tag der Unabhängigkeit war »Newborn« goldgelb angestrichen – die Farbe des Landes Kosovo/Kosova vor blauem Hintergrund auf der neuen kosovarischen Flagge und gleichzeitig die Farbe der zwölf Sterne auf der Flagge der Europäischen Union. Der damalige Präsident Kosovos/Kosovas Fatmir Sejdiu und Premierminister Hashim Thaçi signierten das Monument als Erste. Danach und an den folgenden Tagen wurde »Newborn« von über 150.000 weiteren Kosovarinnen und Kosovaren wie auch internationalen Freunden und Freundinnen Kosovos/Kosovas unterschrieben. Für mich ein sehr schönes Symbol der breiten Akzeptanz, des Wohlwollens und der Unterstützung für diesen Staat, und so gesehen eine sehr vielsagende zweite Unabhängigkeitsurkunde neben der amtlich offiziellen.

Zum fünften Jahrestag der Unabhängigkeitserklärung, 2013, wurde das Denkmal mit den Flaggen aller Länder neu bemalt, die zu diesem Zeitpunkt die Unabhängigkeit Kosovos/Kosovas anerkannt hatten. 150 Freiwillige machten sich ans Werk und »Newborn« erstrahlte in nur wenigen Tagen in sehr buntem neuen Design. Fünf Felder

wurden damals übrigens weiß gelassen und nur mit den Namen der fünf EU-Mitgliedsstaaten beschriftet, die Kosovos/Kosovas Unabhängigkeit (bis heute) noch nicht anerkannt haben (Griechenland, Rumänien, Slowakei, Spanien und Zypern).
2014 wurde »Newborn« mit den Militärtarnmustern jener internationalen Armeen angemalt, die während des Kosovokrieges die kosovarische Seite unterstützten; dass kurz darauf auch Herzen hinzugefügt wurden, zeigt, warum auch heute die KFOR-SoldatInnen immer noch die höchste Wertschätzung aller Internationalen haben.
Zum Unabhängigkeitstag 2015 halfen Schulkinder, BürgerInnen und KünstlerInnen bei der Neugestaltung des Monumentes. Während die anderen Buchstaben in bunten Farben schillerten, war der Buchstabe »E« schwarz angestrichen. Fisnik Ismaili wollte mit diesem dunklen Kontrast auf die Realität in Kosovo/Kosova hinweisen, wo der Buchstabe »E« sowohl für »Exodus«, für »Europa«, für »Wirtschaft« (»ekonomi« auf Albanisch, »economy« auf Englisch) als auch für »EULEX« steht.
Nach dem Unabhängigkeitstag 2016 präsentierte sich »Newborn« ein Jahr lang als ein blauer Himmel mit Wolken, von einem Stacheldraht durchzogen. Symbol für die nach wie vor geltende Visumpflicht für KosovarInnen, die in die EU reisen wollen.
Seit dem neunten Unabhängigkeitstag 2017 liegen die betongrau gefärbten Buchstaben N und W waagrecht auf dem Boden und bilden so die Anfangsbuchstaben der

Botschaft »NO WALLS« (»keine Mauern«), die in weißer Farbe auf dem Boden vor dem Monument geschrieben steht.

Wie sich »Newborn« am zehnten Unabhängigkeitstag präsentieren wird, ist noch ein Geheimnis.

Was sich in den vergangenen zehn Jahren nicht verändert hat und auch nach dem Unabhängigkeitsjubiläum 2018 gleichbleiben wird, ist das Gewicht von »Newborn«. Neun Tonnen wiegt der Schriftzug und ist damit auch ein passendes Symbol für die schwere Geburt des jüngsten Staates Europas. Darüber konnten auch die ausgelassenen Feiern am 17. Februar 2008 nur kurz hinwegtäuschen. Die kosovarische Hauptstadt Prishtina war an diesem Tag eine einzige große Party. Zehntausende Menschen tanzten und sangen überall in der Stadt und selbst Wildfremde gratulierten sich zur Unabhängigkeit. Dauerhupende, fahnengeschmückte Autos stauten durch die Straßen der Stadt und die Feiernden trugen Transparente mit Aufschriften wie »Frohe Unabhängigkeit« oder »USA, EU, NATO, Danke, dass Ihr Wort gehalten habt!« oder »Kosovo heißt seine Zukunft willkommen«. Zur Feier des Tages verteilten viele Restaurants kostenlos Essen und Trinken. Die populäre Konditorei »Fellini« hatte eine Riesentorte von 100 Quadratmetern mit der Kosovo-Landkarte gebacken, die am Abend Stück für Stück verteilt wurde. »Das ist der glücklichste Tag in meinem Leben«, zitierte eine Agenturmeldung den Jubel eines 22-jährigen Kosovaren in Feierstimmung: »Ich bin stolz auf meine Na-

tion, die ewig den USA und der EU dankbar sein sollte.« Auch in Österreich, in Wien, Linz und Salzburg feierten zahlreiche Kosovo-AlbanerInnen. Allein auf den Wiener Heldenplatz waren über 2.500 Menschen zur Feier der Unabhängigkeit ihrer Heimat gekommen. Im Gegensatz dazu herrschte an diesem Tag in den mehrheitlich von Serbinnen und Serben bewohnten Teilen von Kosovo/Kosova gespannte Ruhe. Die Kosovo-Friedenstruppe verstärkte ihre Präsenz im Nordkosovo, um Ausschreitungen zu verhindern. Und während im Parlament in Prishtina am Sonntagnachmittag dieses 17. Februars von allen anwesenden 109 von 120 Abgeordneten[4] die von Premierminister Hashim Thaçi verlesene Unabhängigkeitserklärung per Akklamation angenommen wurde, musste die Kosovo-Polizei mehrere hundert serbische Kriegsveteranen am Einmarsch in Kosovo/Kosova hindern. Wobei festzuhalten ist, dass der Text der kosovarischen Unabhängigkeitserklärung sowohl den Serbinnen und Serben im Land als auch dem Nachbarstaat Serbien und seinen Bürgerinnen und Bürgern die Hand reicht zu einem gleichberechtigten Miteinander und zur Kooperation über Grenzen hinweg. Die betreffenden Passagen der Unabhängigkeitserklärung lesen sich im Wortlaut so:
»Wir, die Führer unserer Nation, die wir auf demokratische Weise gewählt wurden, erklären mit diesem Beschluss Kosovo als unabhängigen, souveränen und demokrati-

[4] Alle elf kosovo-serbischen Abgeordneten boykottierten die Sitzung.

schen Staat. (…) Diese Deklaration spiegelt den Willen unserer Nation, der übereinstimmt mit den Empfehlungen des UN-Kosovo-Vermittlers Martti Ahtisaari. (…) Wir werden die Rechte aller unserer (nationalen) Gemeinschaften schützen und fördern und werden sicherstellen, dass sie alle die gleichen Rechte genießen. (…) Wir versprechen, alle Vorschläge Martti Ahtisaaris bezüglich der Rechte der serbischen Minderheit im Kosovo zu erfüllen. (…)
Wegen unserer Kultur, unserer geografischen Lage und Geschichte glauben wir fest daran, dass unsere Zukunft in der Europäischen Union liegt. (…) Kosovo besitzt international anerkannte Grenzen und wir schwören, auch die Grenzen aller Nachbarstaaten anzuerkennen. (…) Die Kosovo-Unabhängigkeit markiert das Ende der Auflösung von Jugoslawien. (…) Wir drücken unseren Willen aus, gute nachbarschaftliche Beziehungen in der Region aufzubauen. Das wird in naher Zukunft auch mit Serbien möglich sein, da wir historisch immer eine gute wirtschaftliche Zusammenarbeit hatten.«
Premier Thaçi betonte zudem in seiner Rede von den Parlamentsabgeordneten: »Wir haben lange auf die Unabhängigkeit gewartet. Das ist ein historischer Moment, um das Leben aller Bürger dieses Landes zu verbessern, ungeachtet ihrer ethnischen Zugehörigkeit. Das Volk des Kosovo war noch nie so einig.« Und Thaçi betonte, Kosovo/Kosova werde eine »multiethnische Gesellschaft« sein, und auf Serbisch versicherte er den serbi-

schen KosovarInnen: »Kosovo wird sein Äußerstes tun, um gute Beziehungen mit Serbien zu haben.«
In Belgrad blieb dieses Versprechen aus Kosovo/Kosova an diesem Tag ungehört: »Serbien wird niemals die Unabhängigkeit des Kosovo anerkennen«, erklärte Staatspräsident Boris Tadić unmittelbar nach der Unabhängigkeitserklärung. Unisono klang der Kommentar des serbischen Premiers Vojislav Koštunica, der zudem nicht mit Kritik an den USA sparte: Die »destruktive, unmoralische Politik« der Vereinigten Staaten hätte zur Verkündung des »illegalen Kosovo-Staates« geführt, sagte Koštunica in einer TV-Ansprache und proklamierte: »Für Serbien besteht der falsche Staat Kosovo nicht und er wird auch nie bestehen.« Auf Betreiben Russlands wurde daraufhin noch für den Abend des 17. Februar eine Sondersitzung des UNO-Sicherheitsrats anberaumt. Moskau reagierte dabei scharf auf die Unabhängigkeitserklärung, die zu einer »Eskalation der ethnischen Gewalt« führen und »einen neuen Konflikt auf dem Balkan« heraufbeschwören könnte. Die UNO-Verwaltung in Kosovo/Kosova und die NATO-Truppen sollten den Parlamentsbeschluss daher »für nichtig erklären«. Weder das eine noch das andere ist passiert und das Wichtigste: Der Tag der Unabhängigkeitserklärung hat auch keine weitere Periode neuer großer Konflikte auf dem Balkan eingeleitet.
Im Rückblick und mit der Distanz von zehn Jahren besonders interessant sind die internationalen Pressestimmen zu diesem damaligen Ereignis. Ich habe aus der Vielzahl

drei Kommentare aus Deutschland, Dänemark und Spanien ausgewählt. Sie sind insofern repräsentativ für das Gros der Pressestimmen, weil sie mit dem Tag der kosovarischen Unabhängigkeit vor allem die Europäische Union gefordert sehen. So schrieb die »Berliner Zeitung« in ihrer Ausgabe vom 18. Februar 2007:

»Der Schritt zur Unabhängigkeit ist unvermeidlich. Und er ist mindestens in einem politischen Sinne auch gerechtfertigt. Mit der Erklärung wird lediglich formalisiert, was seit fast einem Jahrzehnt als Realität besteht. Eine Mehrheit der europäischen Staaten ist offensichtlich bereit, den neuen Staat sehr schnell diplomatisch anzuerkennen. Und auch das ist richtig. Nur ein vorausschauendes, klares und unmissverständliches Engagement der EU kann eine neuerliche Eskalation der vorhandenen Spannungen eindämmen.«

Auch der in Kopenhagen erscheinende »Berlingske Tidende« stößt in dieses Horn:

»Die Selbstständigkeit des Kosovo ist ein richtiger Schritt, auch wenn er nicht alle Probleme löst. Dass Serbien und Russland sich widersetzen, ist eine Sache. Auf der anderen Seite aber müssen unglaublich viele Mittel in das Land gepumpt werden, damit es überhaupt als eigenständige Einheit funktionieren kann. Auf lange Sicht kann der Kosovo weder im Schatten Serbiens noch in dem der Vereinten Nationen existieren. Auf die EU wartet mit der Schaffung von Sicherheit und Vertrauen zwischen den Bevölkerungsgruppen eine große Aufgabe. Dasselbe gilt für das Verhältnis zu Serbien.«

Und »El País« in Madrid schrieb in seiner Ausgabe nach dem kosovarischen Tag der Unabhängigkeit auch und vor allem der Europäischen Union ins Stammbuch:
»Kosovo wird nach seiner einseitigen Unabhängigkeitserklärung noch viele Jahre benötigen, bis es ein überlebensfähiger Staat wird. Die Aufgabe der Schutzmächte besteht nun darin, zu verhindern, dass das Vorhaben in kurzer Zeit scheitert. Die Europäische Union wird dabei eine Schlüsselrolle spielen, denn sie wird beim Aufbau der neuen Nation nach und nach die Aufgaben der Vereinten Nationen übernehmen. Die größte Herausforderung liegt jedoch bei den Kosovaren selbst: Sie müssen beweisen, dass sie in der Lage sind, einen multiethnischen und demokratischen Staat aufzubauen. Bereits die kommenden Monate werden zeigen, ob die Kosovaren die Chance nutzen, die die Geschichte ihnen bietet.« Interessant, dass die linksliberale spanische Tageszeitung »El País« damals die »derzeit« ablehnende Haltung Spaniens zur Anerkennung vermerkt, aber auch auf die gemeinsame Unterstützung für die neue Rechtsstaatlichkeitsmission verweist.
Die vergangenen zehn Jahre seither haben gezeigt, dass die KosovarInnen diese Chance, ein unabhängiger Staat zu sein – übrigens zum ersten Mal in der Geschichte dieses Landes –, nicht haben verstreichen lassen. Gleichzeitig muss ich und muss man auch ganz objektiv feststellen, und das mit Bedauern, dass Kosovo/Kosova und vor allem seine PolitikerInnen nicht alle Chancen nützen konnten und/oder wollten, die sich ihnen und dem Land geboten haben. Ich erinnere hier nur an den – und im Hinblick auf die

Unabhängigkeitserklärung von 2008 (s. o.) besonders destruktiven – inner-kosovarischen und rein innenpolitisch motivierten Endlosstreit um die Grenzziehung mit Montenegro, der die bereits weit offene Tür zur Visa-Freiheit wieder geschlossen hat (siehe mehr dazu in Kapitel 12 zur Visa-Liberalisierung).

Andererseits haben die KosovarInnen jedoch immer wieder auch ihre Europareife und Demokratiefähigkeit unter Beweis gestellt. Besonders erfreulich war das bei den ersten Wahlen nach der Unabhängigkeit, den Kommunalwahlen am 15. November 2009. Der Wahlprozess war laut internationalen Beobachtungsberichten mit wenigen Ausnahmen korrekt verlaufen. Besonders ermutigend zu diesem Zeitpunkt war auch die relativ hohe Wahlbeteiligung der serbischen Minderheit südlich des Flusses Ibar. Das gab den Gemeinden auch die Möglichkeit, die ihnen laut Ahtisaari-Plan zugesicherte Autonomie auszubauen. Zweifellos bedauerlich war aber, dass die Wahlen im serbisch dominierten Norden des Landes de facto nicht stattgefunden haben.

Aber noch einmal zurück zum Tag der Unabhängigkeitserklärung im Februar 2008. Ich habe bereits ein Jahr davor als außenpolitische Sprecherin der Grünen im österreichischen Parlament und im Umfeld der sich rund um den Ahtisaari-Plan entwickelnden Diskussion von den serbischen PolitikerInnen eingemahnt, endlich »zur Kenntnis zu nehmen, dass es in weiten Teilen der serbischen Bevölkerung sehr wohl Bereitschaft gibt, dem Kosovo

Eigenständigkeit zuzugestehen«. Gleichzeitig war mir im Vorfeld der sich abzeichnenden einseitigen Unabhängigkeitserklärung durch die kosovarische Regierung wichtig, auf ein EU-einheitliches Vorgehen zu drängen. Dass einzelne EU-Länder mit der Anerkennung vorpreschen, wurde von mir dezidiert abgelehnt, wobei ich das natürlich auch auf die offizielle Position der Republik Österreich bezogen wissen wollte. »Die EU-Mitgliedsstaaten müssen in der Frage der Anerkennung geeint auftreten«, sagte ich zwei Monate vor der Unabhängigkeitserklärung im Dezember 2007, und begründete meine Position folgendermaßen: »Wichtig ist es, in der Region für Stabilität zu sorgen. Das kann nur mit einer einheitlichen Linie geschehen.« Am Tag nach der Unabhängigkeitserklärung forderte ich, dass die österreichische Regierung vor der Anerkennung Kosovos/Kosovas den österreichischen Nationalrat mit einbinden muss. Mir ging es dabei auch um ein demokratiepolitisches Signal, denn für mich war das kein gutes Beispiel mitten aus Europa für den neuen Staat Kosovo/Kosova, wenn eine Regierung das Parlament vor vollendete Tatsachen stellt. Dabei standen die österreichischen Grünen und ich einer Anerkennung Kosovos/Kosovas keineswegs ablehnend gegenüber. Die Gräueltaten des serbischen Diktators Milošević gegenüber den Kosovo-AlbanerInnen machten diesen Schritt verständlich. Für mich und die Grünen war es aber wichtig, dass zentrale Voraussetzungen für eine Anerkennung eingehend geprüft werden. Dazu gehörte für mich insbesondere die Wahrung der Rechte von Minderheiten, in erster Linie der SerbInnen. Ich forderte auch, dass das Verhältnis zu Serbien und die Auswirkungen auf Bosnien und Herzegowina und Mazedonien ebenfalls in einer eingehenden Diskussion analysiert werden. Und auch die Pläne zur künftigen wirtschaftlichen Unterstützung Kosovos/Kosovas sollten meiner Meinung nach im Parlament behandelt werden. Das war 1991 vor der Anerkennung Sloweniens und Kroatiens so – warum also nicht auch 2008 im Fall von Kosovo/Kosova?! Ich denke nach wie vor, dass meine damaligen Vorschläge zu flankierenden politischen Maßnahmen für den Anerkennungsprozess Kosovos/Kosovas sinnvoll waren. Woran es am 17. Februar 2008 nämlich am meisten gefehlt hat, war Klarheit. Diese mit umfassenden parlamentarischen Diskussionen sowohl in den einzelnen Mitgliedsstaaten als auch auf Ebene der EU zu befördern und anschließend mit einem geschlossenen Anerkennungs-Procedere durch die EU-Mitgliedsstaaten abzuschließen, halte ich auch heute, mit zehnjährigem Abstand betrachtet, noch für das bessere, da demokratisch besser fundierte Vorgehen. Damals konnten wir Grüne und ich uns mit dieser Position jedoch nicht durchsetzen.

Umso wichtiger zur Herstellung dieser nach dem 17. Februar 2008 vermissten Klarheit war der mit Spannung erwartete Spruch des Internationalen Gerichtshofes (IGH) in Den Haag im Sommer 2010. Ich habe bereits im ersten Kapitel darüber geschrieben. An dieser Stelle sei aber noch die mit der Unabhängigkeitsfrage einhergehenden Diskussion näher ausgeführt. Denn im Grunde war die eindeutige Stellungnahme des IGH zugunsten Kosovos/Kosovas eine große Überraschung. Die Fachwelt erwartete eher, dass es die RichterInnen vermeiden würden, einen Präzedenzfall zu schaffen, der andere Minderheiten veranlassen könnte, ebenfalls ihre Unabhängigkeit zu erklären. Zudem hatten zu dem Zeitpunkt erst 69 Staaten die Unabhängigkeit Kosovos/Kosovas anerkannt. Außerdem hatte erst auch auf Betreiben Belgrads und seines Außenministers Vuk Jeremić die UN-Vollversammlung im Oktober 2008 mit einer knappen Mehrheit beim IGH dieses Rechtsgutachten zu der Frage der Rechtmäßigkeit der kosovarischen Unabhängigkeitserklärung in Auftrag gegeben.

Die Diskussion verlief dabei grob gesagt zwischen folgenden beiden Polen:

Die BefürworterInnen der Unabhängigkeit sagten, dass bei Verfolgungen, ethnischen Säuberungen und Vertreibungen wie in Kosovo/Kosova unter Milošević die Gewährung von Autonomie innerhalb eines Staates nicht (mehr) möglich oder unzureichend sei. Laut dieser Argumentation hätte die Politik Serbiens der vergangenen Jahrzehnte die Kosovo-Albaner gewissermaßen in die Unabhängigkeit getrieben. GegnerInnen der Unabhängigkeit Kosovos/Kosovas wiederum pochten auf die Helsinki-Konvention der Unverletzlichkeit der Grenzen und hielten grundsätzlich eine Zustimmung beider Konflikt-

parteien wie auch der Vereinten Nationen für zwingend notwendig.
Vor ihrer Entscheidung hatten die RichterInnen des IGH natürlich die Meinung zahlreicher Länder zu dieser Frage angehört. Gegen die Unabhängigkeit machten vor allem Russland und China als ständige Mitglieder des UN-Sicherheitsrates mobil. Beijing hatte sich mit Blick auf Unabhängigkeitsbewegungen im eigenen Land (Tibeter, Uiguren) gegen die Unabhängigkeit Kosovos/Kosovas ausgesprochen mit der Begründung: Kein Staat könne es akzeptieren, dass sich ein Teil ohne Konsens von ihm löse. Der Kreml wiederum sieht sich traditionell als Schutzmacht des slawischen Brudervolks der Serben und lehnte einen selbstständigen Staat Kosovo/Kosova als »gefährlichen Präzedenzfall« ab. Doch Moskau sah sich 2008 auch selbst dem Vorwurf ausgesetzt, separatistische Bestrebungen zu unterstützen. Die Anschuldigungen erhob Georgien wegen des Konflikts in Südossetien und Abchasien: Moskau sprach den beiden Regionen Abchasien und Südossetien ein Recht auf Selbstbestimmung zu und erkannte die abtrünnigen georgischen Gebiete als neue Staaten an. Im Sommer kam es deshalb zum Krieg Russlands gegen die Kaukasusrepublik Georgien. In seiner scharfen Kritik am Votum des IGH reagierte Russland auch auf diesen Konflikt. Das Gutachten sei »ein typisches Beispiel für doppelte Standards«, sagte der Vizechef des Auswärtigen Ausschusses der Staatsduma, Leonid Kalaschnikow, denn zwei Jahre nach dem Kaukasuskrieg zwischen Russland

und Georgien weigere sich die internationale Gemeinschaft immer noch, die von Georgien abtrünnigen Gebiete Abchasien und Südossetien anzuerkennen. Das Urteil im Falle Kosovos/Kosovas nannte er deswegen »juristisch nicht sauber und rein politisch«. Meine Kritik dieser Argumentation gegenüber war eindeutig: Bei allen Verfehlungen des damaligen georgischen Präsidenten Sakaschwili hatte Georgien die Bevölkerung in Südossetien oder Abchasien niemals ethnisch gesäubert oder vertrieben, der Vergleich mit Kosovo/Kosova hinkte also gewaltig.
Die USA wiederum hatten die Unabhängigkeit Kosovos/Kosovas immer unterstützt – es ging ja auch um geopolitischen Einfluss aus Zeiten des Kalten Krieges gegen Jugoslawien/Serbien (und im Hintergrund Russland). Die Vereinigten Staaten seien selbst ein Land, das vor zwei Jahrhunderten aus einer Unabhängigkeitserklärung heraus geboren wurde, sagte der US-Vertreter vor dem Gerichtshof, Harold Hongju Koh. Serbien wolle die Uhr zurückdrehen und einen Prozess untergraben, der der Region Stabilität gebracht habe.
Mit seinem Kosovo-Gutachten folgte der IGH über weite Strecken auch der österreichischen Argumentation in dieser Frage. Österreich hat bekanntlich die Unabhängigkeit Kosovos/Kosovas als einer der ersten Staaten anerkannt. Die österreichische Bundesregierung vertrat in diesem Verfahren die Auffassung, dass das allgemeine Völkerrecht Unabhängigkeitserklärungen nicht verbietet und dass auch im Fall Kosovos/Kosovas das durch Resolution

1244 geschaffene UN-Übergangsregime der Unabhängigkeitserklärung nicht entgegenstand.
Siebeneinhalb Jahre nach dem IGH-Spruch scheint es mittlerweile auch zu Bewegung in der Unabhängigkeitsfrage aufseiten Belgrads zu kommen. Bereits zum neunten Unabhängigkeitstag im Jahr 2007 erklärte Franz-Lothar Altmann, Balkan-Experte der Stiftung Wissenschaft und Politik in Berlin, in einem »Standard«-Interview: »Serbien ist im Prinzip klar, dass der Kosovo verloren ist.« Es gehe den serbischen PolitikerInnen nun darum, »innenpolitisch den Eindruck zu vermitteln, dass man das meiste aus den Verhandlungen für die serbischen Interessen rausgeholt hat«.
Zusätzlich ist es immer noch nötig, den Mythos, Kosovo/ Kosova bzw. Kosovo und Metohija sei integraler Bestandteil Serbiens (wie es auch die serbische Verfassung von 2006 festschreibt), zu durchbrechen in den Köpfen und Herzen der meisten Menschen im Land. Die Gründerin und Leiterin des serbischen Helsinki-Komitees, die Menschenrechtsaktivistin und Autorin Sonja Biserko, mit der ich oftmals darüber diskutiert habe, beschreibt das sehr gut in ihrem 2012 erschienenen Buch »Yugoslavia's Implosion – the Fatal Attraction of Serbian Nationalism«. So legt sie darin etwa dar, dass Serbien gegen die Konsolidierung von Kosovo/Kosova kontinuierlich Obstruktion betrieben hat, und dass der Unwille, die Idee von Groß-Serbien aufzugeben, den demokratischen Übergang verzögert hat (S. 328).

Und sie beschreibt[5], dass die SerbInnen schon im ersten Jugoslawien nichts unternahmen, um die AlbanerInnen zu integrieren – im Gegenteil, sie galten ihnen als »minderwertige Zivilisation« (S. 198). Serbien, so schreibt Biserko, sieht Kosovo/Kosova als sein »heiliges Land« und »als Wiege des Serbentums«, doch seit der Mitte des 19. Jahrhunderts sind AlbanerInnen die Mehrheitsbevölkerung in Kosovo/Kosova gewesen. Nach 500 Jahren unter ottomanischer Herrschaft sei Kosovo/Kosova 1912 befreit und für Serbien zurückgeholt worden, sagen die Serben – oder Kosova sei rückerobert worden, sagen die Albaner. Derart gegensätzliche Sichtweisen stellen die Bühne dar für Zyklen von Gewalt und Unterdrückung im gesamten zwanzigsten Jahrhundert, so Biserko. Mein Fazit: Der EU-Beitritts- wie der Dialogprozess zu Beginn des einundzwanzigsten Jahrhunderts sollen diese wiederkehrenden Zyklen nun endlich durchbrechen, zum Wohle aller. Zur weiter oben erwähnten Analyse passt auch der Vorstoß des serbischen Präsidenten Aleksandar Vučić, der im Sommer 2017 die Serben zu einem Dialog über Kosovo/ Kosova aufgerufen hat. Seine Begründung lautete: um diese »Last nicht den künftigen Generationen« aufzubürden.[6] In einem Gastkommentar für die serbische Zeitung »Blic« schrieb Vučić, es sei Zeit, in Sachen Kosovo/

5 Auf den Seiten 192 und 193 des Buches »Yugoslavia's Implosion«.

6 Eine kosovarische Unabhängigkeitserklärung gleich nach dem Krieg wäre wahrscheinlich von serbischer Seite schneller akzeptiert worden, weil da Milošević als Schuldiger noch viel mehr präsent war.

Kosova nicht mehr den Kopf in den Sand zu stecken, sondern »realistisch« zu sein. Der Präsident stellte als erster höchstrangiger serbischer Politiker klar: Serbien dürfe nicht erwarten, das wiederzubekommen, was längst verloren sei. In ungewohnt selbstkritischer Weise bekannte sich Vučić zu Fehlern auf serbischer Seite: Die Serben hätten schon seit dem späten 19. Jahrhundert nicht genügend Verantwortungsbewusstsein an den Tag gelegt, um die Wünsche der Kosovo-Albaner zu verstehen. Andererseits hätten auch die Kosovo-Albaner den serbischen Staat und seine nationalen Interessen nicht verstanden und geringgeschätzt. Eine Lösung für Kosovo/Kosova, schrieb Vučić in dem sehr ausführlichen Beitrag, in dem er unter anderem auch selbstkritisch eine von außen betrachtete arrogante Politik Serbiens in machen Fragen geißelte, liege nicht in den serbischen Mythen, aber auch nicht im Verzicht auf alle nationalen Interessen. Vielmehr, so Vučić, werde eine Lösung ein langer, schmerzlicher Prozess sein und eine Änderung des kollektiven Bewusstseins der Serben verlangen: »Es ist an der Zeit, dass Serbien arbeitet, denkt (...) und Siege ohne Konflikte verbucht.« Dass Serbien und seine BürgerInnen diesen Weg einschlagen und gehen können, davon zeigte sich Vučić überzeugt.
Ins selbe Horn stieß wenige Wochen vorher bereits der kosovarische Präsident Hashim Thaçi, zeigte er sich in einem Gespräch mit der serbischen Presseagentur Tanjug doch gewiss, dass es zu einer »historischen Einigung über die Normalisierung der Beziehungen und Versöhnung

zwischen dem Kosovo und Serbien« kommen werde. Am Ende sieht er die »Anerkennung der Realität«, sagte Thaçi. Und fügte hinzu, dass die von ihm vorausgesagte historische Einigung weder seine Popularität noch jene des serbischen Präsidenten Aleksandar Vučić fördern werde, sie »wird aber gut für den Kosovo und Serbien sein«. Beide Präsidenten, so Thaçi, würden den »politischen Preis für eine bessere Zukunft der kommenden Generationen zahlen« (Vučić wird sich auch später im Rahmen des innerserbischen Kosovo-Dialogs dementsprechend äußern). Diese beiderseitigen Willensbekundungen wurden auf europäischer Ebene und natürlich auch von mir persönlich mit großem Wohlwollen aufgenommen und als kräftiges Hoffnungszeichen für einen neuen Schwung im »Normalisierungsdialog« zwischen Belgrad und Prishtina interpretiert. Auch EU-Nachbarschaftskommissar Johannes Hahn lobte bei einem Besuch in Belgrad den Aufruf des serbischen Präsidenten: Mit diesem wichtigen Schritt habe er »Vision, Realitätssinn und eine starke Ausrichtung auf die Interessen seines Volkes« an den Tag gelegt. Bei einem Vortrag vor den Mitgliedern des serbischen EU-Nationalkonventes unterstrich Hahn auch, dass die SerbInnen den »Schlüssel zum EU-Tor« in der Hand hätten. Ein Bericht der serbischen Tageszeitung »Danas« vom 20. September 2017 beförderte die EU-Erwartung, dass Belgrad diesen Schlüssel zur EU ins Schloss stecken und umdrehen möchte. Im Rahmen anstehender Verfassungsänderungen in Serbien sollte, so der Zeitungsbericht, die umstrittene Präambel zu Kosovo/Kosova umgeschrieben werden. Erster Grund für diese Verfassungsänderung ist zwar, dass Serbien als EU-Beitrittskandidat jene Verfassungsbestimmungen ändern muss, die die Justiz und die Menschenrechte (Kap. 23 und 24 der Beitrittsverhandlungen) betreffen. In diesem Kontext könnte aber auch gleich die Präambel mit »entschärft« werden. Denn in der Verfassung aus 2006 wird Kosovo/Kosova noch wörtlich als »Bestandteil Serbiens« bezeichnet. Die Tageszeitung berief sich auf inoffizielle Informationen aus Regierungskreisen, wonach die Neuformulierung der Präambel in die Richtung gehen sollte, dass »Kosovo und Metohija (offizielle serbische Bezeichnung für die frühere südserbische Provinz, Anm.) ein Bestandteil Serbiens ist, auf dessen Gebiet die Gesetze Serbiens zurzeit nicht angewendet« würden. Auch diese Formulierung schließt eine serbische Anerkennung des Staates Kosovo/Kosova noch aus, öffnet aber zumindest einen Spielraum, der bei ausreichendem politischen Willen den Dialog mit Prishtina auf eine neue Stufe heben und zweitens den Beginn einer neuen völkerrechtlichen Beziehung bedeuten könnte.

Mit dem Start des innerserbischen Kosovo-Dialogs am 31. Oktober 2017 hat die serbische Neubewertung des Faktums der Unabhängigkeit Kosovos/Kosovas jedenfalls Fahrt aufgenommen. Den Beginn machte ein JuristInnen-Treffen, weitere Diskussionstreffen von Kultur-, Religions- und Politik-ExpertInnen sind angekündigt. In einem Fernsehinterview zum Start dieses Neudefinitionsprozesses gegenüber Kosovo/Kosova erklärte Präsident Vučić, dass als erster Schritt die Meinung von ExpertInnen und nicht-staatlichen Organisationen eingeholt werde, bevor er seine Meinung zum Kosovo äußern wolle. Seinen Willen für eine Änderung des Status quo bekräftigte er aber dabei erneut: »Sollte ich eine Chance sehen, um eine bessere Zukunft (für SerbInnen und Kosovo-AlbanerInnen, Anm.) aufzubauen, werde ich dies wie ein Bulldozer vorantreiben.« Dafür sei er auch bereit, so Vučić, politische Einbußen in Kauf zu nehmen.

Wie ein Bagger fuhr auch der am 20. November 2017 von Vladan Kutlešić, Rechtsberater des jugoslawischen Präsidenten Milošević während des Kosovo-Krieges, geäußerte Vorschlag in diesen innerserbischen Kosovo-Dialog. Kutlešić sprach sich für eine Anerkennung Kosovos/Kosovas und dessen Aufnahme in die UNO aus. Daran anschließend, so sein Diskussionsvorschlag, sollte die Bildung einer Union der unabhängigen Staaten Serbien und Kosovo/Kosova vorangetrieben werden. Dem Vorschlag kann aus meiner Sicht durchaus eine gewisse Kreativität zugestanden werden, es fehlt ihm jedoch der gemeinsame Kontext der Europäischen Union, ohne den der Vorschlag Gefahr läuft, in eine, schon allein wegen der unterschiedlichen Größe und wirtschaftlichen Stärke der beiden Staaten, Vereinnahmung des Kleineren (Kosovo/Kosova) durch den Größeren (Serbien) hinauszulaufen und somit wohl ein Weg zurück in die Vergangenheit wäre. Der Vorschlag Kutlešić', dass diese Union zweier unabhängiger Staaten einen gemeinsamen Markt und eine gemeinsame Zoll- und Währungspolitik haben solle, muss deshalb im Kontext des bisherigen Verhaltens der serbischen Regierungen gegenüber Kosovo/Kosova eher skeptisch betrachtet werden. Präsident Vučić soll laut serbischen Medienberichten Interesse an diesem Vorschlag Kutlešićs gezeigt haben. Doch er hat in der eigenen Regierung einen vehementen Gegenspieler sitzen: Wohl frei nach dem Schema »good guy – bad guy« gibt der stv. Premier- sowie Außenminister Ivica Dačić weiterhin den Hardliner. Wer dazu neigt, Vučić' Glas in Richtung Anerkennung von Kosovos/Kosovas Unabhängigkeit als zumindest ein Viertel voll zu sehen – statt zu drei Vierteln leer – der oder die mag dem Präsidenten Vorschusslorbeeren gewähren: Er lässt mit Dačić die Hardliner im Land weiterhin glauben, dass, was Kosovo/Kosova betrifft, nichts so heiß gegessen wie gekocht werden wird. Wenn dieses Spiel gutgeht, und er den innerserbischen Kosovo-Dialog in Richtung finale Anerkennung bewegen kann, wird er gewonnen haben. Er läuft aber auch Gefahr, in Kosovo/Kosova und in der internationalen Pro-Kosovo-Gemeinschaft nicht ernst genommen zu werden, wenn er weiterhin Dačić und andere in seiner Umgebung nicht in die Schranken weist, immer wieder Provokationen zulässt, und gleichzeitig die Russland-Karte offenhält.[7]

[7] Ausführlicher dazu noch in Kapitel 4 zum serbisch-kosovarischen Normalisierungsdialog.

In jedem Fall zeigt aber der in Serbien von höchster Seite gestartete Diskussionsprozess zehn Jahre nach der kosovarischen Unabhängigkeit, dass – wenn wir beim Bild des Neugeborenen bleiben, das ja, wenn auch teils ungeliebte, Eltern hat – aus dem »Newborn« ein Teenager, ja gar ein junger Erwachsener geworden ist. Die Probleme und Schwierigkeiten nehmen bekanntlich auch in diesem Lebensabschnitt nicht ab, doch sie werden andere. Gerade junge Menschen brauchen Verbündete, die sie zwar unterstützen, aber sie nicht aus der eigenen Verantwortung entlassen. Also TutorInnen- und nicht Kolonialverhalten ist gefragt. Die EU wird nach wie vor gefordert bleiben. Dennoch lässt sich der Kommentar, den der Londoner »The Independent« am Tag nach der Unabhängigkeitserklärung gegeben hat, heute, zehn Jahre später, immer noch als Auftrag, aber auch als Vorwegnahme einer Erfolgsgeschichte lesen: »Der Erfolg der Intervention im Kosovo – zwar eingeschränkt und nur teilweise – sollte Hoffnung im Fall von so schwer lösbaren Konflikten wie in Darfur oder Palästina geben. Auch wenn die Hoffnung von Realismus in Schranken gehalten werden muss. Klar muss sein, dass ein langfristiges Engagement nötig ist (…) Die Unabhängigkeit des Kosovo sollte als ein Schritt in Richtung Normalität in einer historischen Konfliktregion gesehen werden und als Erinnerung daran, dass Menschenrechte verteidigt und Konflikte gelöst werden können. Die Staaten der EU und der NATO sollten sich selbst neu dazu verpflichten, Serbien und Kosovo irgendwann – neben

den anderen Balkanstaaten – als Mitglieder eines vereinten, demokratischen Europas zu sehen.«
Das »irgendwann« im letzten Satz dieses Kommentars wurde damals wohl als »bald« interpretiert. Dass es zehn Jahre später immer noch nicht Realität, sondern weiterhin nur Hoffnung ist, ist der am schwierigsten zu akzeptierende Teil des Erfolges, der mit der Unabhängigkeitserklärung am 17. Februar 2008 begann.

Kapitel 4
Schwitzen für Frieden, statt bluten im Krieg
Serbisch-kosovarischer Normalisierungsdialog oder: EU-Soft-Power am Prüfstand

Wie im vorigen Kapitel im Detail beschrieben, hatte der Internationale Gerichtshof am 22. Juli 2010 festgehalten, dass die Unabhängigkeitserklärung Kosovos/Kosovas keine Verletzung internationalen Rechts bedeutete. Trotzdem oder besser gesagt deswegen versuchte der serbische Außenminister Vuk Jeremić erneut, eine Verurteilung der Unabhängigkeitserklärung Kosovos/Kosovas in der UNO-Generalversammlung durchzusetzen. Durch das geschickte Verhandeln von EU-Außenbeauftragter Catherine Ashton und ihres Teams gelang es im September 2010 in New York, Jeremić' Ansinnen im weiteren Verlauf in Richtung eines Dialoges zwischen Serbien und Kosovo/Kosova umzulenken, und die Europäische Union als Vermittlerin für diesen Dialog zu etablieren.

Bevor ich auf diesen Dialogprozess und seine Hindernisse, aber auch Erfolge eingehe, möchte ich noch von einem persönlichen Erlebnis berichten, das die EU-moderierten Verhandlungen zwischen der Politik in Prishtina und Belgrad auf eine sehr sympathische wie persönliche Ebene herunterbricht – und für mich auch ein gutes Beispiel dafür ist, worum es der Politik eigentlich immer gehen müsste: Das Leben der einzelnen Menschen besser, unkomplizierter, lebenswerter zu machen, und Gräben der

Vergangenheit zu überwinden. Für die Menschen in Kosovo/Kosova heißt das konkret, dass ihnen ein »normales« Leben in einem »normalen« und weltweit anerkannten Staat zugestanden wird.
Diese sehr persönliche wie zukunftsweisende Geschichte begann damit, dass ich wieder einmal, so wie seit vielen Jahren, die »Politischen Gespräche« im Rahmen des Europäischen Forums Alpbach besuchte. Dieses international etablierte Diskussions- und Denkforum in einem Tiroler Bergdorf widmet sich seit Jahrzehnten jeden Sommer einige Wochen lang politischen, gesellschaftlichen und wissenschaftlichen Themen, weitestgehend im europäischen Kontext. Mir gefällt dabei besonders, dass junge Menschen, auch aus den Staaten Südosteuropas, gefördert durch Stipendienprogramme, daran teilnehmen können.
Da passierte es einmal, dass sich eine junge Frau und ein junger Mann im Bus auf der Fahrt ins Tiroler Bergdorf Alpbach, miteinander englisch sprechend, kennenlernten und sich auf Anhieb sympathisch gefunden haben. Erst bei der Ankunft stellten sie fest, dass sie aus Belgrad und er aus Prishtina stammte … Nach einer Schrecksekunde überwanden sie jedoch ihre vorgefassten Meinungen über die Herkunft des/der jeweils anderen und freundeten sich an.
Aus dieser persönlichen Freundschaft wurde jedoch mehr: Zum einen gründeten sie Alpbach-Gruppen in Serbien und in Kosovo/Kosova, die sich dann alljährlich in Alpbach untereinander und oftmals auch gemeinsam mit mir über die zu überwindenden Vorurteile und Probleme im

Verhältnis zwischen ihren Staaten und ihren Landsleuten austauschten. Die Debatten waren oft kontroversiell, manchmal gepaart mit Erstaunen oder sogar Empörung über die Sichtweise und Vorurteile der anderen, aber immer wieder auch konstruktiv und mit dem Willen, das jeweilige Gegenüber und ihre/seine Argumente ernst zu nehmen. Zum anderen konnten die beiden Gruppen, beginnend mit dem Jahr 2012, mit tatkräftiger Unterstützung der Erste Stiftung und des ehemaligen Stabilitätspakt-Koordinators Erhard Busek, gemeinsam ein Ausstellungsprojekt initiieren und umsetzen: Je fünf junge FotografInnen aus Kosovo/Kosova und aus Serbien gaben ihre Wahrnehmungen, Ideen und Gedanken zum Thema EU und Europa in insgesamt 30 Bildern wieder. Diese Ausstellung »€uroXibition« wurde in Belgrad und in Prishtina, in Alpbach, unter meiner Patronanz im Europäischen Parlament in Brüssel sowie unter der Patronanz der viel zu früh verstorbenen Nationalratspräsidentin Barbara Prammer im österreichischen Parlament in Wien gezeigt. Diese wunderbare Kooperation von jungen KosovarInnen und SerbInnen präsentierte für mich nicht nur interessante und beeindruckende Bilder, sondern es wurde auch eine starke Botschaft mitgeliefert: Diese jungen Leute zeigten mit ihrem Engagement, ihrem wohlwollenden, aber auch durchaus kritischen Blick auf die EU und Europa, aber auch ihrem Überwinden des über Generationen geführten Konflikts mit grausamen Kriegsereignissen, die weniger als 15 Jahre zurücklagen, dass derartige Konflikte be-

arbeitet, bewältigt und in Richtung einer gemeinsamen Zukunft beendet werden können. Diesem Prozess – so meine regelmäßig und unermüdlich erhobene Forderung – darf sich letztlich auch die Politik in Belgrad und Prishtina, unter Brüsseler Führung, nicht verwehren.
In der Einleitung habe ich den bereits für dieses Buch titelgebenden Gedanken des französischen Piloten und Schriftstellers Antoine de Saint-Exupéry aus seinem Buch »Die Stadt in der Wüste« vorgetragen. Speziell für dieses Kapitel, in dem es ja maßgeblich um das Miteinander der verschiedenen Volksgruppen und die Rechte der serbischen Minderheit in Kosovo/Kosova geht, sei seine Antwort noch einmal wiederholt. Wie kann ich eine Minderheit in ein Staatsganzes integrieren? Wie kann der Staat, der eine ethnische oder kulturelle Mehrheit repräsentiert auch zur Heimat, zum akzeptierten Staat für die Minderheit(en) werden? Saint-Exupérys Antwort auf diese vielerorts drängenden Fragen lautet: »Den Frieden bauen heißt den Stall weit genug bauen, damit die ganze Herde darin schlafe.« Mit einem sehr schönen Bild wird hier erklärt, was weitgehende Autonomie und Selbstbestimmungsrechte leisten müssen: Ein weit genug ausladendes Dach für alle Bürgerinnen und Bürger zu schaffen, damit der Staat, in diesem Fall Kosovo/Kosova, als gemeinsames Haus für alle akzeptiert wird.
Der Weg dieses sogenannten »Normalisierungsdialogs« war und ist nach wie vor mit vielen Steinen gepflastert. Das Problem dabei war und ist, dass – um bei diesem Bild

zu bleiben – die Steine – einige davon ziemliche Felsbrocken – zwar erkannt und benannt wurden; und auch einen Plan zu ihrem Aus-dem-Weg-Räumen haben beide Seite beschlossen, letztlich blieben die Steine aber trotzdem lange, zu lange, unangetastet liegen, wurden die Dialog-Beschlüsse durch den Mangel, ja oft die Weigerung der Umsetzung ad absurdum geführt und haben dadurch beide Dialogpartner, aber auch die moderierende Seite EU desavouiert.
Dennoch: Ich sehe keine erfolgsversprechende Alternative zu diesem Dialog. Gerade angesichts der Umsetzungsschwierigkeiten ist mir immer wieder ein Zitat der indischen Politikerin, Diplomatin und ersten Frau, die als Präsidentin die UNO-Generalversammlung leitete, Vijaya Lakshmi Pandit, in den Sinn gekommen: »Je mehr wir in Frieden schwitzen, desto weniger bluten wir im Krieg.« Deswegen: Jeder Tropfen Schweiß, jede Enttäuschung, jeder Rückschlag muss in Kauf genommen werden, jede Gelegenheit gehört genützt, um die Felsbrocken aus dem Weg zu räumen und dieses Verständigungsfuhrwerk auf diesem steinigen Weg weiterzubringen.
Der größte Brocken, der nach wie vor die Dialogstraße blockiert, sind die unterschiedlichen Erwartungen in Belgrad und in Prishtina, und der enttäuschende Mangel an Umsetzung des »Brüsseler Abkommens« vom 19. April 2013, mittlerweile auch schon fast fünf Jahre her. Von Beginn an gab es Widerwillen auf beiden Seiten, den Weg des Dialoges zu gehen: Der unabhängige Staat Kosovo/

Kosova sah nicht ein, warum er mit Serbien einen Dialog führen soll, der als Ziel nicht klar formuliert die Anerkennung des neuen Staates in absehbarer Zukunft hatte. Und Serbien hätte am liebsten mit einer Resolution in der UNO-Generalversammlung das IGH-Urteil vom Juli 2010 wieder ausgehebelt, und beharrt bis heute darauf, dass Kosovo i Metohije – die serbische Bezeichnung für die bis 1989 autonome Republik in Jugoslawien – ein in der Verfassung festgeschriebener untrennbarer Teil Serbiens ist und es darüber auch keine Verhandlungen geben kann. Auf diesem steinigen Weg war es also möglich, einige Pflastersteine aus dem Weg zu räumen, aber mit teilweise bizarr anmutenden Regelungen, die die Auseinandersetzung um den finalen Status nur aufschoben und nicht aufhoben. So gibt es mittlerweile seit Ende 2012 eine Einigung über die sechs offiziellen Grenzübergänge zwischen Serbien und Kosovo/Kosova. Offiziell wird dafür das Kürzel IBM verwendet, auf Englisch »Integrated Border Management«. Kosovo/Kosova freut sich über die offizielle Grenze, die das Territorium der unabhängigen Republik markiert. Aber, wie praktisch, dass das »B« auf Englisch auch »Boundary« heißen kann, also Grenze im Sinn von »Grenzlinie«, »Begrenzung«, »Abgrenzung«, so definiert Belgrad IBM, also keineswegs als »border« im Sinn von »Staatsgrenze«. Und auch beim Austausch von »Verbindungsbeamten« oder »Liaison Officers« – was im üblichen Diplomatendeutsch »Botschafter« wären – wird auf diplomatischen Eiern getanzt: Belgrad spricht hier nur

von »Experten«, die in Prishtina in der EU-Mission sitzen dürfen, während das kosovarische Außenministerium in Belgrad eine reguläre Botschaft aufmachen will. Noch bizarrer wird es, als mich im Jahr 2015 oder 2016 der frühere österreichische Botschafter, EU-Chef-Verhandler in Rambouillet und Bosnien-Beauftragter Wolfgang Petritsch, anruft und mir erzählt, dass die serbische Vertretung bei der EU in Brüssel ihn ersucht habe, mich zu kontaktieren, weil die kosovo-serbischen Minister mich gerne in Brüssel treffen würden. Warum fragen sie denn nicht bei der kosovarischen Vertretung in Brüssel an? Oder kontaktieren mich direkt? Einige von ihnen kennen mich sehr wohl und wissen, wo ich erreichbar bin. Als ich sie selbst bei meinem nächsten Besuch in Prishtina – in Anwesenheit von EU-Erweiterungskommissar Johannes Hahn – darauf anrede, meinen sie nur, die kosovarische Botschaft würde nichts tun für sie. Was der kosovarische Botschafter in Brüssel mir gegenüber natürlich vehement bestreitet: Gerne würde er auch mit und für die kosovo-serbischen Regierungsmitglieder seine Dienste einsetzen! Erst bei meinem letzten Besuch in meiner Funktion als Berichterstatterin Ende Oktober 2017 versicherte mir der stv. PM Dalibor Jevtić, dass er beim nächsten Besuch den kosovarischen Botschafter in Brüssel kontaktieren will.
Ähnlich sieht es mit den serbischen Personaldokumenten und Autokennzeichen im Norden des Landes aus: Autokennzeichen haben sehr viele Fahrzeuge bis heute nicht, weder kosovarische noch serbische. Und im Gegensatz

zur Interpretation des Abkommens durch Prishtina, die SerbInnen im Norden sollten nur kosovarische Dokumente besitzen, besteht Serbien immer noch darauf, dass die Serben ihre serbischen Personaldokumente behalten sollen.

Auch das Thema Telekommunikation steht seit Anfang 2013 auf der Tagesordnung der Dialog-Verhandlungen. Endlich nicht mehr mit einer slowenischen oder monegassischen, sondern als BürgerInnen eines souveränen Staates mit eigener internationaler Vorwahl bei Anrufen erkennbar sein, das wünschen sich KosovarInnen schon seit der Unabhängigkeitserklärung. Die halbherzige Einigung heißt mittlerweile, dass es einen eigenen serbischen Anbieter gibt, damit die serbischen Teile Kosovos/Kosovas weiterhin nach und von »Serbia Proper« wie im Inland erreichbar sind. Und für manche albanischen KosovarInnen ist die nach Jahren durchgesetzte +383-Vorwahl wiederum eine Enttäuschung, denn sie kann auch als Anhängsel Serbiens interpretiert werden: Serbien hat +381.

In Serbien können manche, wie der derzeitige Außenminister Ivica Dačić, weiterhin den Hardliner spielen: Tausch des Territoriums wäre für ihn akzeptabel, aber die Anerkennung des unabhängigen Staates Kosovo/Kosova: keine Chance. Da muss sogar ein Zug herhalten, der »Kosovo ist Serbien« in zig Sprachen als Aufschrift trägt (auch auf Albanisch übrigens, ganz klein) und der als Provokation in die frühere Provinz fahren will und erst kurz vor der Grenze die Notbremse zieht, als schon das Gerücht verbreitet wird, auf kosovarischer Seite wären Minen angebracht worden …

Die Enttäuschungen der KosovarInnen haben sich gehäuft. Warum müssen sie beispielsweise, zehn Jahre nach der Unabhängigkeit, immer noch ihren Staat mit einem Sternchen und einer langwierigen Formulierung auf den Namensschildern von internationalen Konferenzen lesen? Symbole sind in der Politik immer noch sehr wichtig. Der Dialog zwischen Kosovo/Kosova und Serbien legt beredtes Zeugnis davon ab.

Eine der Ursachen dafür ist auch bei den EU-VermittlerInnen zu suchen. So sehr ich die Bemühungen von Catherine Ashton und nach ihr Federica Mogherini und ihren Teams zu schätzen weiß, so sehr habe ich sie bzw. ihre ChefverhandlerInnen Robert Cooper, danach Fernando Gentilini und jetzt Angelina Eichhorst um eines ersucht/gebeten/es eingefordert: dass sie nach einer Einigung selbst sowohl in Prishtina wie in Belgrad erklären, wie die Formulierungen in der Einigung zu interpretieren sind. Öffentlich, im Gespräch mit den Parlamenten wie auch mit JournalistInnen und BürgerInnen. Sowohl Cooper wie Gentilini wollten dies nicht, mit dem Argument des »Ownership« und der Eigenverantwortung der serbischen wie der kosovarischen Seite, die EU sei ja nur Vermittlerin. Erst Angelina Eichhorst hat die Brisanz erkannt, die darin liegt, dass die EU es den beiden Seiten überließ, ihrer eigenen Bevölkerung gegenüber die Ergebnisse zu interpretieren – und damit nicht den nötigen Beitrag zu leisten, damit sich tatsächlich Grundsätzliches ändert.

Auch hier steht wiederum die »Statusneutralität« von Rat und Kommission als unüberwindbare Mauer im Raum: Weder Ashton noch Mogherini und noch weniger ihre Teams dürfen, können und wollen sich noch größere Widerstände im Rat als schon vorhanden leisten. Davon ist in Kapitel 5 (Kosovo/Kosova ist nicht Katalonien) zu lesen.

Doch nochmals zurück zum wegweisenden Brüsseler Abkommen vom 19. April 2013.[8] In dem »Verband / der Gemeinschaft serbischer Gemeinden im Kosovo« (auch hier ist die Terminologie symbolisch) sollen alle Kommunen zusammengefasst werden, die eine serbische Mehrheit besitzen, und es soll somit eine Art Autonomiebehörde der Kosovo-SerbInnen entstehen. Die Einigung im Frühjahr 2013 wurde damals unter anderem auch von mir als eine der wichtigsten Vereinbarungen des Normalisierungsdialogs gefeiert – bis dato wurde dieser Beschluss aber von Prishtina nicht umgesetzt, weil die serbische Seite auf jeden Fall Exekutivgewalten einfordert, die kosovarische jedoch auf einer wie auch für die kosovo-albanische Seite und anderswo gültigen Vereinigung ohne Exekutivgewalten auf nationaler kosovarischer Ebene

[8] Gute Zusammenfassung von Reuters: https://www.reuters.com/article/us-serbia-kosovo-eu/eu-brokers-historic-kosovo-deal-door-opens-to-serbia-accession-idUSBRE93I0IB20130419

beharrt. Ich gestehe, auch ich fände einen gemeinsamen Städte- bzw. Gemeindebund aller kosovarischen Gemeinden gescheiter, denn wenn es um Wasserversorgung und Abwasserentsorgung geht, um Verkehr, Schulen, Einzugsgebiete usw., dann macht es Sinn, dass nebeneinander liegende Gemeinden zusammenarbeiten, egal welcher ethnischen Gruppe die Mehrheit angehört. Aber auch in Kroatien und Bosnien gibt es ähnlich ethnisch definierte Vereinigungen, es wäre also schwer, auf Gemeinsamkeit zu beharren. Hätten frühere kosovarische Regierungen mehr getan, um den serbischen KosovarInnen ihre Bereitschaft zu signalisieren, dass sie in einem gemeinsamen Land leben wollen, vielleicht wäre es gelungen …

Der serbische Präsident Vučić machte dafür auch die internationale Staatengemeinschaft verantwortlich, die Kosovo/Kosova in dieser Frage mit Nachsicht behandeln würde. Ich sehe in dieser Blockade aber vor allem die im Dialogprozess von beiden Seiten gezeigte Basar-Mentalität auf die Spitze getrieben. Kosovo/Kosova sieht die Bildung des Verbandes der serbischen Gemeinden als großen Trumpf und als Druckmittel in eigenen Händen, mit dem Serbien zu weiteren Fortschritten im Dialog gedrängt werden kann. Und Belgrad wiederum blockiert mit Verweis auf seine Trümpfe lange und in gewissen Fragen jedes Vorankommen. So geschehen beim Dauerstreit um eine internationale Telefonvorwahl für Kosovo/Kosova, oder bei der Öffnung der Brücken-Sperre über den Fluss Ibar in Mitrovica im Norden des Landes, oder der nach

wie vor ungelösten Frage um die Hoheit über die Talsperre Gazivoda, die größte Trinkwasser-Reserve in der Republik Kosovo/Kosova, die jedoch im serbisch bewohnten Teil im Norden liegt.
Wie mühsam dieses Aus-dem-Weg-Räumen der gegenseitigen Blockaden ist und wie oft unterschätzt, geringgeachtet, die Moderation der EU-VertreterInnen ist (die, wie schon mehrmals erwähnt, durch die Uneinigkeit im Rat oftmals behindert werden – und manchmal es nicht wagen, klarer und stärker aufzutreten), lässt sich gut an den bisher im Dialogprozess gesetzten Schritten nachvollziehen:

- 8. März 2011: Verzögert durch den umstrittenen Wahlprozess in Kosovo/Kosova zwischen Dezember 2010 und Februar 2011 kommen VertreterInnen Serbiens und Kosovos/Kosovas zum ersten Mal nach der Einigung auf den Dialog im September 2010 und seit der kosovarischen Unabhängigkeitserklärung (Februar 2008) in Brüssel zusammen.
- Bis Jahresende 2011 werden mehrere Vereinbarungen erzielt: über die Teilnahme Kosovos/Kosovas an regionalen Gremien, das Zollsiegel im Rahmen des Mitteleuropäischen Freihandelsabkommens CEFTA (sollte laut UNMIK schon seit 2008 gelten, wurde aber von Belgrad verwehrt), die wechselseitige Anerkennung von Universitätsdiplomen, Katasterbüchern und Geburtenregistern sowie wechselseitige Reisefreiheit.

• Ende Februar 2012 werden Vereinbarungen über die integrierte Grenzkontrolle und die Benennung Kosovos/ Kosovas mit einem Asterisk, sprich einem Sternchen-Verweis erreicht. Bei regionalen Treffen soll Kosovo/Kosova unter dem Namen »Kosovo*« (ohne Zusatz »Republik«) teilnehmen können. In der dazugehörigen Fußnote wurde auf die UNO-Resolution 1244 und auf die Meinung des Internationalen Gerichtshofes (IGH) vom Juli 2010 über die 2008 erfolgte Unabhängigkeitserklärung hingewiesen. Auf die UN-Resolution aus 1999 beharrte Belgrad, da darin Kosovo/Kosova noch als Bestandteil des damaligen Jugoslawiens angegeben ist, während der IGH die Unabhängigkeitserklärung Kosovos/Kosovas von 2008 als rechtmäßig definierte.

• Exkurs: Per aspera ad astra – oder was ein Sternchen alles auslösen kann:
So winzig dieses Sternchen als Anhang im Namen Kosovo/Kosova erscheinen mag – so wichtig war es zum damaligen Zeitpunkt, ebnete doch dieses Sternchen und die dazugehörige Fußnote den Weg Serbiens zum EU-Kandidatenstatus. Denn erst dieser in Brüssel ausverhandelte Kompromiss zwischen den Verhandlungsteams aus Belgrad und Prishtina, unter welchem Namen Kosovo/ Kosova künftig an regionalen Treffen und Veranstaltungen teilnehmen dürfe, verschaffte Serbien die nötige Glaubwürdigkeit in seinem Verhältnis zu Kosovo/Kosova, um in die Reihe der Kandidatenländer aufgenommen zu werden.

Diesen Vertrauensgewinn in Brüssel bezahlten jedoch sowohl die Regierungen in Belgrad als auch in Prishtina mit einem Glaubwürdigkeitsverlust im eigenen Land. In Serbien wie in Kosovo/Kosova warfen die Oppositionsparteien den jeweiligen Regierungschefs »Hochverrat« unter Mithilfe von EU und USA vor. In Serbien wurde die Fußnote als De-facto-Anerkennung der Unabhängigkeit Kosovos/Kosovas interpretiert. In Kosovo/Kosova lautete der Vorwurf an die gleiche Fußnote, ebendiese Unabhängigkeit, wenn schon nicht rückgängig zu machen, so doch stark in Frage zu stellen. Die Exekutivdirektorin der Kosovo Civil Society Foundation KCSF, Venera Hajrullahu, eine der pro-europäischsten ExpertInnen im Land, hat ihre Enttäuschung und ihren Ärger über die Halbherzigkeiten mir gegenüber einmal durchblicken lassen, als sie beschrieb, dass sie seit der »Asterisk-Einigung« im März 2012 nun bei internationalen Veranstaltungen nicht mehr als NGO-Vertreterin ihres unabhängigen Landes bezeichnet wird, sondern ihr Staat mit einem Sternchen, also dem »Asterisk«, versehen werden muss, und mit der langen Erklärung: »This designation is without prejudice to positions on status, and is in line with UNSC 1244 and the ICJ Opinion on the *Kosovo* Declaration of Independence.« Wenn sie das verweigert und nur »Kosovo« geschrieben haben will, kann es sein, dass sie an der Veranstaltung weder referieren noch am Runden Tisch sitzen darf. Immer noch nicht.

Ich selbst habe das Sternchen nach der Einigung im Frühjahr 2012 in einem Kommentar für die österreichische Tageszeitung »Die Presse« verteidigt: »Kosovo* kann als ›Hochverrat‹ bezeichnet werden – aber als Hochverrat an borniertem, rückwärtsgewandtem Nationalismus. Das Sternchen ist im Gegensatz zu schädlichen Nationalismen in der Region ein Licht am Ende des Tunnels. Eine ›normale‹ Nachbarschaft zwischen den beiden schwierigsten Nachbarn auf dem Balkan ist damit nähergerückt.«

Für mich war das Sternchen beim Namen Kosovo/Kosova damals der seit Langem erhoffte Lichtblick im stockenden Dialogprozess. Nur eine Fußnote, die zwei Töne zulässt und zwei Signale sendet. Entscheidend war für mich aber, dass mit diesem Kompromiss endlich Vertreterinnen und Vertreter kosovarischer Institutionen, sei es die Präsidentin, die Regierung, das Parlament oder andere, selbstständig und gleichberechtigt, ohne Referenz zur UNO-Mission UNMIK, an regionalen Treffen und Veranstaltungen teilnehmen konnten. Für mich war das ein lange überfälliger Schritt für Kosovo/Kosova in Richtung eines selbstbestimmten Mitglieds der Staatengemeinschaft. Diese meine Hoffnung hat sich jedoch nicht in dem Ausmaß erfüllt, wie es nötig gewesen wäre.

Aber dieser der serbischen Regierung abgerungene Kompromiss zeigte auch, es war richtig, dass der Europäische Rat im Dezember 2012 auf Drängen Deutschlands die Entscheidung über den Kandidatenstatus Serbiens auf den

Frühlingsgipfel 2013 verschoben hatte. Erst so konnte ausreichend Druck gegenüber Belgrad aufgebaut werden. Auch der Zeitpunkt für den Beginn der eigentlichen Beitrittsverhandlungen mit Serbien wurde von weiteren Fortschritten im Verhältnis zu Kosovo/Kosova abhängig gemacht. Der damalige EU-Erweiterungskommissar Stefan Füle war in dieser Frage wohltuend eindeutig. Für ihn hatte die EU-Kommission in Bezug auf Serbien nur eine Priorität: die Normalisierung der Beziehungen mit Kosovo/Kosova. Deshalb war für mich dieses Sternchen anfangs auch ein Lichtblick für die ganze Region.

Letztlich gescheitert ist der Asterisk-Ausweg jedoch daran, dass die Umsetzung der diversen damit einhergehenden Vereinbarungen aufgrund der sich damals im serbischen Wahlkampf befindlichen Regierung Tadić weit hinter den Versprechungen zurückgeblieben ist. So hielten sich weder alle serbischen Botschaften noch andere VertreterInnen Serbiens an diese Einigung, KosovarInnen wurden zwar nicht überall, aber doch immer wieder von diversen regionalen oder internationalen Veranstaltungen und Gremien ausgeschlossen. Und die Aufnahme in die UEFA und FIFA dauerte bis 2016. Und im durchaus »regional« zu definierenden Eurovision Song Contest darf Kosovo/Kosova bis heute nicht mit dabei sein.

Auf der anderen Seite führte die Zustimmung der kosovarischen Regierung zum Asterisk, wie bereits geschildert, zu heftigen Protesten in Kosovo/Kosova. Und meine Zustimmung zum Asterisk bröckelte vor allem aus pragmatischen Gründen: Denn nicht einmal mit dem Asterisk war es den VertreterInnen der kosovarischen Regierung und Zivilgesellschaft möglich, an allen regionalen und internationalen Veranstaltungen teilzunehmen. Wozu also dann das Sternchen, wenn es nicht halten konnte, was es versprach? Mein Kosovo-Bericht vom 18. April 2013 bezeichnete deswegen konsequenterweise Kosovo/Kosova wieder so, wie es einem unabhängigen Staat zusteht: einfach als »Kosovo«.

Doch zurück aus diesem Sternchen-Exkurs (der auch als Beispiel diplomatischer Finesse samt damit einhergehendem Licht und Schatten gelesen werden kann) auf den mühsamen Weg bis zum Durchbruch in der Frage nach Bildung des Verbandes serbischer Gemeinden im Kosovo:

- Nach den Parlamentswahlen in Serbien Anfang Mai 2012 beschloss die Ende Juli bestellte Regierung des sozialistischen Ministerpräsidenten Ivica Dačić, eines ehemaligen langjährigen Mitarbeiters von Slobodan Milošević, zur Überraschung der meisten BeobachterInnen, die Gespräche fortzusetzen. Dačić war übrigens damals schon der Meinung, dass Kosovo/Kosova (außer dem vorrangig von SerbInnen bewohnten Nordkosovo) ohnehin schon verloren sei, und ein Gebietstausch die beste Variante wäre.
- 19. Oktober 2012: Die Ministerpräsidenten Serbiens und Kosovos/Kosovas, Ivica Dačić und Hashim Thaçi, kommen zum ersten Mal in Brüssel zusammen. Das Treffen

wurde von der EU-Außenpolitikbeauftragten Catherine Ashton in die Wege geleitet, sie übernahm von nun an die Vermittlung zwischen den beiden Seiten.

- 10. Dezember 2012: An zwei nordkosovarischen Grenzübergängen begann trotz Protesten ortsansässiger SerbInnen die Umsetzung der integrierten Grenzkontrolle IBM[9];
- 6. Februar 2013: In Brüssel kamen die StaatspräsidentInnen der beiden Seiten, Tomislav Nikolić und Atifete Jahjaga – sie übrigens die erste weibliche Staatschefin Südosteuropas – zum ersten Mal zusammen – die Begegnung hatte große symbolische Bedeutung.
- 20. März 2013: Meinungsdifferenzen drohten den Dialog zu sprengen. Es ging um die Befugnisse des künftigen Verbandes serbischer Gemeinden im Kosovo. Belgrad beharrte auf seiner exekutiven Gewalt, Prishtina und auch Brüssel lehnten sie ab. Ashton gelang es dennoch, Dačić und Thaçi zum ersten Mal bei einer gemeinsamen Pressekonferenz auftreten zu lassen.
- 2. April 2013: Diese Dialogrunde galt im Voraus als entscheidende, führte aber nicht zur erhofften Vereinbarung. Belgrad bat um eine Nachdenkpause. Die Umsetzung der zwischen Belgrad und Prishtina erzielten Vereinbarungen wurde von den Kosovo-SerbInnen im Norden abgelehnt.
- 9. April 2013: Die serbische Regierung lehnte bei einer neuerlichen Dialogrunde den Plan für die Lösung der

[9] Integrated Border Management. Zur unterschiedlichen Auslegung des Begriffs »Grenze« – »border« versus »boundary« – siehe S. xxx.

Frage der serbischen Gemeinden im Kosovo ab. Dieser würde der serbischen Volksgruppe nicht genügend Sicherheit bieten. Die Meinungsdifferenzen bestanden nach wie vor zu den Fragen Justiz – hier geht es z. B. um die Öffnung des Gerichts in Nord-Mitrovica und seine Besetzung mit serbischen RichterInnen –, Polizei und der Stationierung der kosovarischen Sicherheitskräfte im Norden des Landes. Belgrad bekundete gleichzeitig die Hoffnung auf eine Fortsetzung des Dialogs, wenngleich Ashton diesen bereits am 2. April für beendet erklärt. Premier Thaçi zeigt sich zu weiteren Gesprächen bereit.

Halten wir jetzt den Countdown in Richtung Einigung kurz an. Ich möchte verdeutlichen, wie gespannt die Situation in diesem Moment war. Auch um zu zeigen, wie sehr eine Einigung auf der Kippe gestanden hat, welcher Druck aufgebaut wurde und vor allem wie negativ die Einschätzungen der meisten KommentatorInnen zu diesem Zeitpunkt waren:
Der Tenor der Medienberichte aus Belgrad und Prishtina nach dem Scheitern der mit großen Erwartungen befrachteten EU-Vermittlung lautete: Enttäuschung, Wut und Ratlosigkeit. Kein Beginn der Beitrittsverhandlungen für Serbien in Sicht, kein Beginn der Verhandlungen für ein Stabilisierungs- und Assoziierungsabkommen (der erste Schritt im Erweiterungsprozess) für Kosovo/Kosova in Sicht.
Einig waren sich alle KommentatorInnen daher, dass auf beide Länder aufgrund dieses Scheiterns am Verhand-

lungstisch schwere Zeiten zukommen würden, Unruhen und vorzeitige Parlamentswahlen eingeschlossen. Gleichzeitig warnten AnalystInnen, dass Serbien sich jetzt wieder mehr an Russland anlehnen könnte, das Land zu einem »Balkan-Kuba« zu werden drohe.

Die serbische Minderheit in Kosovo/Kosova wiederum könnte radikale Schritte unternehmen, lautete eine weitere Befürchtung. Angefeuert wurde diese Angst, nachdem sich die Abgeordneten der vier serbischen Gemeinden Nordkosovos mit dem Ziel der Ausrufung einer »Autonomen Provinz« mit eigenem Parlament getroffen hatten. Dass die Regierung in Prishtina das tatenlos hinnehmen würde, war nicht zu erwarten. Der serbische Politikprofessor Predrag Simić sagte im serbischen Staatsfernsehen (RTS), mit dem Misserfolg in Brüssel sei die Vermittlungsrolle der EU beendet. In Zukunft könnten nur noch die USA neue Gespräche in Gang setzen. Auch Volkes Stimme erwartete für Serbien jedenfalls nichts Gutes: Hunderte Bürgerinnen und Bürger stimmten einem Kommentator im TV-Sender B92 zu, der meinte: »Ich kann als Mensch mit großer Lebenserfahrung den jungen Menschen nur raten, dass sie, je früher, desto besser, ihre Koffer packen und abhauen, solange es noch ohne Visum geht. Hier werden sie wenigstens noch 15 bis 20 Jahre kein Glück haben.«

Um die Unterstützung für die EU-Eingliederung Serbiens stand es laut Umfragen mit 42 Prozent am niedrigsten seit dem Jahr 2000. Der serbische Soziologe Milan Nikolić hielt angesichts der schwierigen Wirtschaftslage gar ein »griechisches Szenario« für möglich. Denn Serbien würde ohne die EU-Beitrittsfinanzhilfe schon im kommenden Jahr erneut in eine tiefe Wirtschaftskrise verfallen, warnte Milan Nikolić im Gespräch mit der serbischen Tageszeitung »Danas«.

Alle Zeichen standen somit auf Sturm und Niederlagen für alle drei beteiligten Parteien. Hätten Wetten auf ein positives Ergebnis der zehnten Dialogrunde zwischen Belgrad und Prishtina abgeschlossen werden können, so viel ist sicher, die Quoten für einen Erfolg wären im Keller gewesen. Doch es kam anders, besser.

Trotz aller pessimistischen Vorhersagen führte die Brüsseler Verhandlungsrunde am 19. April 2013 zu einem positiven Ergebnis. Es gelang ein Abkommen von historischer Tragweite, der größte Durchbruch in den Bemühungen bis dahin zur Normalisierung der Beziehungen. Ich dachte damals, der April scheint ein guter Monat zu sein, um jahrelange Konflikte zu überwinden, und der Freitag ein guter Tag dafür. Berühmtestes Beispiel ist das Karfreitagsabkommen vom 10. April 1998, mit dem der Nordirland-Konflikt formell beendet und die friedliche Koexistenz von irischer und englischer Bevölkerungsgruppe vereinbart wurde. Und 15 Jahre, eine Woche und zwei Tage später, wieder im April, wieder an einem Freitag, konnten sich die Regierungen in Belgrad und Prishtina auf eine Vereinbarung zum Status der serbischen Volksgruppe in Kosovo/Kosova einigen. An diesem Tag wurden drei Türen aufgesperrt:

Die erste in Richtung einer weitgehenden Autonomie für die SerbInnen im Nordkosovo und eines friedlichen Zusammenlebens der beiden Volksgruppen.
Die zweite führte Serbien in Richtung eines konkreten Datums für Beitrittsgespräche mit der EU.
Die dritte Tür wurde aufgesperrt für die Verhandlungen zu einem Stabilisierungs- und Assoziationsabkommen (SAA) – dem ersten vertraglichen Abkommen zwischen dem unabhängigen Staat Kosovo/Kosova und der Europäischen Union.
Fünf Jahre später ist festzuhalten, dass die zweite und die dritte Tür in der Zwischenzeit geöffnet wurden. Serbien bekam den EU-Beitrittskandidatenstatus und den Beginn der Verhandlungen, Kosovo/Kosova nach langen Verzögerungen vonseiten Spaniens (siehe Kapitel 5 zu den fünf Nicht-Anerkenner-Staaten) sein SAA mit der EU. Die erste Tür ist zwar aufgesperrt, bis dato aber noch nicht geöffnet bzw. durchschritten worden. Die dringend notwendige Bildung des Verbandes serbischer Gemeinden harrt immer noch ihrer Umsetzung. Die Befugnisse dieser »Association« sollten sich laut diesem Abkommen aus den Gesetzen der Republik Kosovo/Kosova und der Europäischen Charta der kommunalen Selbstverwaltung ergeben. Dazu soll es einen eigenen von Prishtina ernannten regionalen Polizeikommandanten geben, der für die vier nordkosovarischen Gemeinden zuständig ist – und laut Vereinbarung ein Serbe sein sollte (auch das wurde mit Bezug auf die kosovarische Verfassung kritisiert, weil

es eine Bevorzugung einer Volksgruppe und Diskriminierung einer anderen, nämlich der Mehrheit, bedeutete. Realistisch betrachtet fand auch ich damals, dass es wohl Sinn macht, hier eine/n ethnisch serbische/n Kosovarin/Kosovaren einzusetzen). Bezahlt werden die Polizisten im Norden vom kosovarischen Innenministerium. Eine zentrale Streitfrage, die gelöst werden konnte, war auch die ethnische Struktur des Justizpersonals. Außerdem wurde beschlossen, dass das in Nord-Mitrovica ansässige Gericht nicht nur für vier mehrheitlich serbische Gemeinden, sondern auch für drei albanische Gemeinden zuständig sein wird. Die Auflösung der im Nordkosovo bestehenden serbischen Parallelstrukturen gehörte ebenfalls zu den Kernpunkten dieses gegenseitigen Übereinkommens – das ist jedoch bis heute nicht erfolgt. Und beide Seiten, so das Abkommen, verpflichten sich, die EU-Integrationsbemühungen des jeweils anderen nicht zu untergraben und auch andere Staaten nicht anzustiften, dies zu tun. Gerade dieses Zugeständnis – zur Normalisierung des Verhältnisses zu Kosovo/Kosova ist Belgrad übrigens auch durch das EU-Beitrittskapitel 35 verpflichtet – wurde aber von serbischer Seite mehrmals, u. a. beim Ansuchen Kosovos/Kosovas um Aufnahme in die UNESCO, schwer konterkariert.

Es war am 9. November 2015, ich war an diesem Tag gerade in Prishtina, als die UN-Kulturorganisation UNESCO bei ihrer Generalversammlung über die Aufnahme Kosovos/Kosovas abstimmte. Ich kann mich gut erinnern, dass ich an diesem Tag durch ein Wechselbad der Gefühle gegangen bin. Schaute es zunächst noch gut aus, verfehlte Kosovo/Kosova letztlich bei der finalen Abstimmung in Paris die nötige Zwei-Drittel-Mehrheit um lediglich drei Stimmen. Vor allem Serbien und Russland stemmten sich vehement gegen die Aufnahme Kosovos/Kosovas. Belgrad – konkret einige seiner Botschaften – führte dazu wochenlang eine intensive Negativ-Kampagne (etwa mit Vergleichen der Ausschreitungen gegen die serbische Minderheit und serbische Kulturgüter in Kosovo/Kosova 2004 mit IS-Gräueltaten) gegen die Mitgliedschaft Kosovos/Kosovas – mit Erfolg: Das Endergebnis lautete: 92 Mitgliedsstaaten stimmten für die Aufnahme, 50 dagegen und 29 enthielten sich. Nötig wären 95 Ja-Stimmen gewesen. Die UNESCO-Aufnahme hätten Kosovo/Kosova neben der internationalen Aufwertung und dem damit einhergehenden ersten Schritt zur Aufnahme als Vollmitglied bei den Vereinten Nationen auch Zugang zu Finanzmitteln im Bereich der Bildung und der Kultur gegeben. Kosovo/Kosova bei der UNESCO hätte zudem bedeutet, dass Prishtina die Verantwortung für die Weltkultur-Stätten der serbisch-orthodoxen Kirche auf seinem Staatsgebiet übernimmt. Zum UNESCO-Weltkulturerbe gehören die serbisch-orthodoxen Klöster Deçani, das Patriarchat von Peć, der eigentliche Sitz der serbisch-orthodoxen Kirche, ferner das Kloster von Gračanica und die Muttergottes-Kirche Ljeviška (Bogorodica Ljeviška) in Prizren. Die kosovarischen Behörden hatten der UNESCO zuvor

schriftliche Garantien gegeben, das Eigentum der serbisch-orthodoxen Kirche unangetastet zu lassen. Der Status und Schutz der serbischen Kirche und der Kulturgüter ist zudem in der kosovarischen Verfassung verankert. Weder das politische Belgrad noch die religiösen Vertreter der serbisch-orthodoxen Kirche ließen sich aber von diesen Garantien überzeugen – im Gegenteil, sie machten aktiv Gräuelpropaganda gegen die Republik Kosovo/Kosova. Und die kosovarische Seite hatte ihren – alleine aus Gründen der Größe und der erst kurzen Zeit der Staatswerdung – unterlegenen diplomatischen Einfluss unterschätzt und zum Teil falsche Schritte gesetzt, etwa in Ländern, die schon überzeugt waren, Werbung gemacht, und andere – etwa das zu den Anerkennern gehörende Polen – vernachlässigt.
Ich kommentierte die knappe Ablehnung der Aufnahme jedenfalls als einen schweren Rückschlag für die Anerkennungsbestrebungen Kosovos/Kosovas – zum Schaden für Kosovo/Kosova, der serbischen Minderheit, des Westbalkans und der EU insgesamt. Die EU war wieder einmal nicht geeint aufgetreten: SK, SP, ZY dagegen, GR, PL, RO Enthaltung. Für mich bedeutete diese Ablehnung nämlich auch einen Affront gegen die kurz davor erfolgte EU-Entscheidung pro Stabilitäts- und Assozierungsabkommen (SAA) mit dem Staat Kosovo/Kosova. Angestachelt vom Anti-Kosovo-Lobbying Belgrads ließ sich damit die Staatengemeinschaft inklusive einiger EU-Staaten in eine Hü-Hott-Politik gegenüber Prishtina treiben, die

angesichts der im Herbst 2015 sehr angespannten innenpolitischen Lage in Kosovo/Kosova genau die falschen Signale sendete. Und das Anti-Kosovo-Lobbying war ein trauriger und für beide Dialogpartner schädlicher Beweis für das Nicht-Einhalten des Prinzips der gutnachbarschaftlichen Beziehungen Belgrads gegenüber Prishtina. Gerade angesichts dieses schweren Foul seitens Belgrads lohnt es sich aber, die Gründe für den zentralen Verhandlungserfolg zum Verband serbischer Gemeinden (auch wenn er noch immer nicht umgesetzt ist) im Dialogprozess am besagten 19. April 2013 zu analysieren. Vor allem weil sie als Lehrbeispiele für weitere Einigungen in diesem Prozess, aber auch generell für politische Dialogverhandlungen dienen können.

Prinzipiell lässt sich einmal sagen: Im Falle eines Scheiterns hatten beide Seiten viel zu verlieren: Das war sowohl Belgrad als auch Prishtina bewusst. Denn formal gesehen sind die Fortschritte im EU-Annäherungs- bzw. Beitrittsprozess Kosovos/Kosovas und Serbiens zwar nicht miteinander verknüpft, gilt bei der EU-Erweiterung doch die Formel, dass »jeder nach seinen eigenen Verdiensten« behandelt werden muss. Nach dem Erweiterungs-»Big Bang« im Jahr 2004 wurde seitens der EU dieses sogenannte »Regatta-Prinzip« eingeführt. In der Realität wussten aber sowohl Prishtina als auch Belgrad in diesem Frühjahr 2013, dass ihr Schicksal in dieser Frage untrennbar miteinander verbunden ist. Aber auch die EU war sich der heiklen Situation bewusst, oder wie Schwedens Außenminister Carl Bildt vor der zehnten Dialogrunde warnte: »Ein Scheitern von Serbien und Kosovo in Brüssel heute Abend würde die gesamten EU-Bemühungen in der Region gefährden.« Für alle drei Verhandlungsparteien stand also viel, sehr viel auf dem Spiel – auch für die EU hätte ein Scheitern einen schweren Rückschlag für den gesamten Erweiterungsprozess am Westbalkan, im Falle von Serbien eventuell sogar den Todesstoß bedeutet. So malte der serbische Sender B-92 in seiner täglichen humoristischen Morgensendung unter dem Motto »Zurück in die 1990er« den Teufel eines Scheiterns der Verhandlungen an die Wand: Zurück in die Zeit, als man den Treibstoff in Cola-Flaschen noch an jeder Ecke kaufen konnte, ebenso sonstige Mangelware wie Zigaretten, Schokolade, Waschpulver und einiges mehr, schwelgten die ModeratorInnen in bösem Sarkasmus.

Sowohl Belgrad als auch Prishtina standen unter starkem Zeitdruck – und das hat die Einigung über den Umgang mit der serbischen Minderheit in Kosovo/Kosova beflügelt. Die EU-Kommission hatte am 16. April ihren Fortschrittsbericht für den Westbalkan veröffentlicht und mein Kosovo-Bericht wurde am 18. April dieses Jahres mit großer Mehrheit vom Plenum des Europaparlaments in Straßburg angenommen (wie bereits erwähnt mit vollem Namen des Landes, ohne Sternchen und Fußnote). Beide Berichte waren essenziell für weitere Fortschritte bei den Beitrittsbemühungen beider Staaten: Belgrad konnte hoffen, im Juni einen Termin für den Beginn der Beitrittsgespräche mit Brüssel zu bekommen, so wie sich Prishtina konkrete Schritte zum Stabilisierungs- und Assoziierungsabkommen (SAA) mit der EU erwarten durfte. Und alle wussten, dass das SAA formell den ersten Schritt im Beitrittsprozess, die erste vertragliche Beziehung und damit auch Unabhängigkeit und Souveränität signalisieren würde, denn die EU führt ihre Erweiterungsverhandlungen nur mit unabhängigen Staaten. Außerdem würde das SAA erhebliche Handelserleichterungen für den jungen Staat bedeuten.

Letztlich war für den Durchbruch bei diesen Verhandlungen neben dem Verhandlungsgeschick von Catherine Ashton – der ich an dieser Stelle meine Anerkennung zolle – auch der Politikwechsel auf der Seite Belgrads entscheidend. Nach den Parlamentswahlen und dem anschließenden Regierungswechsel im Mai 2012 in Belgrad kam eine vorher nicht erwartbare Dynamik in Richtung Ausgleich mit Kosovo/Kosova in Gang. Eines der in der internationalen Politik seltenen und deswegen umso mehr zu nützenden »Window of Opportunity« öffnete sich.

Hatten sich vorher Generationen von pro-europäischen PolitikerInnen erfolglos und, wie der bisherige Premier Tadić wohl auch nicht mit dem nötigen Engagement, am Kosovo-Problem versucht, schien es jetzt, dass gerade die früheren militantesten Gegner einer Einigung sich die Normalisierung mit Kosovo/Kosova auf die Fahnen schrieben – und uns europäischen PolitikerInnen in einer bisher von ihnen ungewohnten Sprache und Symbolik gegenübertraten. Warum diese Positionsänderung? Zum einen beweist sich hier die Theorie, dass jene, die einer radikalen Bevölkerungsgruppe näherstehen, sich in der Umsetzung von schwierigen Forderungen leichter tun, weil sie sie besser kennen und mehr Glaubwürdigkeit haben. Abgesehen von dieser allgemeinen Theorie sind für mich drei Motive ausschlaggebend: aus Eigennutz (weil es wirtschaftlich nützt und eine gute Nachrede schafft), aus Alternativlosigkeit (ohne die EU geht auch wirtschaftlich und sozial nichts weiter) und eventuell auch aus echtem Gesinnungswandel.

Letzteres könnte, so meinen manche, für den damals noch stellvertretenden Regierungschef Aleksandar Vučić gelten – und diese Sicht hat sich in der Zwischenzeit noch weiter bestätigt. Auch ich musste Vučić damals schon eine bemerkenswerte Häutung raus aus dem extremen Nationalismus und hinein in die Haut eines Europäers konzedieren. Die Wende vom Extremisten zum zumindest rhetorischen Pro-Europäer hatte Kalkül. Laut Berichten aus seinem engsten Umfeld stand ihm im Falle eines Scheiterns der EU-Vermittlung im serbisch-kosovarischen Dialog die völlige Isolation und eine wirtschaftliche Katastrophe für sein ökonomisch angeschlagenes Land mit unzufriedenen Bürgerinnen und Bürgern vor Augen. In meinem ersten Zusammentreffen mit ihm im Rahmen einer EP-Delegationsreise noch vor Antritt seiner Regierung vermittelte er auch mir den Eindruck, dass ihm damals tatsächlich die

Bekämpfung der tristen Wirtschaftslage und der Korruption (zumindest bei politischen Gegnern) ein großes Anliegen seien. Um diese Isolation und wirtschaftliche Tristesse abzuwenden, wiederholte er gebetsmühlenartig, sein Land müsse auf Biegen und Brechen ein Datum für die EU-Beitrittsverhandlungen erhalten. Das war aber nur zu haben, wenn auch ein Abkommen erreicht wurde. Und letztlich ist das erreichte Ergebnis mit dem serbischen Einfluss auf Polizei und Gerichte im Norden des Landes sicher die adäquate Lösung und das Maximum an Zugeständnissen für Belgrad bzw. die serbischen KosovarInnen im Norden (die sich im Gegensatz zu den meisten im Süden bis heute nicht wirklich mit dem kosovarischen Staat anfreunden können) in diesem Moment gewesen. So wie die Zusage eines teilweisen Amnestiegesetzes für im Nordkosovo lebende SerbInnen. Dieses war notwendig, damit sie in die Institutionen Kosovos/Kosovas integriert werden können. Diese Amnestie befreite sie von jeglicher rechtlichen Verantwortung etwa für die Errichtung von Barrikaden und die Teilnahme an – manchmal auch gewalttätigen – Demonstrationen gegen die Unabhängigkeit Kosovos/Kosovas, oder weil sie dem Staat, den sie nicht anerkannten, keine Steuer bezahlten. Das Gesetz sollte den SerbInnen im Norden des Landes auch ermöglichen, zum Beispiel in der kosovarischen Polizei oder dem Rechtswesen arbeiten zu können. Und letztlich sollte dieses Amnestiegesetz auch ein »Versöhnungsakt« sein. Am 11. Juli 2013 wurde dieses Gesetz im kosovarischen

Parlament beschlossen. Nun kann man drüber streiten, ob ein derartiges Amnestiegesetz tatsächlich die beste Form ist, den SerbInnen im Norden die Zukunft als vollwertige BürgerInnen der Republik Kosovo/Kosova schmackhaft zu machen. Und es gab großen Widerstand seitens der kosovarischen Zivilgesellschaft dagegen: So forderte eine Petition die Präsidentin Atifete Jahjaga auf, das Amnestiegesetz in der vorliegenden Form zurückzuweisen und auf einen genau definierten sowohl zeitlichen als auch die Straftaten betreffenden Rahmen zu drängen, der den Kreis der Begünstigten dieser Amnestie klar begrenzt. Denn eines musste auch klar sein: Für Kriegsverbrechen, Mord oder Anschläge auf internationale Sicherheitskräfte durfte und darf es keine Amnestie geben. Insgesamt gilt in dieser Frage wie in den anderen Punkten des Abkommens zwischen Belgrad und Prishtina die Analyse des Standard-Korrespondenten in Belgrad, Andrej Ivanji: »Es reicht nicht, dass Dačić und Thaçi gelernt haben, miteinander auszukommen und Kompromisse zu schließen. Jetzt müssen sie auch die anderen überzeugen.«
Sehr aufschlussreich waren diesbezüglich auch die Kommentare von Serbinnen und Serben, sowie Kosovarinnen und Kosovaren in verschiedenen Medien und Internetforen. Hier zeigte sich nämlich, dass sich die Menschen ein überaus realistisches Bild von der Situation machten. In Serbien zeigten sich viele sehr verärgert darüber, dass die Bemühungen der führenden Belgrader PolitikerInnen um eine Autonomie für die etwa 45.000 SerbInnen im

Nordkosovo, die teilweise erreicht wurde, dort so wenig gewürdigt wurden:
»Was denken die? Dass wir uns weiterhin für sie aufopfern und unsere Kinder ohne Zukunft lassen? Auch das Bisherige war vergeblich. Den größten Nutzen haben sie selbst gehabt«, lautete zum Beispiel einer der typischen Internet-Kommentare zu dem Thema. Oder: »Schluss mit den Ultimaten dieser serbischen Minderheit im Kosovo, die zur eigenen Bereicherung und zwecks Lebens auf Kosten Serbiens die Zukunft der Serben in Serbien bedroht«, lautete ein anderes Posting. »Der seelische Schmerz über den verlorenen Kosovo werde mit neuen Generationen, welche die Chance bekämen, normal zu leben, heilen«, stellte einer der Internet-Kommentatoren folgerichtig fest. Auch ich hatte diese und ähnliche Aussagen in Serbien immer wieder gehört, und das erklärt wohl auch Vučić' pro-europäisches Schwenken in Richtung: Die schwierige wirtschaftliche und soziale Situation war und ist den meisten Serbinnen und Serben wichtiger als der Mythos von der Wiege Serbiens, die sie selbst nur aus Beschreibungen und über die Hetze serbisch-orthodoxer und nationalistischer Fundamentalisten kennen. Und auf kosovarischer Seite war zu lesen: »Wir sind bekannt dafür, das wohl optimistischste Volk Europas zu sein. Aber diese Vereinbarungen werden für lange Zeit nur auf dem Papier existieren.« Und dennoch: »Wir wollen eine Zukunft haben und wirtschaftliche Entwicklung. Die Hauptthemen bei Diskussionen unter jungen Kosovaren

sind, wie man Jobs findet oder rauskommt.« Ein kosovarischer Rechtsanwalt meinte: »Vielleicht kann ich in drei oder vier Jahren mein Bier in Nord-Mitrovica trinken oder einen serbischen Klienten dort besuchen. Aber ich bin sicher, dass sich die Dinge nicht über Nacht ändern.« Ein prophetisches Wort dieses kosovarischen Rechtsanwalts, aber dass es beim Verband der serbischen Gemeinden im Kosovo so viele Nächte, oder besser gesagt dunkle Jahre dauern wird, hätte wohl nicht einmal er geglaubt. Dass der Kriegsvergleich immer noch keine leere Worthülse und leider auch keine Übertreibung ist, haben die Ereignisse zu Beginn des Jahres 2017 gezeigt: »Die Albaner bereiten einen Krieg vor«, prangte am 3. Februar in großen Lettern von der Titelseite der serbischen Zeitung »Kurir«. »Die Albaner zünden das Pulverfass im Kosovo an«, schrieb »Blic« in Belgrad und die ebenfalls serbische »Politika« hörte »Säbelrasseln in Pristina«. Die serbische Regierungszeitung »Novosti« wiederum unterstellte dem kosovarischen Präsidenten: »Thaçi will Krieg führen«, und berichtete, Serbiens »Polizei und Militär sind in Bereitschaft, weil ein Funken genügt, um die Kriegslunte anzuzünden.«

Was war passiert, dass es zu einem derartigen Kriegsrauschen im serbischen Blätterwald kommen konnte? Anlass für dieses Drehen der Eskalationsspirale waren zwei fortschrittslose Runden im Normalisierungsdialog in Brüssel, woraufhin die Spitzenvertreter beider Länder im

Streit auseinandergingen und das Vermittlungsgespräch der EU-Außenbeauftragten Federica Mogherini in Brüssel verließen. Entzündet hat sich die Kriegsrhetorik dann an der symbolisch wichtigen zentralen Brücke über den Ibar-Fluss in der zwischen Albanern und Serben geteilten nordkosovarischen Stadt Mitrovica. Über diese Brücke konnte ich bei meinem ersten Besuch in Mitrovica zu Fuß hinübergehen. Prishtina verlangte, dass eine von serbischer Seite errichtete Sperrmauer an der Brücke eingerissen wird, weil sie erstens die zugesagte Bewegungsfreiheit verhindere und zweitens immer noch als symbolische Trennung zwischen dem serbischen und dem albanischen Teil von Mitrovica gesehen werde. Im kosovo-albanischen Südteil nannte man die Sperre deswegen »Berliner Mauer«. Die Lokalbehörden im kosovo-serbischen Nordteil von Mitrovica bezeichneten die Sperre hingegen als eine »Unterstützungsmauer« für die dahinter gelegene, neu errichtete Fußgängerzone. Die Schleifung der Mauer und Neueröffnung der Brücke war schon Monate vorher vereinbart worden, wurde aber immer wieder auf unbestimmte Zeit verschoben. Zuletzt war es im Sommer 2014 bei Protesten von albanischen KosovarInnen gegen eine Barriere aus (damals) Beton-Blumenkübeln auf der Brücke über den Fluss Ibar zu schweren Zusammenstößen mit Tränengaseinsatz der Polizei gekommen.

Neben diesem Brücken-Streit war es bereits im Jänner 2017 zu großen Spannungen aufgrund eines Zug-Streits gekommen. Belgrad hatte ohne Absprache einen Propagandazug mit der Aufschrift »Kosovo ist Serbien« in zahlreichen Sprachen (auch sehr klein auf Albanisch) von Belgrad nach Mitrovica geschickt. Doch kurz vor der Grenze ließ Noch-Premier Vučić den Zug stoppen. Die kosovarische Grenzpolizei hätte die Einreise nie zugelassen und diese offensichtliche Provokation zu verhindern versucht.

EU-Außenbeauftrage Federica Mogherini berief daraufhin sofort ein Treffen zwischen den Regierungschefs beider Seiten in Brüssel ein. Die Entwicklung der Ereignisse der letzten Tage habe die Notwendigkeit eines größeren Einsatzes der beiden Seiten durch den Dialog aufgeworfen, begründete Mogherini ihren Appell.

Auch die Neueröffnung der Brücke, zu der sie im März 2018 kommen wollte, verzögerte sich. Die EU-Außenbeauftragte betonte, dass die Brücke »ein Symbol für die Brüche, die Kriege und die Schmerzen« sei, die die Geschichte des Balkan in den letzten 25 Jahren geprägt habe. Die Brücke solle jedoch zum »Symbol für Dialog, Versöhnung, Hoffnung« werden.

Die Ereignisse zeigen aber, wie schnell ein Dialog-Zug, sei es durch symbolisch aufgeladene Mauern oder propagandistisch aufhetzende Gegenzüge, entgleisen kann. Und es zeigt, wie wichtig, ja unerlässlich nach wie vor die EU-Vermittlung zwischen Belgrad und Prishtina ist. Der serbische Provokationszug wurde sofort gestoppt, und der Abriss der Mauer an der Ibar-Brücke wurde ebenfalls beschlossen – und gleichwohl immer wieder verschoben.

Mit Jahreswechsel 2017/18 war die Brücke zumindest für FußgängerInnen wieder passierbar. Auch derartige Feuerlöscher-Diplomatie, der es gelingt, kritische Momente vor einer Eskalation noch zu entschärfen, gehört für mich zu den Erfolgen des in diesem Fall wortwörtlich zu verstehenden Normalisierungsdialogs.
Aber auch noch vor nicht allzu langer Zeit als absolute rote Linien und No Go bezeichnete Themen konnten auf diesem Verhandlungsweg überschritten und gelöst werden. So bekam Kosovo/Kosova im Dezember 2016 von der Internationalen Telekommunikationsunion (ITU) die Nummer »383« als Landesvorwahl zugewiesen. Die Telefonvorwahl war bis dahin jahrelang am Veto Serbiens gescheitert und erst aufgrund einer Dialogvereinbarung möglich geworden. Österreich kam hier übrigens die schöne Rolle zu, im Auftrag von Serbien und Kosovo/Kosova bei der ITU um die Zuteilung einer dreistelligen Vorwahl anzusuchen. Dies war Teil des Telekom-Abkommens zwischen Belgrad und Prishtina. Die damalige kosovarische Dialog- und Vizepremierministerin Edita Tahiri bezeichnete die eigene Vorwahl für ihr Land als »historische Errungenschaft«, die die internationale Position Kosovos/Kosovas festigen werde. Ich habe das genauso gesehen, nicht umsonst habe ich in meinen Kosovo-Berichten neben den vielen anderen Bereichen immer wieder auch auf die Durchsetzung einer eigenen Telefonvorwahl für Kosovo/Kosova gedrängt. Ab Jänner 2018 funktioniert die neue Vorwahl nun für das Festnetz, ab

Juni auch für Mobilnummern, und ab Juli 2018 wird es nur mehr diese Vorwahl geben (und keine slowenische oder monegassische mehr; die serbischen bleiben erhalten für die serbischen Landesteile).

Dass auch lange Übergangs- bzw. Implementierungsphasen letztlich in einen erfolgreichen Abschluss münden, zeigte die im Oktober 2017 nach mehr als zweieinhalb Jahren in Kraft getretene Vereinbarung zur Integration serbischer RichterInnen in das kosovarische Justizsystem. 42 kosovo-serbische RichterInnen wurden angelobt, die in vier Gerichten im Nordkosovo ihr Amt angetreten haben. Die Umsetzung der Vereinbarung wurde zuvor beim Treffen der Präsidenten Aleksandar Vučić und Hashim Thaçi in Brüssel beschlossen. Für mich mit ein Grund, den Vorstoß der beiden Staatspräsidenten zu unterstützen, die Normalisierungsgespräche künftig auch auf Präsidentenebene durchzuführen. Dieser Dialog ist sowohl für Belgrad als auch Prishtina von essenzieller Bedeutung und deswegen gehört ihm absolute Priorität eingeräumt. Ich finde es in einem sowohl für das Staats- als auch BürgerInnen-Wohl derartig wichtigen Bereich auch legitim, den Verhandlungsprozess auf der jeweils höchsten Staatsebene anzusiedeln. Die ständige Rückkoppelung an die jeweiligen Regierungen muss natürlich in vollem Umfang gegeben sein, obliegt es schließlich der exekutiven Ebene in Serbien wie in Kosovo/Kosova, die vereinbarten Beschlüsse umzusetzen. Zudem finde ich es eine sehr gute Initiative, dass EU-Außenbeauftragte Federica Mogherini bei diesen Treffen neben aktuellen Fragen auch die Diskussion mittel- und langfristiger Perspektiven auf das Gesprächsprogramm setzt und Thaçi wie Vučić darüber nachdenken und debattieren lässt, wie ihre beiden Staaten und das Verhältnis zueinander in einem Jahr, in fünf, zehn, fünfzehn Jahren aussehen sollen. Ich finde, sie sollte dabei auch energisch klarmachen, dass um die finale Anerkennung des Staates Kosovo/Kosova durch Serbien wie auch um Beitritt zu Europarat, UNO und OSZE kein Weg vorbeiführen wird. Mogherini kennt diese meine Position und die der Mehrheit des Europäischen Parlaments und teilt sie sicherlich persönlich, muss sich aber in ihren offiziellen Gesprächen an die Statusneutralität im Rat halten – ein schwieriger Balanceakt, um den ich sie nicht beneide. Und sie sollte Vučić darin bekräftigen, dass er den innerserbischen Dialog führen wird. Beide sollten sich dabei aber in jedem Fall an den von mir als Leitplanken für dieses Kapitel gewählten Zitate von Antoine de Saint-Exupéry und Vijaya Lakshmi Pandit orientieren: »Den Frieden bauen heißt den Stall weit genug bauen, damit die ganze Herde darin schlafe.« Und: »Je mehr wir in Frieden schwitzen, desto weniger bluten wir im Krieg.«

Kapitel 5
Kosovo/Kosova ist nicht Katalonien
Mein Dauer-Clinch mit den Anerkennungs-Blockierern

Mit Katalonien verbindet mich eine viel länger andauernde enge Beziehung als mit Kosovo/Kosova. Meinen ersten Spanischkurs während meines Dolmetsch-Studiums absolvierte ich im Sommer 1977 – eineinhalb Jahre nach dem Tod des Diktators Franco – in Valencia, und musste dort feststellen, dass die Umgangssprache nicht »Castellano« war, sondern Katalanisch/Valenciano. Über die Lieder der »Cantautores«, vieler LiedermacherInnen, die schon unter Franco poetisch formulierte Protestlieder gesungen hatten, lernte ich Spanisch und gleichzeitig viel über die wechselseitige schwierige und historisch lange Geschichte Kataloniens mit dem spanischen Zentralstaat. Der sehr intensive Kontakt mit der Region wurde seither durch viele Freundschaften und Bekanntschaften bereichert. So viel vorneweg und auch als Klarstellung, dass mir sehr wohl am Wohl der KatalanInnen wie auch ihres Landes sehr viel gelegen ist, ich aber gleichzeitig keine Verfechterin der Unabhängigkeitsbestrebungen, sondern einer stärkeren Autonomie bin.

Umso mehr ärgere ich mich über Kommentare und angebliche Analysen, die Kosovo/Kosova und Katalonien und andere Unabhängigkeitsbestrebungen, aber auch eindeutig völkerrechtswidrige Aggressionen und Annexionen

in einen Topf werfen. Auf die Spitze getrieben hat diese Politexegese das in Moskau erscheinende russische Boulevardblatt »Komsomolskaja Prawda« am Tag nach dem von Polizeigewalt überschatteten Unabhängigkeitsreferendum in Katalonien am 3. Oktober 2017: »Kameraden Europäer! Ihr habt euch aufgeregt, als Südossetien und Abchasien 2008 aus Georgien geflüchtet sind. Ihr wurdet hysterisch, als 2014 die Sache mit der Krim passierte. Ihr habt uns und euch selbst belogen, dass es sich bei Kosovo/Kosova nicht um Veränderung der Grenzen, eine Aufteilung Serbiens handele, sondern um einen ›Sonderfall‹. Ihr habt über die Schotten gelacht, die vor drei Jahren ihr Unabhängigkeitsreferendum verloren haben. Und jetzt habt ihr das blutige und wütende Barcelona bekommen. Das war alles vorhersagbar und hat nicht erst heute begonnen. Es fing Ende der 1980er an mit dem Zerfall der Sowjetunion und Jugoslawiens und der Vereinigung der zwei Deutschlands. Gerade damals wurde die Helsinki-Konvention der Unverletzlichkeit der Grenzen verletzt.«
So sehr ich – wie alle DemokratInnen in Europa – von der gewalttätigen Zuspitzung der Situation in Katalonien auf das Tiefste schockiert war, den Einsatz von Gummigeschossen und Schlagstöcken seitens der spanischen Einsatzkräfte auf das Schärfste verurteilte und zu Deeskalation aufgerufen habe, so sehr weise ich die von diesem russischen Boulevardblatt betriebene Zusammenschau und Vermischung zurück. Im Falle Kataloniens sah ich schon vor dem Referendum die EU-Kommission gefor-

dert, sich umgehend als Vermittler zwischen der spanischen Zentralregierung und der katalonischen Regionalregierung einzuschalten, und nicht die Augen zu verschließen und auf die »inneren Angelegenheiten« des Mitgliedsstaates zu verweisen. Es darf nicht sein, dass sich in der Europäischen Union des 21. Jahrhunderts ein Unabhängigkeitsreferendum zu bürgerkriegsähnlichen Zuständen ausweiten kann. Auch im Europäischen Parlament hatten wir davor überlegt, dass einige spanisch-sprechende aber nicht aus Spanien stammende MEPs eine Vermittlerfunktion übernehmen könnten, es kam leider nicht dazu. Für mich war dieses Referendum prinzipiell legitim, hätte aber – so wie das Beispiel Schottland gezeigt hat – im Einvernehmen mit Madrid durchgeführt werden müssen. Und die Zentralregierung in Madrid hätte lange schon ihre Dialogblockade beenden müssen, um auch ihrerseits zur Deeskalation beizutragen. Leider haben hier auch die ParteifreundInnen der regierenden Partido Popular in der Europäischen Volkspartei zu wenig versucht, auf ihre spanischen KollegInnen Einfluss zu nehmen und die Eskalation zu verhindern. Aber zurück zu Kosovo/Kosova: Die Unabhängigkeitsbestrebungen Kataloniens mit der Unabhängigkeitserklärung der Republik Kosovo/Kosova vor zehn Jahren argumentieren oder gar legitimieren zu wollen, ist sowohl logisch wie völkerrechtlich absurd. Die spanische Zentralregierung gehört zu den fünf Anerkennungsverweigerern des Staates Kosovo/Kosova. Auch

wenn sie es offiziell nicht zugibt, steht dahinter natürlich seit 2008 die Befürchtung, dass katalonische wie auch baskische UnabhängigkeitsbefürworterInnen das Beispiel Kosovo/Kosova für ihre Unabhängigkeitsbestrebungen nützen könnten. Mein Gegenargument seit Jahren lautet: Keine der demokratisch gewählten spanischen Regierungen seit dem Tod Francos 1975 hat Völkermord und Vertreibung gegen KatalanInnen oder BaskInnen betrieben. In der Gleichsetzung der Unabhängigkeitsbestrebungen Kataloniens oder des Baskenlandes mit denen der Kosovo-AlbanerInnen setzen sich die spanischen Regierungen (egal ob PP oder PSOE) mit dem brutalen Unrechtsregime von Milošević gleich. Dieser Vergleich entbehrt jeder historischen Grundlage und sollte diesen Regierungen ziemlich unangenehm sein – und ihre KollegInnen in ihren europäischen politischen Familien, egal ob Volkspartei oder Sozialdemokratie, sollten sich nicht vornehm zurückhalten, sondern auf diese Absurdität immer wieder auf das Vehementeste hinweisen und damit Druck in Richtung Anerkennung Kosovos/Kosovas machen.
Wissenschaftlich bestätigt wurde mein Gegenargument nicht zuletzt rund um die Diskussion zum Unabhängigkeitsreferendum Kataloniens: In einem Interview mit der Austria Presseagentur sagten die beiden Völkerrechtler Peter Hilpold von der Universität Innsbruck und Manfred Nowak von der Universität Wien, dass das brutale Vorgehen der spanischen Sicherheitskräfte gegen das katalanische Unabhängigkeitsreferendum zwar politisch ver-

heerend gewesen sei, aus völkerrechtlicher Sicht die Zentralregierung in Madrid aber nichts zu befürchten habe. Das Selbstbestimmungsrecht der Völker gebe den Katalanen nämlich kein Sezessionsrecht. Beide Experten verwiesen in diesem APA-Gespräch auf die hohen Hürden für die Loslösung eines Volkes: Ein Recht auf Abspaltung gebe es erst, »wenn ein Volk in einem Staat massiv unterdrückt wird«, sagte Nowak. Dies könne man bei den Katalanen nicht sagen. Selbst die Unabhängigkeit Kosovos/ Kosovas, wo es sogar zu ethnischen Säuberungen gekommen war, sei völkerrechtlich umstritten. »Da liegen Welten dazwischen«, sagte Hilpold.

Für Nowak ist der Fall Katalonien auch anders gelagert als jener der früheren Republiken der Sowjetunion und Jugoslawiens. Deren Verfassungen hätten nämlich den einzelnen Völkern explizit das Selbstbestimmungsrecht eingeräumt. Nowak: »Das hat man in der spanischen Verfassung nicht.« Auch europarechtlich hat die spanische Regierung nichts zu befürchten, so die beiden Völkerrechtler. Und auch mit einem Rechtsstaatsverfahren nach Artikel 7 des EU-Vertrags würden sich die EU-Institutionen »lächerlich machen«, meinte Hilpold. Und auch Nowak sieht die Voraussetzungen für die Aktivierung dieses Sanktionsmechanismus ebenfalls als »sicher nicht« gegeben an.

Katalonien und Kosovo/Kosova sind »nicht vergleichbar«, verlautete auch Kommissionssprecher Margaritis Schinas, denn die Anerkennung des Staates Kosovo/Ko-

sova sei, so die EU-Kommission, in einem sehr spezifischen Zusammenhang erfolgt. Wolfgang Bogensberger, der Leiter der Politischen Berichterstattung und stellvertretende Leiter der Europäischen Kommissionsvertretung in Österreich, führte die Kommissions-Sicht in der Katalonien-Frage bei einer Lehrveranstaltung für JournalistInnen in Wien noch näher aus: Im Fall Katalonien treffen die Voraussetzungen für die Bildung eines neuen völkerrechtlichen Subjekts, der Sezession und des in der UN-Charta festgeschriebenen Rechts auf Selbstbestimmung nach Ansicht einer Reihe von RechtsexpertInnen nicht zu. Folgende Gründe seien dafür maßgebend, führte Bogensberger aus: Voraussetzung für die Unabhängigkeit eines Territoriums sei, dass sie im Zuge einer Entkolonialisierung erfolge, dass eine gewaltsame Unterdrückung vorliege und dass ein Recht auf Mitbestimmung in einem Staatswesen verweigert werde. All das treffe heute auf Katalonien nicht zu – anders als im Falle Kosovos/Kosovas, zumal sich die Bevölkerung des letzteren in einer Verfolgungs- und Unterdrückungssituation und das Land schließlich in einer Kriegssituation befunden hatte.
Belgrad wollte diese Rechtsauffassung bzw. die eindeutige Unterscheidung zwischen den beiden Fällen Katalonien und Kosovo/Kosova laut offiziellen Reaktionen nicht akzeptieren. Vor allem möchte Belgrad beantwortet haben, ob es für die EU ein Völkerrecht für EU-Mitgliedsstaaten gebe, und ein anderes für Nicht-EU-Mitgliedsstaaten, fragte bewusst provokant die serbische Ministerpräsiden-

tin Ana Brnabić nach einer für den Tag nach dem katalanischen Unabhängigkeitsreferendum angesetzten Sitzung der Staats- und Regierungsspitze in Belgrad. Zuvor hatte Serbien seine klare Unterstützung für die Gebietseinheit und Souveränität Spaniens bekundet. Seitens Madrid würde ich aus den oben genannten Gründen mit großen Vorbehalten auf diese zweifelhafte Unterstützung vonseiten Serbiens reagieren, denn implizit hieße das ja, dass das demokratische Madrid gegenüber Katalonien so wie Milošević gegenüber den Kosovo-AlbanerInnen menschenrechts- und völkerrechtswidrig vorgegangen sei.
Der Madrider Zentralregierung empfehle ich in diesem Zusammenhang auch in das Zeitungsarchiv zu gehen und sich den Berliner »Tagesspiegel« vom Tag nach der kosovarischen Unabhängigkeitserklärung im Februar 2008 herauszusuchen, der wunderbar klar die keinesfalls mit Katalonien vergleichbare Sondersituation Kosovos/Kosova beschreibt:
»In Belgrad bedeutet dies alles derweil die letzte Götterdämmerung des großserbischen Traums. Dessen mächtigste Vertreter liegen wie Slobodan Milošević unter der Erde oder sitzen wie Vojislav Šešelj als Kriegsverbrecher in Haft. Nun müht sich die zweite Garde unter Premier Koštunica, die Saga vom Kosovo als der ›uralten Wiege Serbiens‹ am Leben zu halten. Eine serbische Wiege mag es ja sein, bemerkte unlängst Beqë Cufaj, Vorsitzender der Europäischen Initiative für Kosovo. (Cufaj, gebürtiger Kosovare, ist Schriftsteller und Journalist, lebt in Stuttgart

und ist freier Mitarbeiter internationaler Zeitungen; Anm. UL) Es käme jedoch darauf an, welches Kind in der Wiege liege, ›und dieses Kind ist albanisch‹. Das ist numerisch richtig und nicht der einzige Grund für die Legitimität der Ablösung. Neunzig Prozent der zwei Millionen heute im Kosovo lebenden Menschen sind Albaner. Alle Erwachsenen erinnern sich noch an das Apartheidsystem unter Milošević, fast jeder verlor im Krieg von 1999 Verwandte oder Freunde. Moralisch ist die Unabhängigkeit kein Problem. Und rechtlich? Im alten Jugoslawien besaßen alle Republiken laut Verfassung ein Recht auf Referendum und Sezession. Zuletzt stieß sich so Montenegro von Serbien ab. Für die Provinz Kosovo, die ein eigenes Autonomiestatut hatte, gelte dasselbe Recht, erklären die Albaner dort. Sie bekommen dafür jetzt auch Rückendeckung aus Washington und Brüssel.«

Alle meine Kosovo-Berichte seit 2010, die alle mit großer Mehrheit vom Plenum des Europaparlaments angenommen wurden, erhoben die Forderung nach Anerkennung des Staates Kosovo/Kosova durch die noch fehlenden fünf EU-Mitgliedsstaaten. Das wichtigste Argument dafür war und ist für mich, dass es überfällig ist, alle EU-Kräfte für Kosovo/Kosova zu bündeln. Nichts schadet einer kohärenten und fokussierten europäischen Politik in Kosovo/Kosova mehr als die gespaltene Haltung der Union, die sich – was Kommission und Rat betrifft – in der komplizierten Formel der »Statusneutralität« ausdrückt, die zu so diplomatischen Verrenkungen wie »Asterisk« und Co. führt (siehe dazu vor allem auch Kapitel 4). Auch wichtige internationale Kooperationen zur Bekämpfung von Korruption und organisierter Kriminalität werden so verhindert. Kosovo/Kosova kann nicht Vollmitglied von Europol und Interpol sein – und das obwohl beim Schreiben dieser Zeilen 116 UNO-Mitglieder – also um einiges mehr als die Hälfte der 193 UNO-Mitgliedsstaaten – das Land anerkannt haben. Auch beim wichtigen Stabilisierungs- und Assoziierungsabkommen zwischen EU und Kosovo/Kosova (der erste Schritt in Richtung Beitritt) zogen sich die Verhandlungen über das fertig verhandelte Paket im Rat der Europäischen Union in die Länge. Hier war es vor allem Spanien, das mit einem Scheinkampf um Begriffe wie »country«, »state«, »nation« ständig neue Formen des Widerstandes gegen die Verabschiedung des Abkommens erfunden, schließlich aber nach fast einem Jahr vergeudeter Zeit endlich in diesem Fall nachgegeben hat.

Nicht umsonst fordern deswegen alle meine Berichte »die Mitgliedsstaaten auf, ihren gemeinsamen Ansatz gegenüber Kosovo/Kosova zu stärken, damit die Politik der EU mehr Wirkung auf die gesamte Bevölkerung Kosovos/Kosovas entfaltet«.

Und seien wir ehrlich: Was hindert denn Griechenland, Rumänien, die Slowakei, Spanien und Zypern bislang, die Realität des Staates Kosovo/Kosova zur Kenntnis nehmen und ihn anzuerkennen? Es sind rein innenpolitisch motivierte, die eigenen ethnischen Minderheiten betreffende Gründe, aber nicht weil ihnen die Minderheiten-Rechte der Kosovo-SerbInnen so am Herzen liegen würden. Bei der Verweigerung wird ja das Völkerrecht nur vorgeschoben, denn keinem der fünf geht es um Serbien und Kosovo/Kosova, sondern sie haben die Befürchtung, dass die ethnischen Minderheiten in den eigenen Ländern nach dem Vorbild Kosovos/Kosovas die Unabhängigkeit erklären wollen: In Spanien geht es um Katalonien und das Baskenland, in Rumänien und der Slowakei um die jeweilige ungarische Minderheit, Griechenland geht es um Zypern und Mazedonien, und Zypern hat Angst, dass der von der Türkei besetzte Norden damit noch mehr Druck auf internationale völkerrechtliche Anerkennung machen könnte. Bei Griechenland und Zypern spielt auch noch der Faktor der orthodoxen Kirchen im Land mit, die mit der serbischen Orthodoxie verbunden sind – auch bei einer linken Regierung wie der Syriza-Regierung in Griechenland. Bei einem meiner Griechenland-Aufenthalte suchte ich im Oktober 2015 das Gespräch mit dem griechischen Europaminister Nikos Xydakis. Er selbst schien durchaus aufgeschlossen, aber sein ebenfalls anwesender Berater, ein hochrangiger Diplomat, vertrat die eindeutige Linie Belgrads – in meinen Augen ähnlich jener alten und älteren LinkspolitikerInnen, die – in der Tradition der Aufteilung der Welt in Links und Rechts aus dem Kalten Krieg – auf jeden Fall auf der Seite Serbiens bzw. Russlands stehen, auch wenn es stichhaltige Argumente dagegen gibt.

Dabei ist die Haltung der EU-Nicht-Anerkenner-Staaten auch nicht konsequent gegenüber der Politik Belgrads. Ganz abgesehen von den im Dialogprozess bereits erreichten Fortschritten der gegenseitigen Akzeptanz zwischen Belgrad und Prishtina, sei hier nur das Grenzabkommen IBM[10] genannt. Serbien hat damit das erste Mal ein bilaterales Abkommen mit Kosovo/Kosova unterschrieben und akzeptiert damit Kosovo/Kosova als staatliches Visavis – wie kommen dann die Regierungen Griechenlands, Rumäniens, Spaniens, der Slowakei und Zyperns dazu, sich hier noch weiter der Realität zu verweigern? Noch dazu wo einige dieser Staaten – nämlich Griechenland und die Slowakei – Botschafter nach Prishtina entsenden, die als »Büroleiter« in sogenannten »Liaison-Büros« sitzen – von der kosovarischen Regierung wie den meisten anderen diplomatischen Vertretungen jedoch als Botschaften und BotschafterInnen behandelt werden. Griechenland stellt sogar Schengen-Visa für kosovarische StaatsbürgerInnen aus, erkennt also deren kosovarische Pässe 1:1 an. Warum einfach, wenn es kompliziert auch geht …

Ich habe hier über die Jahre hinweg auch einen gebündelten und stärkeren politischen Druck der 23 anderen, die Unabhängigkeit des Staates Kosovo/Kosova anerkennenden EU-Staaten schmerzlich vermisst. Denn es sind die fünf EU-Nicht-Anerkenner-Staaten, die Serbien immer

[10] Integrated Border Management. Zur unterschiedlichen Auslegung des Begriffs »Grenze« – »border« versus »boundary« – siehe S. xxx.

wieder Raum geben und Argumente liefern, seine Verweigerungshaltung fortzusetzen. Warum wurde beispielsweise nicht mehr Druck auf Griechenland im Zuge der Schulden- und Euro-Krise der vergangenen Jahre ausgeübt? Ich bin überzeugt, dass viele GriechInnen kein Problem mit der Anerkennung Kosovos/Kosovas hätten. Im Gegenteil, gerade den Griechinnen und Griechen ist angesichts der Erfahrungen der jüngsten Zeit bewusst, wie sehr die BürgerInnen eines Landes darunter leiden, wenn ihr Staat in den Strudel internationaler Politik und (Finanz-)Institutionen gerät. Umso mehr sollte hier ein Verständnis dafür vorhanden sein, dass die Menschen im jüngsten Staat Europas unterstützt werden müssen, der politische Fokus auf den wirtschaftlichen und sozialen Auf- und Ausbau dieses Staates gerichtet gehört und die Kräfte nicht mit Status- und Anerkennungsfragen vergeudet werden dürfen. Außerdem ist in den vergangenen Jahren ja selbst im Nicht-Anerkenner-Block immer wieder mal Bewegung in diese Starre gekommen. So ließ der damalige rumänische Ministerpräsident Victor Ponta im Frühjahr 2013 angesichts der in Brüssel erzielten Einigung zwischen Belgrad und Prishtina zum Verband serbischer Gemeinden mit der Aussage aufhorchen, dass Bukarest seine Blockade-Haltung aufgeben könnte: »Ich glaube, wir sollten uns im Gleichschritt mit der europäischen Familie bewegen.« Dieser Ansage zum Gleichschritt ist zum Schaden für EU und Kosovo/Kosova der tatsächliche Schritt zur Anerkennung leider nicht gefolgt.

Aber auch in der Slowakei wäre ein Anerkennungsbeschluss möglich gewesen, nach seinem zweiten Amtsantritt als Premier 2012 gab es in Robert Ficos Umgebung Hoffnung auf einen Umschwung – aber eine allzu frühe kurze Journalistenfrage, angeblich ohne Vorwarnung am Flughafen gestellt, nagelte die Position der Slowakei neuerlich fest: Fico sagte kurz und bündig, die Position bleibe gleich. Es wäre auch anders gegangen: Schon 2008 gab es einen Parlamentsbeschluss, in dem die Anerkennung mit einer Einigung zwischen Prishtina und Belgrad verknüpft wurde. So betrachtet hätte die Slowakei etwa das Abkommen zwischen Serbien und Kosovo/Kosova aus dem Jahr 2013 als Anlass nehmen können, Kosovo/Kosova endlich anzuerkennen. Noch dazu, weil Bratislava, wie oben erwähnt, einen Botschafter in Kosovo/Kosova stationiert hat und Schengen-Visa vergibt, und deren parteiloser Außenminister Miroslav Lajčák[11] Kosovo/Kosova in dieser Funktion besuchte und auch den kosovarischen Außenminister Enver Hoxhaj in Bratislava empfing. Genauso gab es offiziellen Austausch und gegenseitige Besuche von Abgeordneten. Es hätte in den vergangenen Jahren schon mehrere Male – jeweils beim Zustandekommen von Einigungen zwischen Belgrad und Prishtina – offene Fenster gegeben für zumindest einige der bisherigen fünf Blockierer, diese veränderte Realität anzuerkennen

[11] Seit September 2017 für ein Jahr Vorsitzender der UNO-Generalversammlung.

und sie mit dem Schritt zur Anerkennung zu akzeptieren. Aber nein, der letzte Schritt wurde bisher nicht gewagt. Ich habe selbst auch in Brüssel eine Initiative in diese Richtung gesetzt, gemeinsam mit dem damaligen PSK-Botschafter Österreichs, Alexander »Axel« Marschik. Im informellen Rahmen trafen sich, auf Einladung des Botschafters und seiner Frau, die PSK-BotschafterInnen der fünf Nicht-Anerkenner-, sowie einige BotschafterInnen von Anerkenner-Staaten zu einem Abendessen in angenehmer Atmosphäre mit mir, bei dem wir nicht nur, aber auch über die Frage/Notwendigkeit/Ablehnung der Anerkennung des Staates Kosovo/Kosova sprachen. Allein die Zusammensetzung der Gäste dieses Abendessens hatte für Neugier und Interesse gesorgt, denn es kommt nicht oft vor, dass (noch dazu im Heimatland Oppositions-) Abgeordnete und Ratsvertreter/Botschafter desselben Landes eine Initiative setzen.
Auch hier galt die Devise: Steter Tropfen höhlt den Stein – doch haben die Tropfen den Stein bis heute leider immer noch nicht so nachhaltig durchhöhlt, dass eine Politik-Änderung möglich ist.
Als zusätzliche negative Folge dieser Nichtanerkennung ist Kosovo/Kosova nicht nur immer noch nicht in allen europäischen und internationalen Organisationen vertreten, weder im Europarat, noch in OSZE oder UNO und ihren Teilorganisationen. Außerdem durfte Kosovo/Kosova lange nicht bei internationalen Sport- und Kulturveranstaltungen teilnehmen. Ein Schlag ins Gesicht für

kosovarische SportlerInnen und ihre Fans, sowie eine vertane Chance, um den Sport als Aspekt des »Nation-Building« nützen zu können. So durfte Majlinda Kelmendi, preisgekrönte Judoka, nicht an den Olympischen Spielen 2012 in London teilnehmen, weil Kosovo/Kosova damals noch nicht Vollmitglied des IOC war. Die kosovarische Fußballmannschaft wiederum durfte zwar im Rahmen der FIFA bei Freundschaftsspielen mitmachen, aber nicht bei offiziellen Turnieren. Gleiches galt für Basketball, Volleyball oder welche Sportart auch immer. Oder um ein Beispiel aus dem Bereich Kultur zu nennen: Rona Nishliu durfte beim Eurovision Song Contest 2012 nicht für ihre Heimat Kosovo/Kosova an den Start gehen – Albanien freute sich, mit ihr in den Wettbewerb gehen zu können, und Rona Nishliu erreichte für ihr Nachbarland den ausgezeichneten fünften Rang.

In meinen Kosovo-Berichten habe ich regelmäßig die Bedeutung des Ausbaus der Beziehungen Kosovos/Kosovas zu internationalen Einrichtungen im Bereich der Kultur und des Sports hervorgehoben. Ich richtete auch diesbezüglich ein Schreiben an IOC-Präsident Jacques Rogge und seine Vizepräsidenten – für die Olympischen Spiele in London 2012 leider noch ohne Erfolg, doch brachte dieses Lobbying den Stein sicherlich etwas ins Rollen. In meinem Schreiben an die olympischen SportfunktionärInnen habe ich sehr deutlich zum Ausdruck gebracht, dass sie mit ihrer Ablehnung Kosovos/Kosovas eine große Chance vergeben, die Aussöhnung am Westbalkan auch auf der Ebene der sportlichen Begegnung zu fördern. Die IOC-Ablehnung der Teilnahme Kosovos/Kosovas an den Sommerspielen 2012 in London war für mich auch insofern unverständlich, als dass das IOC ja beispielsweise im Falle von Palästina schon vor langer Zeit ganz anders entschieden hat: Obwohl die Palästinenser keine volle staatliche Autonomie erreicht haben, wurde Palästina als ein Mitglied des Olympic Council of Asia (OCA) 1986 aufgenommen. 1995 wurde es in das International Olympic Committee (IOC) aufgenommen. Die ersten Olympischen Spiele, an denen Palästina teilnehmen durfte, waren die Olympischen Sommerspiele 1996 in Atlanta. Die israelische Regierung hatte gegen die Verwendung des Namens Palästina protestiert, war mit ihrem Protest jedoch gescheitert. 1992, als Milošević-Serbien unter UN-Embargo stand, durften serbische und montenegrinische AthletInnen sogar unter IOC-Flagge an den Olympischen Spielen in Barcelona teilnehmen. Ein geschlossenes Auftreten der EU wäre 2012 im IOC natürlich sehr hilfreich gewesen.

Am 9. Dezember 2014 zeigte unser Lobbying und das vieler anderer dann endlich Erfolg: Kosovo/Kosova wurde auf der IOC-Session in Monaco als 205. Vollmitglied des Internationalen Olympischen Komitees anerkannt und damit der Weg für eine Teilnahme Kosovos/Kosovas an den Olympischen Sommerspielen 2016 in Rio de Janeiro endgültig freigemacht. Und das Olympia-Debütland Kosovo/Kosova bedankte sich für seine Aufnahme gleich mit

einer Goldmedaille durch Judoka Majlinda Kelmendi. Direkt nach ihrem Sieg in der Klasse bis 52 Kilogramm im Finale gegen die Italienerin Odette Giuffrida hatte sich Kelmendi auf den Boden geworfen, die Hände vor das Gesicht geschlagen und dann vor Freude weinend ihren Trainer umarmt. 2012 in London hatte sie noch unter albanischer Flagge starten müssen. »Dieses Mal hatte ich meine Flagge, meine Hymne, und das ist einer der ersten Gründe, warum ich so motiviert war und unbedingt gewinnen wollte«, erklärte sie ihren Sieg. Und sie fügte hinzu: »Ich wollte der Welt zeigen, dass Kosovo ein Land ist, in dem es nicht nur Krieg gib. Die Leute im Kosovo sehen mich jetzt als eine Heldin. Ich möchte der jungen Generation sagen, dass sie alles schaffen können, was immer sie wollen, auch wenn man aus einem kleinen und armen Land wie Kosovo kommt.« Die Europameisterin und Weltmeisterin von 2013 und 2014 war bei der Eröffnungsfeier Fahnenträgerin ihres Landes gewesen und hatte die achtköpfige Delegation ins Maracanã-Stadion geführt.
Ein trauriger Nebenaspekt dieser für Kosovo/Kosova so erfolgreichen Olympischen Spiele war, dass die serbische Regierung ihren AthletInnen riet, jeden Kontakt mit SportlerInnen aus Kosovo/Kosova zu vermeiden. Selbst bei einer Siegerehrung sollten die SerbInnen das Podest unter Protest verlassen, sagte Sportminister Vanja Udovičić und begründete diese Maßnahme damit: »Wir können weder die Hymne hören noch die Nationalfahne ansehen«, denn damit würde man automatisch die Souveräni-

tät Kosovos/Kosovas anerkennen, so der Minister. Wobei er gleich eine Einschränkung nachreichte: Die Entscheidung bleibe jedem/jeder einzelnen serbischen Sportler/Sportlerin überlassen: »Das ist nur ein Ratschlag«, betonte der Minister. Gleichzeitig zeigt es auf ungute Weise, wie sehr die Politik hier ihren negativen und dem olympischen Gedanken der Völkerverständigung völlig widersprechenden Einfluss geltend machen will.
Im Sommer 2015 wurde Kosovo/Kosova vom Leichtathletik-Weltverband (IAAF) gemeinsam mit dem Südsudan als neues Mitgliedsland aufgenommen. Und am 3. Mai 2016 wurde Kosovo/Kosova als 55. Mitglied in den europäischen Fußballverband UEFA aufgenommen. Die Aufnahme war aber alles andere als eine leichte Sache. Nach einer heftigen und konfrontativen Debatte, bei der sich Serbien wieder vehement gegen die Aufnahme Kosovos/Kosovas stemmte, votierten 28 UEFA-Verbände für den Beitritt, 24 sprachen sich dagegen aus, zwei Stimmen waren ungültig. Nur zehn Tage später wurde Kosovo/Kosova gemeinsam mit Gibraltar von den Delegierten des FIFA-Kongresses als Mitglieder 210 und 211 in den Fußball-Weltverband aufgenommen. 141 FIFA-Mitglieder stimmten bei der Vollversammlung für den Beitritt Kosovos/Kosovas. 23 lehnten diesen ab. Heftiger Widerstand kam nicht wirklich überraschend wieder aus Serbien. Der serbische Verband kündigte auch postwendend an, den Fall vor den Internationalen Sportgerichtshof (CAS) zu bringen. Serbien argumentierte, Kosovo/Kosova sei

kein UNO-Mitglied und dürfe daher auch laut UEFA-Statut kein Mitglied der UEFA sein. Serbiens Verbandschef Tomislav Karadžić warf der UEFA deswegen den Bruch ihrer eigenen Regeln vor und malte das Bild von einem drohenden »Aufruhr in der Region« an die Wand. »Wir müssen konsequent die Grundsätze einhalten, damit der Fußball Sport ist und nichts anders als Sport«, sagte Karadžić und unterstellte der UEFA durch die Aufnahme Kosovos/Kosovas in die Falle zu tappen, politische Aspekte über den Fußball zu stellen. Aber wer im Glashaus sitzt, sollte bekanntlich nicht mit Steinen werfen. Selten hat dieses Sprichwort eine derartig große Berechtigung gehabt wie in diesem Fall, war es doch Serbien, das im Falle der UNESCO Kultur und Politik und im Falle von IOC, UEFA und anderen internationalen Sportorganisationen Sport und Politik miteinander verknüpft hat, mit dem einzigen Ziel, Kosovo/Kosova bei seiner Staatswerdung zu behindern. So hat das auch der Internationale Sportgerichtshof (CAS) gesehen. Im Jänner 2017 wies er den serbischen Antrag gegen die UEFA-Aufnahme Kosovos/Kosovas zurück. Der CAS begründete seine Entscheidung damit, dass eine Mehrheit der Vereinten Nationen Kosovo/Kosova als unabhängigen Staat anerkannt haben.

Das erste offizielle Fußball-Länderspiel der kosovarischen Nationalmannschaft fand genau einen Monat nach Aufnahme in die UEFA am 3. Juni 2016 in Frankfurt/Main gegen die Färöer statt und endete mit einem 2:0-Sieg für den Länderspiel-Debütanten. Durch den FIFA-Beschluss durfte Kosovo/Kosova auch an der Qualifikation für die Fußball-WM 2018 in Russland teilnehmen, schaffte aber den Einzug in die Endrunde nicht.

Letztlich geht es hier nur zweitrangig um die Frage nach Erfolg oder Niederlage. Gewinnen und verlieren ist ein unerlässlicher Bestandteil von sportlichen Wettkämpfen und macht ja auch einen Großteil des Reizes für die AthletInnen und die Fans aus. Kosovo/Kosova hat aber schon dadurch gewonnen, dass seine SportlerInnen nicht mehr länger von internationalen Sportereignissen ausgesperrt werden. »Es fühlt sich an wie im Traum«, sagte Kosovos/Kosovas Judo-Olympiasiegerin Majlinda Kelmendi nach ihrem Sieg. Ein Traum, der wahr geworden ist und der den Anerkennungs-Verweigerern zu denken geben sollte, ob es nicht politisch vernünftiger, sportlich fairer und menschlich gerechter ist, Kosovo/Kosova endlich als das anzuerkennen, was er ist: ein unabhängiger Staat mit allen damit einhergehenden Rechten und Pflichten.

Übrigens: auch mit der EBU, der European Broadcasting Union, war ich in meiner Funktion als Kosovo-Berichterstatterin in Kontakt bzgl. Teilnahme Kosovos/Kosovas am Eurovision Song Contest, auch hier gibt es bis heute leider keine Änderung der Haltung. Und das obwohl die EBU 1999 zur Gründung des öffentlich-rechtlichen kosovarischen Senders RTK beigetragen hat und mit ihm zusammenarbeitet.

Zehn Jahre nach der Staatsgründung darf es demnach nicht verwundern, wenn manche Kosovo-AlbanerInnen das Vertrauen in ihren eigenen Staat verlieren und wieder mehr mit »Groß-Albanien« liebäugeln. Das sollte auch all den Anerkennungs-Verweigererern ins Stammbuch geschrieben werden: Wer tatsächlich Fortschritt und nicht neue Grenzziehungen will, der muss endlich die Realität – und damit die Republik Kosovo/Kosova – anerkennen.

Kapitel 6
Kosovo/Kosova darf kein schwarzes Loch bleiben
Raus aus dem Würgegriff von Korruption, organisierter Kriminalität und Kriegsverbrechen

Am Abend des 17. August 2017 wurde der kosovarische Enthüllungsjournalist Parim Olluri vor seinem Wohnhaus in Prishtina von drei unbekannten Angreifern überfallen und verprügelt. Olluri kam mit leichteren Blessuren davon, seine ebenfalls anwesende Frau fiel in Ohnmacht, blieb aber ansonsten zum Glück unverletzt. Der international ausgezeichnete Journalist ist Leiter des renommierten Internetportals »Insajderi« und bekannt für seine Berichte über Korruption und organisierte Kriminalität bis hinauf in höchste Politiker-Kreise. Hinter dem Angriff auf seine Person stand das alleinige Motiv, ihn einschüchtern und in seiner journalistischen Tätigkeit bremsen zu wollen. Olluris Reaktion auf diese Attacke gegen sein Leib und Leben war aber das genaue Gegenteil: Solche Angriffe würden Journalisten nur stärken, wurde er von »Insajderi« zitiert, und die Angreifer wie auch ihre Auftraggeber und Hintermänner würden sich irren, sollten sie glauben, dieser Überfall könnte seine und die Berichte anderer JournalistInnen in Kosovo/Kosova über Korruption, organisierte Kriminalität und Mafia-Affären stoppen.

Der Aufschrei in Kosovo/Kosova gegen diesen Angriff war groß: Die EULEX-Mission verurteilte die Attacke als

Anschlag auf die Meinungsfreiheit in Kosovo/Kosova. Staatspräsident Hashim Thaçi nannte den Angriff gegen den Journalisten »unerträglich für ein Land, das wir auf den Werten der Demokratie, der Achtung der Menschenrechte und der Meinungsfreiheit aufgebaut haben«. Thaçi forderte die zuständigen Institutionen auf, schnell und entschlossen zu handeln, um die Angreifer zu fassen und vor Gericht zu stellen. Und der Präsident ermutigte die JournalistInnen in seinem Land, sich in ihrer Aufdeckerarbeit nicht von solchen kriminellen Handlungen abhalten zu lassen, sondern »sie müssen mit einer unzerstörbaren Entschlossenheit fortfahren«.

Ich habe diese Geschichte insofern bewusst an den Anfang dieses Kapitels gestellt, da dieses Beispiel den Scheinwerfer nicht wie so oft zuerst auf Kosovo/Kosova als international verschrienen Hort der Korruption und organisierten Kriminalität, des Drogen-, Menschen-, Zigaretten-, Waffenschmuggels richtet, sondern auf einen Kosovaren, der so wie viele andere in seinem Land an der Aufklärung und Verhinderung solcher Verbrechen arbeitet – und das unter hohem Risiko für sich und seine Angehörigen.

Mit diesem Perspektivenwechsel zu beginnen, ist wichtig, weil gerade bei diesem Thema sehr sorgsam vorgegangen und unterschieden werden muss, um vorschnelle Erklärungen und pauschale Verurteilungen so gut wie möglich zu vermeiden. Denn gerade dem Balkan generell eilt in Sachen Kriminalität und Bandenwesen (im deutschsprachigen Raum) seit den Geschichten eines Karl May und wahrscheinlich schon davor ein schlechter Ruf voraus.

Dahinter steckt das Bild des Balkans als einer im Unterschied zum »zivilisierten« Europa völlig anderen, rückständigen, archaischen Region, die quasi traditionell und per se ein guter Nährboden und eine Brutstätte für kriminelle Machenschaften jeglicher Art ist. Diesem Muster folgend werden Kriminalität und Korruption dann als Folge dieser unterstellten zwielichtigen bis üblen und von Resteuropa mit Vorsicht zu begegnenden Balkan-Mentalität erklärt, die sich durch historische Rückständigkeit und negative Andersartigkeit auszeichnet. Dass viele der sogenannten »Internationals«, also das Personal internationaler Organisationen am Westbalkan, mehr oder weniger bewusst mit dieser Ansicht in ihre Einsatzgebiete am Balkan generell und in Kosovo/Kosova im Speziellen kommen, ist hinlänglich erforscht und als Problem erkannt worden. Das von mir an den Anfang gestellte Beispiel von Parim Olluri soll im Gegensatz dazu das Bewusstsein dafür schärfen, dass es überall auf der Welt kriminelle Machenschaften gibt, und dass sich aber auch überall Menschen mutig diesen Machenschaften entgegenstellen und für Aufklärung, Transparenz und Rechtsstaatlichkeit auf allen Ebenen eintreten – überall, und so auch in Kosovo/Kosova.

Gleichwohl besteht kein Zweifel darüber, dass Korruption ein weit verbreitetes Krebsgeschwür in der kosovarischen Gesellschaft und den staatlichen Institutionen ist und so wie die Aktivitäten der organisierten Kriminalität zu den größten Entwicklungshindernissen des jungen Staates gehört und ein ständiges eminentes Sicherheitsrisiko darstellt. Das spiegelt sich sowohl in den Fortschrittsberichten der Kommission wie auch in meinen Kosovo-Berichten wider, die beginnend von meinem ersten im Sommer 2010 bis zu meinem letzten im Frühling 2017 den detaillierten Forderungen nach Bekämpfung von Korruption und organisierter Kriminalität breiten Raum geben:

2010 zeigte sich mein Bericht »äußerst besorgt angesichts der weitverbreiteten Korruption, die zusammen mit der organisierten Kriminalität nach wie vor eines der größten Probleme im Kosovo ist«, und fordert »Dringlichkeitsmaßnahmen zu deren Bekämpfung, indem der Rechtsrahmen für das Vorgehen gegen die Korruption verbessert, eine Strategie und ein Aktionsplan zur Korruptionsbekämpfung verabschiedet und die Zusammenarbeit mit der Polizei und den Justizbehörden aller Staaten der Region verstärkt wird«. Zudem fordert der Bericht und damit eine große Mehrheit des Europaparlaments, dass unverzüglich Maßnahmen getroffen werden, »um dem Waffenschmuggel ein Ende zu bereiten, der zur Destabilisierung der Region des westlichen Balkans beiträgt«.

Im 2017er-Bericht schließlich bringt das Europaparlament »erneut seine Sorge darüber zum Ausdruck, dass die Bekämpfung von Korruption und organisiertem Verbrechen nur sehr langsam voranschreitet«, und fordert »größere Anstrengungen und den eindeutigen politischen Willen, diesen Problemen zu begegnen, die die Chancen auf eine dynamische wirtschaftliche Entwicklung des Landes einschränken«. Im Bericht wird gleichzeitig »bedauert, dass Korruption und organisiertes Verbrechen in bestimmten Gebieten des Kosovo – insbesondere im Norden – straflos bleiben« und er enthält in weiterer Folge eine Liste von sorgenvollen Zuständen und Entwicklungen, die effizienter als bislang bekämpft gehörten: Das Europaparlament

- ist besorgt darüber, dass die Erfolgsbilanz in Bezug auf Ermittlung, Verfolgung und rechtskräftige Verurteilungen nach wie vor gering ausfällt und illegal erworbene Vermögenswerte nur selten eingezogen und beschlagnahmt werden, obwohl dies ein wesentliches Instrument zur Bekämpfung der Korruption ist;
- empfiehlt daher, dass Vermögenswerte umgehend eingefroren und häufiger endgültig eingezogen werden;
- legt der Antikorruptionsbehörde Kosovos/Kosovas nahe, im Zusammenhang mit Ermittlungen einen proaktiveren Ansatz zu verfolgen;
- gibt seiner Besorgnis darüber Ausdruck, dass keine angemessene Kontrolle der Finanzierung politischer Parteien und von Wahlkämpfen stattfindet;
- ist der Ansicht, dass die Rechtsvorschriften über Interessenkonflikte in Einklang mit den europäischen Normen gebracht werden müssen und dass öffentliche Bedienstete, die eines schweren Verbrechens oder eines Korruptionsdelikts angeklagt bzw. wegen eines solchen verurteilt wurden, tatsächlich ihres Amts enthoben werden müssen;

- bekundet seine Besorgnis darüber, dass sich die für die Aufdeckung, Untersuchung und Verfolgung von Korruptionsdelikten zuständigen Einrichtungen nicht wirksam miteinander abstimmen;
- ist zutiefst besorgt über die Beteiligung bewaffneter krimineller Gruppen an grenzüberschreitenden kriminellen Tätigkeiten und fordert eine direkte und wirksame Zusammenarbeit zwischen Kosovo/Kosova und Serbien sowie zwischen allen Ländern in der Region bei der Bekämpfung der organisierten Kriminalität;
- betont, dass es in diesem Zusammenhang von Vorteil wäre, wenn Kosovo/Kosova Mitglied von Interpol wäre und mit Europol zusammenarbeite (was durch die Blockadehaltung der fünf Nicht-Anerkenner-Staaten verhindert wird);
- bekundet seine Besorgnis darüber, dass Kosovo/Kosova nach wie vor ein Lagerungs- und Transitland für harte Drogen ist;
- nimmt mit Besorgnis zur Kenntnis, dass sichergestellte Drogen vor ihrer Vernichtung nicht sicher verwahrt werden;
- nimmt mit tiefer Sorge zur Kenntnis, dass die Zahl der Verurteilungen in Fällen von Menschenhandel trotz der Tatsache, dass Kosovo/Kosova ein Herkunfts-, Transit- und Zielland für Frauen- und Kinderhandel ist, gering ist;
- ist besorgt über bewaffnete Gruppen und deren Beteiligung an kriminellen Tätigkeiten des organisierten Verbrechens wie Waffenschmuggel sowie über die Straflosig-

keit, die diese offensichtlich genießen und die es ihnen erlaubt, grenzüberschreitend tätig zu sein.

Diese Sorgen-Liste des Europaparlaments aus meinem jüngsten Kosovo-Bericht, der im Frühling 2017 beschlossen wurde, zeichnet ein recht genaues Bild, wovon konkret die Rede ist, wenn von Korruption und organisierter Kriminalität die Rede ist. Dabei sind diese kriminellen Strukturen und diese korrupten Verhaltensweisen ja nicht zufällig gerade auch in Kosovo/Kosova und in den anderen Balkanländern massiv anzutreffen. Im Gegenteil, es lässt sich eine klare Entwicklungslinie seit der Auflösung Gesamtjugoslawiens und den damit einhergehenden gesellschaftlichen und staatlichen Zerfallsprozessen zeichnen. »Wie in anderen Kriegsregionen, wie etwa in Afrika oder Afghanistan, kam es auch in den Ländern des ehemaligen Jugoslawiens zu einem Zerfall der Staatsgewalt, in der sich Macht- und Akteursstrukturen herausbildeten, die von diesen chaotischen Strukturen profitierten bzw. interessiert daran waren, diese für sie sehr vorteilhaften Verhältnisse so lang wie möglich zu prolongieren«, erklären die beiden Wiener Politikwissenschaftler Helmut Kramer und Vedran Džihić die Herausbildung mafiöser Strukturen am Westbalkan in ihrem 2006 im Wiener Lit-Verlag erschienenen Buch »Die Kosovo-Bilanz. Scheitert die internationale Gemeinschaft?«. Diese Entstehungs- bzw. »Erfolgs«-Geschichte der organisierten Kriminalität am Balkan im Gefolge des Zerfalls Jugoslawiens erklärt

auch die nach wie vor hervorragend überregional und transnational sowie mit ihren Ansprech- und Kooperationspartnern aus der ex-jugoslawischen Diaspora auch europaweit kooperierenden kriminellen Netzwerke. Was Kramer/Džihić zu dem mit Kopfschütteln vorgetragenen Resümee bringt: »Die organisierte Kriminalität dürfte paradoxerweise – man müsste eigentlich besser sagen perverserweise – den einzigen Bereich darstellen, in dem die Zielvorstellung der internationalen Gemeinschaft von der Verwirklichung der ›multiethnischen Gesellschaft‹ realisiert ist. Albanisch-kosovarische Gangs arbeiten mit kriminellen Serben und Angehörigen anderer Minderheiten offenbar ohne größere Probleme zusammen.«
Diese über ethnische und Staats-Grenzen (auch ohne Visa-Freiheit, s. Kapitel 10) erfolgreiche Zusammenarbeit schafft – hier ist ebenfalls wieder das Wort perverserweise angebracht – auch eine gewisse Stabilität. Was dazu geführt hat, dass laut den Recherchen von Kramer und Džihić zumindest bis zum Erscheinen ihres Buches im Jahr 2006 auch UNMIK und KFOR nicht wirklich entschieden und aktiv gegen die organisierte Kriminalität vorgegangen sind. Denn erstens hätte das ein viel zu großes Risiko für die Sicherheit der KFOR-Angehörigen bedeutet, zweitens hätte man damit die vorsichtige Stabilisierungspolitik von KFOR und UNMIK gefährdet und drittens »sei hier ein buchstäblicher ›Wall des Schweigens‹ in der kosovarischen Bevölkerung zu konstatieren,

was zur Folge habe, dass es sehr oft kaum möglich ist, auch nur einigermaßen verlässliche Informationen zu erhalten«.

Hier offenbart sich ein Manko, auf das ich während meiner Zeit als Kosovo-Berichterstatterin auch immer wieder hingewiesen und dessen Behebung ich gefordert habe: Ohne den ausreichenden Schutz von Zeuginnen und Zeugen garantieren zu können, werden die Ermittlungen zu kriminellen Aktivitäten kaum nennenswerte Erfolgen zeitigen können. Ein immer wieder zitiertes Beispiel ist, dass der jetzige Premierminister Ramush Haradinaj 2006 und ein zweites Mal 2012 u. a. wegen Mangel an Beweisen am Ex-Jugoslawien-Gerichtshof ICTY freigesprochen wurde: Von zehn Zeugen waren neun in den Jahren davor ums Leben gekommen, der einzige noch überlebende zog seine Aussage zurück, nachdem er ein Attentat nur knapp überlebt hatte. Kosovo/Kosova ist ein kleines Land. Wenn EULEX und das kosovarische Justizsystem nicht selbst die Mittel und Möglichkeiten schaffen bzw. mit Unterstützung von außen zur Verfügung gestellt bekommen, sowohl im Justizsystem etwa bei Verhandlungen guten Zeugenschutz zu gewährleisten (etwa Einvernahmen an einem anderen unbekannten Ort mit Übertragung, bei der jedoch das Gesicht und auch die Stimme unerkannt bleiben) bzw. in größerem und absolut sicherem Rahmen kosovarischen Zeuginnen und Zeugen samt ihren Familien eine neue Identität in einem anderen Land zur Verfügung stellen zu können, braucht es nicht zu wundern, wenn Gerichtsverfahren nicht erfolgreich zu Ende geführt werden können. Ihrer eigenen Forderung nach Rechtsstaatlichkeit in Kosovo/Kosova, so mein Appell, müssen die EU-Mitgliedsstaaten, aber auch die USA oder Kanada mit konkreten Programmen zu Schutz und Aufnahme von Zeuginnen und Zeugen mehr Glaubwürdigkeit verleihen. Ein Beispiel der zumindest vorübergehenden mangelnden Bereitschaft, hier gut zu kooperieren, habe ich selbst erlebt: Bei einem meiner zahlreichen Gespräche mit dem damaligen US-Botschafter Chris Dell (s. auch Kapitel 9, USA und Russland) sprach ich ihn darauf an, wie wichtig es wäre, dass gerade die Vereinigten Staaten von Amerika bereit sein sollten für ein größeres Zeugenschutzprogramm, da das Land groß genug ist, damit nicht Gefahr besteht, dass die geschützten ZeugInnen und ihre Angehörigen trotz Änderung von Aussehen, Namen usw. erkannt würden. In kleineren Ländern wie Österreich mit einer relativ großen Anzahl von KosovarInnen sei dies schwierig, betonte ich. Seine lapidare Antwort hat mich für einen Moment sprachlos gemacht: Dann würden ja alle Kosovaren Zeugen sein wollen, meinte er sinngemäß. So als ob es ein Vergnügen sei, in eine völlig andere Identität zu schlüpfen und sein Land zu verlassen, um der Gerechtigkeit willen … Es muss hier jedoch auch erwähnt werden, dass ich mittlerweile erfahren habe, dass es etwa für das neue Sondergericht wegen Kriegsverbrechen (s. u.) genügend Bereitschaft einiger geeigneter Staaten gab und gibt, zu kooperieren.

Die Frage des Zeugenschutzes leitet mich über zu einem zweiten Aspekt, den ich in diesem Kapitel behandeln möchte: die juristische Aufarbeitung der Kriegsverbrechen. Ohne einen ausreichend garantierten Zeugenschutz wird es gerade in diesem Bereich keine sicheren Erkenntnisse und in weiterer Folge stichhaltige Anklagen und einspruchsfeste Verurteilungen geben. Und gerade dafür wurde das Sondergericht für Verbrechen von einzelnen Kämpfern – nicht der gesamten UÇK (Kosovarische Befreiungsarmee)! – während und nach dem Kosovo-Krieg (1998–2000) nach langem Tauziehen auch ins Leben gerufen – um endlich Klarheit zu schaffen und hoffentlich einen Schlussstrich unter eine Zeit und ihre Verbrechen ziehen zu können, die nach wie vor die Gegenwart, sprich vor allem die serbisch-kosovarischen Beziehungen auf das Schwerste beeinträchtigen. Denn eines gilt es an dieser Stelle auch noch als Ergänzung zu meinen vorherigen Ausführungen zu Korruption und organisierter Kriminalität nachzureichen. Denn auch in diesem Punkt treffen sich meine persönlichen Erfahrungen mit der Analyse des Politologen-Duos Kramer/Džihić von vor etwas mehr als zehn Jahren: »Sensationell aufgemachte Berichte über die enge Verbindung zwischen Politikern und organisierter Kriminalität im Kosovo und Darstellungen, dass der Kosovo ein ›Paradies der Gangster‹ sei, werden vor allem von serbischer Seite lanciert, d. h., die Regierung in Belgrad und die serbischen Journalisten versucht (sic!) dieses Thema innenpolitisch für ihre Zwecke zu instrumentalisieren.«

Diese Vorgehensweise zeigt sich auch in Bezug auf genanntes Sondergericht und vor allem auf die Vorwürfe gegenüber dem kosovarischen Präsidenten Hashim Thaçi.
An dessen Rolle und der einiger seiner Mitstreiter im und nach dem Krieg hat sich ja die Diskussion um ein solches Sondergericht entzündet und dessen Etablierung nach langem Tauziehen schließlich durchgesetzt. Direkte Initialzündung zur Bildung des Gerichts war ein Bericht des damaligen Mitglieds der Parlamentarischen Versammlung des Europarats, des Schweizer Politikers und früheren Staatsanwaltes Dick Marty. In diesem am 25. Jänner 2011 von der Parlamentarischen Versammlung des Europarats angenommenen Bericht wurde der kosovo-albanischen UÇK-Miliz vorgeworfen, nach dem Krieg nicht nur standrechtliche Erschießungen und Entführungen von angeblichen Kollaborateuren des serbischen Regimes begangen zu haben, sondern auch in einen Handel mit Organen von Gefangenen verwickelt gewesen zu sein. Man muss auch noch dazusagen, dass der Schweizer Jurist Marty zu seinen Recherchen von dementsprechenden Hinweisen und Verdachtsmomenten von Carla del Ponte, der ebenfalls schweizerischen Chefanklägerin des Internationalen Strafgerichtshofes für die Kriegsverbrechen im ehemaligen Jugoslawien, in ihrem Buch »Die Jagd. Ich und die Kriegsverbrecher« inspiriert worden war. Ihr war es im Rahmen des Jugoslawien-Gerichtshofes nicht gelungen, die Indizien in Richtung ernsthafte Ermittlungen zu steuern, deshalb stellte sie die Verdachtsmomente dann

in ihrem Buch dar – und sie sah die Ermittlungen von Marty als Fortsetzung ihrer Arbeit.
Dass gerade Dick Marty von der Parlamentarischen Versammlung des Europarates (PACE) den Auftrag erhielt, diesen Bericht zu verfassen, ist einerseits verständlich, da er sich mit seinem Bericht über die geheimen CIA-Gefängnisse in einzelnen europäischen Staaten einen Namen gemacht hatte. Gleichzeitig hätte PACE jemanden, der die rasche Anerkennung Kosovos/Kosovas nach der Unabhängigkeitserklärung durch die Schweiz kritisiert hatte und meinte, Kosovo/Kosova sei nicht reif für die Unabhängigkeit, und der die UÇK nicht für »so unschuldig« hielt, nicht mit einem derartigen heiklen Bericht beauftragen sollen. Der frühere britische Abgeordnete und Europaminister Denis MacShane formulierte es in seiner 2011 erschienenen Streitschrift »Why Kosovo Still Matters« sehr klar: »Marty did not appear to discern between the desire of the overwhelming ethnic Albanian majority of Kosovo for independence and the level of organized crime in the country, which adversaries of Kosovo's independence have consistently used as an argument against it.« Und, so MacShane weiter: »Marty rewrites history as he opts for the Serb world view which paints all Kosovan resistance as essentially and exclusively criminal.«
MacShane wird sogar in seinen Vorbehalten noch schärfer, er schreibt: »Instead of seeking peace and reconciliation there has been a constant effort by the Serb-Russian axis at the CoE to pretend that Kosovo is a criminal gangster breakaway province that one day would return to Serb

rule.« Und: »Ever since the Council of Europe admitted Russia as a member in 1995 it had been skilfully used by the Kremlin to advance Russian diplomatic interests.«

Nun, trotz all dieser teils auch in meinen Augen berechtigten Kritik an der Herangehensweise der Parlamentarischen Versammlung des Europarates war nach der Veröffentlichung der Anschuldigungen von Marty klar, dass es zu weiteren Untersuchungen kommen müsse. Diese Vorwürfe konnten nicht im Raum stehen bleiben.

Aber: Ich erinnere mich daran, wie ich am Abend des damaligen Parlaments-Wahltages in Kosovo/Kosova, dem 12. Dezember 2010, im Hotelzimmer in Prishtina den TV-Bericht über den Marty-Bericht sah – und ich erinnere mich an die oftmalige Nennung des Namens von Premierminister Thaçi, der gerade eine Wahl gewonnen hatte, jedoch mit Vorwürfen von Wahlbetrug konfrontiert war[12]. In seinen ersten Kommentaren identifizierte Marty noch den damaligen kosovarischen Premier Hashim Thaçi als Chef einer kriminellen Gruppe aus der zentralkosovarischen Region Drenica, welche nach Ende des Kosovo-Krieges Mitte 1999 auch in Organhandel verwickelt gewesen sein soll. Kurz darauf entschärfte Marty aber seine Vorwürfe. In einem Exklusivgespräch mit dem kosovarischen Fernsehsender RTK am 19. Jänner 2011 erklärte Marty,

[12] Marty erklärte mir gegenüber in einem Telefonat im Dezember 2010, dass er mit der Veröffentlichung seines Berichtes bis zum Wahlabend gewartet hatte, um die Wahlen nicht zu beeinflussen. Der Termin Mitte Dezember sei aufgrund der Fristen von PACE der letztmögliche Termin der Veröffentlichung gewesen.

in seinem Bericht sei »nirgends von einer direkten Verwicklung Thaçis in den Organhandel die Rede«. Allerdings, sagte Marty, seien an dem Verbrechen Personen beteiligt gewesen, die zum damaligen Umfeld Thaçis gehörten. Es falle ihm schwer, sagte Marty auch, sich vorzustellen, dass Thaçi nie etwas von den kriminellen Vorgängen um ihn herum mitbekommen haben soll. Er könne sich jedoch auch schlecht vorstellen, dass Thaçi persönlich an einer Organentnahme teilgenommen habe. Marty relativierte auch die Anzahl der Fälle: Er habe nicht von »Hunderten« gesetzwidriger Organentnahmen, sondern von einigen wenigen Fällen – in einem Gespräch im Europaparlament präzisierte er »eine Handvoll« – gesprochen[13]. Martys Hauptvorwürfe an die Anführer der »Drenica-Gruppe« lauteten: Sie seien verantwortlich für ein Netz von UÇK-Gefangenenlagern in Albanien, in denen auch gekidnappte Zivilisten eingesperrt worden seien. Und in mindestens einem Lager gab es laut dem Bericht eine zum Zweck des Organhandels eingerichtete improvisierte Klinik, in der Gefangenen gegen ihren Willen Nieren entnommen und ins Ausland verkauft wurden.

[13] In einer zweiten – diesmal nicht vertraulichen – Anhörung Martys im Europaparlament, und zwar am 7. Juli 2011 im Menschenrechtsausschuss DROI, antwortete Marty auf meine Frage, warum der PACE-Bericht im Titel den Fokus auf Organhandel habe, wenn die große Mehrheit der von ihm laut Zeugenberichten festgestellten Verbrechen damit gar nichts zu tun hätten: Der Titel wurde zu Beginn seiner Untersuchungen von PACE festgelegt, und konnte nachher nicht mehr geändert werden.

Der beschuldigte Premier Thaçi reagierte prompt in einem Schreiben an den Europarat-Generalsekretär Thorbjørn Jagland. Darin erklärte Thaçi, er wolle sich dafür einsetzen, dass die ganze Wahrheit über den angeblichen Organhandel ans Licht komme. Zudem versprach er eine volle Zusammenarbeit seiner Regierung bei den Ermittlungen. Zuvor hatten die kosovarischen Behörden den Marty-Bericht noch heftig kritisiert und Thaçi selbst hatte im Dezember 2010 noch gedroht, gegen Marty vor Gericht zu ziehen und Landsleute, die Marty als Informanten gedient hätten, zu nennen[14].

In meiner Reaktion auf die Annahme des Berichts im Europaratsparlament im Jänner 2011 betonte ich erneut, den ausreichenden Schutz von Zeuginnen und Zeugen mit internationaler Unterstützung zu garantieren, und forderte Marty auf, die Beweise für seine schweren Vorwürfe umgehend der EU-Rechtsstaatlichkeitsmission in Kosovo/Kosova auszuhändigen, damit EULEX weitere Ermittlungen auf Grundlage dieses Berichts einleiten könne. Und ich beantragte, dass wir Dick Marty zu einer Anhörung im Europaparlament einladen sollten. Diese fand dann am 10. März 2011 in einer vertraulichen Sitzung des Außenpolitischen Ausschusses statt. Gleichzeitig erinnerte ich Premier Thaçi an seine Zusage für volle Unterstützung dieser Untersuchungen: »Jetzt muss er in seinem eigenen Interesse zeigen, dass es ihm mit seiner

[14] Itv am 24.12.2010 in Klan Kosova.

Aussage ernst ist. Die albanische Regierung wiederum ist gefordert, Informationen über angebliche Einrichtungen für Organ-Transplantationen und Organhandel und über Massengräber auf albanischem Territorium bereitzustellen. Außerdem muss Tirana bei der Aufklärung der Rolle des nationalen albanischen Geheimdienstes bei Verhören der früheren Kosovo-Befreiungsarmee (UÇK) mitarbeiten. Wahrheit und Rechenschaftspflicht sind absolute Notwendigkeiten für die Versöhnung und einen demokratischen Prozess in allen Ländern der Region, einschließlich des Kosovo.«

Auch die Menschenrechtsorganisation Human Rights Watch (HRW) unterstrich in ihrer Reaktion auf die Annahme des Berichts die Bedeutung eines guten Zeugenschutzprogramms und empfahl einen »unabhängigen, hoch positionierten Staatsanwalt« seitens der EULEX-Mission mit der Untersuchung der Verbrechen zu beauftragen.

So geschah es auch. Von EULEX wurde der US-Staatsanwalt Clint Williamson mit der Untersuchung beauftragt und nach mehr als drei Jahren (!) an Ermittlungen präsentierte er am 29. Juli 2014 seine Ergebnisse. Williamson und sein Team kamen zum Schluss, dass es ausreichend Beweise zur Anklage einiger führender UÇK-Mitglieder wegen Kriegsverbrechen und Verbrechen gegen die Menschlichkeit gebe: »Diese Einzelpersonen tragen Verantwortung für eine Verfolgungskampagne, die sich gegen ethnische Serben, Roma und andere Minderheiten im

Kosovo richtete«, sagte Williamson. Für die Ermittlungen wurden Tausende Dokumente ausgewertet und Hunderte Zeugen befragt. Ein großes Problem sei dabei aber, so Williamson, die Einschüchterung von ZeugInnen. Zur Anschuldigung des Organhandels erklärte Williamson, es gebe »überzeugende Hinweise darauf, dass diese Praxis in einem sehr begrenzten Maß stattfand und eine kleine Anzahl von Menschen getötet wurde, um ihre Organe zu entnehmen und zu verkaufen«. Zugleich widersprach er Vermutungen, wonach Hunderte vermisste oder getötete Angehörige ethnischer Minderheiten den kosovarischen Organhändlern zum Opfer gefallen seien. Er bezifferte die Zahl der Opfer auf etwa zehn. Zum Zeitpunkt der Präsentation seiner Ergebnisse sah der Chefermittler die Beweislage für eine Anklage wegen Organhandel nicht gegeben. Williamson betonte aber auch, dass die Sonderermittlungsgruppe SITF zum damaligen Zeitpunkt nicht ausreichend Beweise vorlegen könne, bedeute nicht, »dass es nicht genug geben wird«. Und der Chefermittler kündigte an: Sobald es die Möglichkeit für einen unabhängigen und transparenten Prozess gebe, der höchsten Zeugenschutz garantiere, könne die Sonderermittlungsgruppe Anklage erheben. Zu diesem Zweck solle ein Sondergericht für Kriegs- und andere Verbrechen gegen die Menschlichkeit (1998–2000) eingerichtet werden.
Für mich war wichtig, dass damit auch endlich Klarheit über die Verantwortlichkeiten geschafft wurde, und ich begrüßte es sehr, dass Williamson betont hatte, dass sich

die Anschuldigungen seines Berichts sowie künftige Anklagen gegen Einzelpersonen richten und nicht gegen die gesamte Befreiungsbewegung UÇK, die gegen das Gewalt-Regime von Milošević und um die Unabhängigkeit Kosovos/Kosovas gekämpft hat. Der neue zu schaffende Gerichtshof sollte umgehend seine Arbeit aufnehmen, Anklagen erheben, die Verantwortlichen zur Rechenschaft ziehen und damit für späte Gerechtigkeit für die Opfer und ihre Hinterbliebenen sorgen, lautete mein Resümee nach der Präsentation der Ergebnisse. Und die EU-Mitgliedsstaaten sowie die Europäische Kommission müssten umgehend die nötigen Finanzmittel für diesen neuen Gerichtshofes frei machen und auch die Mittel und Möglichkeiten für den so wichtigen Zeugenschutz, damit dieses schwierige Kapitel in der Geschichte Kosovos/Kosovas endlich geschlossen werden könne.

Das war Stand Sommer 2014. Stand Jahresanfang 2018 ist, dass sich im kosovarischen Parlament eine Initiative von Abgeordneten gebildet hat, die das mühsam auf den Weg gebrachte Sondergericht kurz vor der laut Medienberichten im Februar 2018 bevorstehenden Veröffentlichung erster Anklagen wieder zu Fall bringen will. Eine erste von den kosovarischen Kriegsveteranenverbänden gestartete Initiative zur Aufhebung des Gesetzes für das Sondergericht für Kriegs- und andere Verbrechen gegen die Menschlichkeit (1998–2000) war am 23. Dezember 2017 noch gescheitert. VertreterInnen der führenden Oppositionskräfte »Demokratische Liga« (LDK), »Vetevendosje« sowie der mitregierenden Serbischen Liste blieben der Präsidiumssitzung zur Festsetzung der Tagesordnung fern. Der Antrag zur Abhaltung einer Sondersitzung des Parlaments war von 43 Abgeordneten des Regierungsbündnisses gestellt worden, nachdem die Veteranenverbände dem Parlament rund 15.000 Unterschriften für den Antrag, das Sondergericht aufzulösen bzw. das entsprechende Gesetz abzuändern, zugestellt hatten. Die EU-Vertretung in Prishtina warnte unverzüglich und eindringlich vor derartigen Versuchen, das Gesetz zum unter Schirmherrschaft der Europäischen Union stehenden Sondergericht – nach einem gescheiterten Versuch und einer weiteren hitzigen Debatte im Sommer 2015 beschlossen – jetzt wieder aufzuheben. Kritik äußerten auch einige Botschafter aus EU-Staaten. Ruairi O'Connell, Botschafter Großbritanniens in Prishtina, warnte, es würde sich um die »gefährlichste Nacht« in Kosovo/Kosova seit dem Kriegsende handeln. Der Abgeordnete der Partei »Alternative«, Ilir Deda, merkte an: »Ich bin fest davon überzeugt, dass kein Bürger im Kosovo den Zusammenbruch unseres Landes am Vorabend des Jahrzehnts der Unabhängigkeit unterstützt.«

Trotz des Scheiterns ihrer ersten Initiative zur Aufhebung des Sondergerichts geben dessen InitiatorInnen aber nicht auf. Laut Medienberichten sollte eine neue Initiative mit breiterer parlamentarischer Unterstützung auf den Weg gebracht werden. Am 5. Jänner 2018 berichtete die angesehene kosovarische Tageszeitung »Koha Ditore«, dass sich die Vereinigten Staaten eingeschaltet haben und US-DiplomatInnen in Prishtina drohten, dass, sollte das kosovarische Gesetz zum Sondergericht für Kriegsverbrechen durch das Parlament außer Kraft gesetzt werden, die USA einen »Plan B« aktivieren wollen. Die Vereinigten Staaten würden sich dann im UN-Sicherheitsrat einer Initiative Russlands zur Gründung eines Sondergerichtes unter UN-Schirmherrschaft anschließen. Das muss auch den KosovarInnen klar sein, die das Gesetz jetzt wieder kippen wollen, denn dieses kosovarische Sondergericht mit Sitz in Den Haag war der Ausweg gegen die Intention Serbiens, ein neues UN-Gericht dafür einzusetzen. Als Hintergrund dieses Hin und Her muss man wissen, dass das Sondergericht mit Sitz in Den Haag (auch und vor allem aufgrund des Zeugenschutzes) durch ein vom kosovarischen Parlament erlassenes Gesetz ins Leben gerufen wurde und somit formalrechtlich Teil des kosovarischen Justizsystems ist.

Ramush Haradinaj, Premierminister und früherer UÇK-Befehlshaber, erklärte postwendend, dass seine Regierung eine eventuelle Entscheidung des Parlamentes zur Abschaffung des Sondergerichtes respektieren würde.

Auch der kosovarische Präsident Thaçi zeigte in der Frage wenig Rückgrat, kritisierte er doch als Reaktion auf die Initiativen zur Abänderung des Gesetzes zum Sondergericht dieses als eine »historische Ungerechtigkeit«. Damit vollzog Thaçi leider eine beachtliche und keineswegs rühmliche Kehrtwende in seiner Positionierung zum Sondergericht. Im Sommer 2015, rund um die Zeit der Beschlussfassung des Gesetzes zum Sondergericht, bekam Thaçi für seine Unterstützung dieses Gerichts im Stadtzentrum Prishtinas die Wut von Kriegsveteranen zu spüren, die ihn mit Flaschen bewarfen und mit »Dieb, Dieb«-Rufen empfingen.

Und im Juni 2016 befürwortete Thaçi als kosovarischer Staatspräsident in einem APA-Interview, dass sich alle angeklagten KosovarInnen, und explizit auch PolitikerInnen, in die Hände des internationalen Sondergerichts für Kriegsverbrechen während und nach dem Kosovo-Krieg in Den Haag begeben: »Sie sollten sich stellen.« Thaçi sagte weiter: »Auf keinen Fall ist es ein Nachteil für den Kosovo, sondern eher ein Vorteil, dass wir das (Sondergericht) haben, damit alle Vorwürfe, die wie dunkle Wolken über uns schweben, ein für alle Mal geklärt werden.« Die UÇK habe einen »gerechten Krieg« geführt, betonte Thaçi, und dabei alle internationalen Kriterien geachtet: »Ob alle Engel waren, kann ich nicht sagen. Es ist durchaus möglich, dass Fehler begangen wurden. Die Verantwortung ist natürlich individuell. Aber das Volk des Kosovo hat einen gerechten Krieg geführt. (…) Wenn wir Gesetze gebrochen haben, dann sind es nicht internationale, sondern die Gesetze von Milošević gewesen.«

Bei meinem ersten Gespräch mit Kadri Veseli, kurz nachdem er zum Parlamentspräsidenten gewählt wurde, sprach ich ihn auf seine Haltung zum Sondergericht an und die Tatsache, dass es ja auch gegen ihn selbst eine Anklage

geben könnte. Er meinte damals, dass er persönlich nicht für diesen Gerichtshof sei, sich aber als Parlamentspräsident dem nicht widersetzen werde. Die Sache müsse aufgearbeitet werden, damit sie danach endlich vom Tisch sei. Ähnliches hatte mir damals auch Thaçi in einem Gespräch versichert.
Eineinhalb Jahre später hört sich die Meinung des Staatspräsidenten völlig anders an und Thaçi scheint auf die Seite der Veteranenverbände gewechselt zu sein. So begnadigte er zu Jahresende die Mörder (ehemalige UÇK-Kämpfer) eines Innenministeriumsbeamten und seiner Familie, was in der kosovarischen Bevölkerung nicht nur Unverständnis, sondern auch Unmut auslöste. Und er beschuldigte in einem TV-Interview sowohl USA als auch EU, Kosovo/Kosova in der Frage des Sondergerichts betrogen zu haben: Während die kosovarischen Abgeordneten dem Spezialgericht zugestimmt haben, seien die vom Westen versprochenen Gegenleistungen wie die Abschaffung der Visumspflicht, die Mitgliedschaft in UN-Unterorganisationen und bei Interpol oder im Europarat nicht erfüllt worden. Hier vermischte Thaçi ganz offensichtlich wider besseren Wissens völlig verschiedene Themen und erfand Versprechungen, die es – das wurde mir von mehreren Seiten bestätigt – in diesem Zusammenhang nie gegeben hat. Und auch die ehemaligen UÇK-Kämpfer vertreten eine nachweislich falsche Ansicht. Sie behaupten, die Bildung des Gerichts sei eine »diskriminatorische Behandlung« Kosovos/Kosovas, da das Sondergericht nur

für die von albanischen Milizen begangenen Kriegsverbrechen zuständig sein soll. Das stimmt so nicht. Die Präsidentin des Gerichts, die bulgarische Juristin Ekaterina Trendafilowa, bestritt bei ihrem ersten Besuch in Prishtina Ende November 2017 vehement diese Annahme, dass sich das Gericht nur mit den Kriegsverbrechen von UÇK-Kämpfern befassen würde. Und Trendafilowa stellte im Gespräch mit dem Sender »Free Europe« klar, dass sich das Gericht nicht nach der ethnischen Zugehörigkeit richten werde. Den Ermittlungen und der juridischen Verfolgung werde vielmehr jede Person unterliegen, die sich zwischen Anfang 1998 und Ende 2000 Kriegs- und anderer Verbrechen in Kosovo/Kosova schuldig gemacht habe. Trendafilowa: »Es geht um eine individuelle strafrechtliche Verantwortung jener, die Kriegsverbrechen begangen haben.«

Diese von den höchsten politischen Repräsentanten des Landes zumindest rhetorisch unterstützen Versuche in Kosovo/Kosova das Sondergericht kurz vor den ersten Anklage-Erhebungen doch noch zu stoppen, wirft natürlich ein verheerendes Licht auf das ganze Land und schadet dem internationalen Image Kosovos/Kosovas enorm. Die GegnerInnen Kosovos/Kosovas – und das nicht nur in Serbien! – deuten diesen Politikwechsel natürlich und nicht zu Unrecht als Fortsetzung einer Verschleierungs- und Vertuschungstaktik, mit der die Mitverantwortung von KosovarInnen nicht ans Licht gebracht werden soll. Dass die kosovarische Regierung auch bereits einen

Budgetposten von 1,5 Millionen Euro zur Unterstützung früherer UÇK-Kämpfer freigegeben hat, wirft ebenfalls kein positives Licht auf das offizielle Kosovo/Kosova. Aber auch hier gilt, dass man sauber unterscheiden muss. Denn einzelne kosovarische JuristInnen kritisierten eine derartige finanzielle Unterstützung für mutmaßliche Kriegsverbrecher sehr wohl als unannehmbar.

In jedem Fall zeichnet sich ein entscheidender Showdown in dieser Frage in den ersten Monaten des Jahres 2018 ab. Laut einem Bericht des bereits am Anfang dieses Kapitels im Kontext des Überfalls auf den Journalisten Parim Olluri genannten Nachrichtenportals »Insajderi« in Prishtina sollen rund 60 frühere UÇK-Kämpfer vom Sondergericht angeklagt werden. »Insajderi« stützte sich in seinem Bericht Ende Dezember 2017 auf direkte Informationen aus dem Sondergericht in Den Haag. Die Liste der möglichen Angeklagten wird laut »Insajderi« von Thaçi und Parlamentspräsident Kadri Veseli angeführt. Ich selbst kann diese Zahlen und Namen nicht bestätigen, habe jedoch auch aus gut informierten Kreisen gehört, dass es Anklagen gegen einige hochrangige kosovarische Politiker geben soll. Wir werden hoffentlich bald erfahren, wer und wie viele es tatsächlich sind.

Entscheidend ist dabei auch, dass es für niemanden, der oder die das internationale humanitäre Recht verletzt hat, Immunität geben werde. Das hat der Chefankläger des Sondertribunals, David Schwendiman, bereits unmissverständlich klargestellt. Klar ist aber natürlich auch, dass derartige Anklagen gegen die höchsten Politiker des Landes das ohnehin nicht sehr stabile politische Gefüge in Kosovo/Kosova noch weiter erschüttern würden. Nichtsdestotrotz braucht es endlich Gewissheit und eine Aufarbeitung dieses Kapitels der kosovarischen Geschichte, damit Kosovo/Kosova nicht weiter von dieser Last der Vergangenheit am Abheben in eine neue Zukunft gehindert wird. Insofern gehört hier Staatspräsident Thaçi beim Wort genommen, der den Angriff gegen den »Insajderi«-Chef Olluro als »unerträglich für ein Land, das wir auf den Werten der Demokratie, der Achtung der Menschenrechte und der Meinungsfreiheit aufgebaut haben«, bezeichnet hat. Für ein Land, aufgebaut auf diesen Werten, wäre es auch unerträglich, sollte ein internationales Sondergericht durch die höchsten Vertreter einer Republik mit parlamentarischen Winkelzügen daran gehindert werden, den Opfern von Kriegsverbrechen und Verbrechen gegen die Menschlichkeit endlich zu ihrem Recht zu verhelfen.

Kapitel 7
Frauenpower
Geliebt und gehasst als EP-Berichterstatterin

In einem Kommentar für die Tageszeitung »Express« im Frühjahr 2011 hat der frühere kosovarische NGO-Aktivist und Medienspezialist und von 2011 bis 2017 stv. Außenminister Petrit Selimi an die damals bereits verstorbene und auch von mir schon in diesem Buch erwähnte Balkan-Journalistin Christine von Kohl als einen »Schutzengel für den Kosovo« erinnert. Mittlerweile sind, schrieb Selimi, die sich seit vielen Jahren mit dem Balkan befassende frühere CDU-Europaabgeordnete Doris Pack, die damalige EU-Außenbeauftragte Catherine Ashton und ich, als Berichterstatterin des Europaparlaments für Kosovo/Kosova, in diese Rolle geschlüpft: »Diese drei Ladys unterstützen am meisten unsere Agenda für Freiheit und Gleichheit in der EU.«

Und es stimmt schon, bei meinen Besuchen in Kosovo/Kosova – und es waren rund zwei Dutzend in diesen acht Jahren – bin ich regelmäßig von Menschen auf der Straße angesprochen worden oder haben mich vor allem die jüngeren KosovarInnen um ein Selfie mit mir gebeten, und ich konnte unmittelbar erleben, wie sehr meine Arbeit und die des Europaparlaments von den KosovarInnen geschätzt wird. Natürlich stand dahinter auch die generelle EU-Zustimmung, die, wie bereits an mehreren Stellen dieses Buches erwähnt, in Kosovo/Kosova besonders hoch ist. Teilweise führte diese große Zustimmung auch zu etwas skurrilen Notwendigkeiten: So wurde mir einmal geraten, doch nicht den kurzen Weg von meinem Hotel Ora durch die Fußgängerzone von Prishtina ins EU-Info-Haus zu Fuß zu gehen, sondern mich unbedingt mit einem Auto hinfahren zu lassen. Auf meine Rückfrage, warum das nötig sein sollte, da ich doch zwischen den vielen Sitzungen an meinen randvoll mit Terminen gestopften Prishtina-Tagen gerne zwischendurch einmal zu Fuß gehen möchte, erklärte man mir: In der Fußgängerzone würden mich wieder so viele Menschen begrüßen, bedanken und Fotos mit mir machen wollen, dass ich den Termin im EU-Haus niemals auch nur halbwegs pünktlich erreichen könnte. So fügte ich mich dem Wunsch und nahm das Taxi-Shuttle. Nicht aber ohne mir fest vorzunehmen, bei nächster Gelegenheit wieder zu Fuß durch die Stadt zu gehen. Denn gerade in Kosovo/Kosova erschien es mir auch immer wichtig, die EU nicht als etwas Abgehobenes und weit Entferntes zu repräsentieren, sondern als Du und Ich, als Wir. Ich habe auch immer wieder die Rückmeldung erhalten, dass meine Volksnähe und der Umstand, dass ich nicht in großen Karossen und von Bodyguards abgeschirmt unterwegs bin, bei sehr vielen KosovarInnen sehr gut ankommt und geschätzt wird. Ungewohnt war für viele sicher auch, dass ich sogar gemeinsam mit meiner Partnerin im Sommer 2013 einige Urlaubstage in Kosovo/Kosova, u. a. beim berühmten Doku-Fest in Prizren, verbracht habe. Dass mir bei der Gelegenheit in einem Restaurant der Chef eine Torte mit einem großen Herzen und großem Hallo servierte, hat mich natürlich sehr gefreut und in meinem »niederschwelligen« Zugang zu den KosovarInnen bestärkt. Einen sehr guten Einblick ins kosovarische Alltagsleben boten mir auch meine Besuche in Schulen, Kindergärten und auch von der Austrian Development Agency (ADA) geförderten Projekten und Unternehmen. Das hatte zudem den Vorteil, dass ich auch Landstriche weit abseits der städtischen Zentren und Hauptstraßen kennenlernen konnte. So brachte mich beispielsweise der Besuch bei einem aus der Schweiz heimgekehrten Kriegsflüchtling im April 2015 bis weit hinauf zu einem Bergbauernhof über der Stadt Suva Reka. Der Heimkehrer hatte sich mit dem in der Schweiz erworbenen Know-how auf die Produktion und den Verkauf von Bio-Eiern und Honig spezialisiert. Mit ADA-Unterstützung gelang es ihm, ein erfolgreiches Familienunternehmen aufzubauen. Mir brachte das Treffen mit ihm und seiner Familie sowie die Besichtigung der Hühnergehege und Bienenstöcke wertvolle Einblicke in das »normale Leben« der Menschen in Kosovo/Kosova. Und landschaftlich wunderschön, wir hatten auch Glück mit dem Wetter, war der Ausflug auf die kosovarischen Höhen außerdem.

Das bringt mich zum Thema Umwelt in Kosovo/Kosova. Die besondere Verantwortung der kosovarischen und europäischen Politik, auch auf eine ökologische Zukunft für Kosovo/Kosova zu achten, war mir als österreichische und europäische Grüne ebenfalls immer wichtig. Es fehlt zwar oft an systematischen Messungen über den Stand der Umweltverschmutzung, aber die vorhandenen Daten reichen völlig aus, um ein im wahrsten Sinn des Wortes schwarzes Bild zu zeichnen: Fast die gesamte Elektrizität des kleinen Landes, das in etwa die Fläche Niederösterreichs hat, wird nach wie vor in zwei Braunkohlekraftwerken produziert, die jede Stunde rund 25 (!) Tonnen Staub und Asche in die Luft blasen – 74-mal die von europäischen Standards erlaubte Menge.[15] Jedes Jahr in der kalten Jahreszeit gebe es Tage, klagten mir die BewohnerInnen von Prishtina, an denen sie nicht freiwillig das Haus verlassen. Und bei meinen Aufenthalten im Winter merkte ich selbst, wie recht diese Menschen mit ihren Klagen hatten: Es stank im wahrsten Sinne des Wortes zum Himmel! Natürlich war ich mir immer bewusst, dass die Deckung des Energiebedarfs für die kosovarischen PolitikerInnen eine hohe Prioritätsstufe hat, und dass die Lignit-Vorkommen in der Nähe der Hauptstadt, die noch dazu im Tagbau abgebaut werden können, ein sehr günstiger Rohstoff sind. Andererseits mahnte ich aber auch immer, dass die Regierung nicht aus ihrer Verantwortung für die Gesundheit ihrer Bevölkerung entlassen werden darf. Denn dabei geht es sowohl ums Wohlbefinden der

[15] Quelle: http://iksweb.org/en/?p=3733 Kosovar Stability Initiative (IKS) Policy Paper »Thinking green«: »When the KEK plants produce at full capacity, the 200 MW units emit approximately 25 tons of dust and ash per hour, 74 times the excise allowed by European standards. These emissions include CO2, SO2, and NO2.1 …«

Menschen als auch um Kosten des Gesundheitssystems sowie um Krankheits-Prävention. Deswegen wurde ich nicht müde, persönlich und mit meinen Berichten konkrete Schritte in Richtung einer Energie- und Umweltpolitik, die diesen Namen verdient, einzufordern – etwa dass die seit Jahren versprochene Stilllegung von Kosovo A, dem ältesten noch aus der Jugoslawien-Zeit stammenden Kraftwerk, endlich stattfindet (war für 2017 geplant), dass in Kovoso B die Filter auch gut funktionieren, und dass es VOR der Entscheidung für den Bau eines neuen Kohlekraftwerkes eine umfassende Studie zu Energieeffizienz und erneuerbaren Energien geben hätte sollen. Dies wäre auch für die Erreichung der Pariser Klimaziele von Bedeutung.

Geschätzt wurde von weiten Teilen der kosovarischen Bevölkerung auch, dass ich mit meinen Meinungen nicht hinter dem Berg gehalten, sondern immer Klartext gesprochen habe – sowohl gegenüber den EU-Institutionen und den VertreterInnen der Mitgliedsstaaten als auch und gerade gegenüber den PolitikerInnen in Kosovo/Kosova. So war es sicher eine kalte Dusche für den damaligen Premier Thaçi, als ich ihm Ende November 2010 bei meiner Pressekonferenz in Prishtina öffentlich widersprechen musste. Er hatte im Wahlkampfmodus für die Parlamentswahlen vom 12. Dezember 2010 erklärt, dass die BürgerInnen Kosovos/Kosovas bei seiner Wiederwahl innerhalb von 15 Monaten die Visa-Liberalisierung erhalten würden. Diese Zusage hätte er von »der EU« erhalten. Auf Nachfrage eines Journalisten bei besagter Pressekonferenz hielt ich ganz sachlich fest, dass ich innerhalb der EU niemanden wüsste, der genaue Termine für Vorhaben dieser Art festlegen könne – nicht einmal Kroatien hatte bekanntlich zu dieser Zeit schon einen konkreten Beitrittstermin mitgeteilt bekommen. Als unerlässliche Bedingung für die Visa-Freiheit sagte ich damals schon Richtung Thaçi – und die folgenden Jahre bis heute haben mich bestätigt –, dass der Kampf gegen Korruption und organisierte Kriminalität von den führenden Politikern des Landes mit größerem Eifer verfolgt werden muss, inklusive der Möglichkeit – dies wird wohl als »gefährliche Drohung« gesehen –, dass enge langjährige Mitstreiter von dieser Korruptions- und Kriminalitätsbekämpfung unmittelbar betroffen sind. Meine Kritik an den Unregelmäßigkeiten und betrügerischen Vorfällen bei genau diesen Parlamentswahlen im Dezember 2010 und der anschließenden zweiten Runde am 9. Jänner 2011 fiel ebenfalls sehr heftig aus. Ich gehörte damals zu einer 7-köpfigen Wahlbeobachtungsdelegation des Europaparlaments, und ich und meine Abgeordneten-KollegInnen übten vor allem an der noch weitverbreiteten Kultur der Angst und Straflosigkeit massive Kritik. In zwei Wahlbezirken war es bei dieser Dezember-Wahl zu massiven Betrugsvorwürfen gekommen. Deswegen forderten wir die politischen Parteien auf, ihr Recht auf Beschwerde bei der Beschwerdekommission zu nutzen und so sicherzustellen, dass über die Vorwürfe rasch entschieden wird und die WählerInnen zu ihrem Recht kommen. Mit 47 Prozent Wahlbeteiligung war diese fast um 10 Prozent größer als bei

den letzten Parlamentswahlen 2007 – und das auch bei der serbischen Bevölkerung im Süden des Landes. Für mich ein gutes Zeichen, dass die Menschen ihr Recht und die Möglichkeit auf Mitgestaltung ihres Landes wahrnehmen wollen. Umso wichtiger war es, einen fairen Wahlverlauf zu garantieren. Insofern war für mich und die ganze EP-Wahlbeobachtungsdelegation entscheidend, dass die Straflosigkeit für die Wahlkommissionsmitglieder zahlreicher Wahllokale, denen schon nach den Lokalwahlen 2009 Wahlbetrug vorgeworfen worden war, nach dieser Wahl ein für alle Mal ein Ende finden würde. Nur so konnte es gelingen das Vertrauen der WählerInnen, dass jede einzelne Stimme zählt, auf Dauer zu gewinnen.
Angesichts derartiger klarer Worte und Positionen war ich nicht verwundert, dass ich seitens einiger kosovarischen PolitikerInnen nicht nur auf Gegenliebe gestoßen bin. Wobei ich dazu sagen muss, dass auch in sehr kontroversen Auseinandersetzungen immer ein gegenseitiger Respekt spürbar war und mir auch von den von mir kritisierten kosovarischen PolitikerInnen immer zugestanden wurde, dass es mir um das Land und seine Leute und um das Voranschreiten im EU-Annäherungsprozess gegangen ist. Außerdem hat doch gerade auch in der Politik das Sprichwort »Viel Feind, viel Ehr« seine Berechtigung, noch dazu wenn die Anfeindungen gleichmäßig verteilt von den widerstreitenden Seiten kommen. Denn mein Einsatz für Kosovo/Kosova, zu dem ich mich nicht nur aus Engagement für die KosovarInnen und ihren jungen

Staat verpflichtet fühlte, sondern der mir als zuständiger Berichterstatterin des Europaparlaments ja auch quasi offiziell aufgetragen war, hat zu einer mir vonseiten Belgrads zugeschriebenen Gegnerschaft gegenüber Serbien geführt. Was so natürlich nie gestimmt hat. Ich war immer und bin nach wie vor eine Befürworterin des EU-Beitritts ausnahmslos aller Länder des Westbalkans nach Erfüllung der erforderlichen Kriterien. Und wie auch in diesem Buch nachzulesen ist, war ich Gegnerin des NATO-Bombardements von Belgrad und habe für ein geschlossenes Vorgehen der EU beim Anerkennungsprozess nach der Unabhängigkeitserklärung Kosovos/Kosovas plädiert. Meine Forderungen liefen immer auf die Etablierung gutnachbarschaftlicher Verhältnisse zum beiderseitigen Nutzen sowohl Serbiens als auch Kosovos/Kosovas hinaus. Serbische Medien haben mich trotzdem lange Zeit gerne als die »Gegnerin« des Landes auf europäischer Ebene stilisiert – was oft schon in der Bildsprache der von mir gebrachten Fotos zum Ausdruck gekommen ist. Gerne wurden da Fotos von mir publiziert, die mich – von unten und nicht sehr vorteilhaft aufgenommen – als eine Art »EU-Zuchtmeisterin« Serbiens darstellen wollten. Dabei spielte sicher auch das Faktum eine Rolle, dass mit mir eine Frau die Kosovo-Berichterstatterin gewesen ist. Und bei manchen war da vielleicht auch die Assoziation zu meinem Lesbisch-Sein gemeint – daraus habe ich nie ein Hehl gemacht, obwohl ich den serbischen FreundInnen der LGBTI-Organisationen immer gesagt habe, dass ich ihre Einladung zur Regenbogenparade in Belgrad nicht annehmen könne, weil meine öffentliche Teilnahme daran weder für die Sache der LGBTI-Community noch für jene, die die Anerkennung Kosovos/Kosovas vorantreiben wollen, hilfreich sei.

So wie ich es regelmäßig in anderen Politikfeldern erlebte, sei es auf nationaler oder europäischer Ebene, war ich als Frau in der Politik natürlich auch am Westbalkan mit Klischees und Vorurteilen konfrontiert. Aber mir war und ist diese Rolle ja nicht fremd. Zu meiner besonderen Freude – und gerade auch das hat mich in meinem Engagement bestärkt – lernte ich bei meiner Arbeit in Kosovo/Kosova wie auch in allen anderen Ländern der Region viele starke Frauen kennen, die, egal ob in zivilgesellschaftlichen oder politischen Funktionen, großartige Arbeit leisten. Ich wage sogar zu sagen, dass es gerade die Frauen sind, die trotz sehr oft sehr schwieriger Bedingungen in Kosovo/Kosova und am Westbalkan die Entwicklung ihrer Gesellschaften und Länder vorantreiben.

In diesem Sinne habe ich auch zum Ende ihrer Amtszeit am 6. April 2016 der Präsidentin der Republik Kosovo/Kosova Atifete Jahjaga für ihre fünf Jahre lang geleistete ausgezeichnete Arbeit als parteiunabhängige Präsidentin und als erste Frau in diesem Amt (nicht nur in Kosovo/Kosova, sondern auch in der Region) gedankt. Durch ihre verbindliche wie einnehmende Art war es ihr gelungen, das Bild Kosovos/Kosovas im Ausland positiv zu prägen und damit die Anerkennung ihres Landes sowohl in der

EU als auch weltweit zu stärken. In ihre Amtszeit fielen wichtige politische Meilensteine wie Fortschritte im Dialogprozess zwischen Kosovo/Kosova und Serbien und das Stabilitäts- und Assoziierungsabkommen mit der EU. Beeindruckt war ich von ihrer Rede im Jahr 2016 bei der »Women in Parliament«-Konferenz in Amman, Jordanien, wo sie nicht nur als erstes weibliches Staatsoberhaupt in Südosteuropa großen Applaus bekam, sondern auch als Staatspräsidentin eines muslimischen Landes, die jedoch ohne Kopftuch auftrat – gerade im arabischen Raum ein großartiges Signal. Ich lobte auch explizit ihre ausgleichende Amtsführung, mit der sie viele positive Impulse setzen konnte. Zum Beispiel ihre anhaltenden Bemühungen um die Stärkung von Frauen in Kosovo/Kosova – z. B. auch um die Anerkennung von Opfern sexueller Gewalt im Krieg, egal ob die Täter Feinde oder die »eigenen« Männer sind – sowie in der Region, wie auch um einen Dialog zwischen Regierungs- und Oppositionsparteien in Kosovo/Kosova – dass dieser Dialog letztlich scheiterte, hatte jedenfalls nicht an ihr gelegen.
Eine andere Initiative von Politikerinnen, die mich nachhaltig beeindruckte, war die Kooperation zwischen den Frauen des fraktionsübergreifenden Women's Caucus im kosovarischen sowie im serbischen Parlament und auch einiger anderer Aktivistinnen. Sie hatten beschlossen, dass sie einander besser kennenlernen und die ihnen gemeinsamen Forderungen als Frauen über ihre unterschiedlichen Ansichten, etwa zur Frage der Unabhängigkeit Ko-

sovos/Kosovas, zu stellen. Sie trafen sich die ersten Male in Budva, Montenegro, und beschlossen irgendwann, einen Film über ihre Annäherung zu machen. Die Initiative wurde dann »Follow Us« genannt, und der Film unter anderem am Balkangipfel im August 2015 in Wien gezeigt, in Anwesenheit einiger der Protagonistinnen.
Ein anderes konkretes Beispiel für eine starke und engagierte Frau in Kosovo/Kosova aus dem zivilgesellschaftlichen Bereich ist die aus Nord-Mitrovica stammende Valdete Idrizi. Bei meinem letzten Kosovo-Besuch als Berichterstatterin des Europaparlaments Ende Oktober 2017 hatte ich geplant, die Brücke in Mitrovica zu besuchen. Ich wälzte sogar die Idee – Politik mit Ökologie verbindend –, diese mit einem Fahrrad zu überqueren, wenn sie denn schon ohne Hindernisse begeh- oder befahrbar wäre. Aber leider, ich habe den nach wie vor ungelösten Konflikt um die Blockade dieser Brücke bereits in Kapitel 4 über den serbisch-kosovarischen Normalisierungsdialog erwähnt – ein derart erfreulicher wie symbolisch schöner Abschluss meiner EP-Tätigkeit für Kosovo/Kosova war mir nicht gegönnt. Es braucht wohl noch mehr Initiativen wie die der Zivilgesellschafts-Aktivistin Valdete Idrizi, die vor einigen Jahren als Direktorin der NGO Community Building in Mitrovica in der geteilten Stadt eine Konferenz mit BrückenbauerInnen aus mehreren geteilten Städten dieser Welt organisiert hat – und durchsetzte, dass die TeilnehmerInnen über Belgrad ein- und über Prishtina ausreisen konnte, kein einfaches Unterfangen

zu einer Zeit, als es noch nicht einmal eine von beiden Seiten anerkannte Regel für den Grenzübertritt Serbien/Kosovo/Kosova gab! Ich lernte sie schon 2010 kennen, als sie Kandidatin der neu gegründeten sozial/liberal/grünen Partei FER für die Parlamentswahl war. Leider schaffte es FER damals nicht. Auch der heutige Bürgermeister von Prishtina und Vetëvendosje!-Mitglied Shpend Ahmeti gehörte in dieser Zeit zur FER sowie der jetzige Alternative-Abgeordnete Ilir Deda. Valdete Idrizi organisierte auch gemeinsam mit dem EU-Büro im Jahr 2010 ein Treffen zwischen mir und kosovo-serbischen Zivilgesellschafts-AktivistInnen in Nord-Mitrovica. Dort stellte ich mich mit ihrer Unterstützung den mehr als kritischen Fragen zur Rolle der EU. Sie selbst kommt aus Nord-Mitrovica, wurde 1999 mit ihrer Familie vertrieben und kandidierte 2017 als Bürgermeisterkandidatin mit dem Ziel, die beiden Teile der Stadt und ihre serbischen wie albanischen BewohnerInnen einander wieder näherzubringen. Eine beeindruckende Frau, die trotz Drohungen ihre schwierige Arbeit als Brückenbauerin seit vielen Jahren weiterführt.

Eine andere einzigartige Kampagne, die speziell die Opfer sexueller Gewalt im Kosovo-Krieg in den Mittelpunkt der Aufmerksamkeit stellte, möchte ich ebenfalls an dieser Stelle ansprechen. Auch weil mir das Thema Gewalt gegen Frauen generell und vor allem in Konflikten ein wichtiges Anliegen ist. So habe ich mich als Europaabgeordnete und Mitglied des Frauenausschusses des EPs sehr für die Unterzeichnung, Ratifizierung und Umsetzung der »Istanbul Konvention« des Europarates zur Verhütung und Bekämpfung von Gewalt gegen Frauen eingesetzt. Gleichwie ich mich auch bei vielen Gelegenheiten für die Umsetzung der UN-Resolution 1325 »Women, Peace and Security« zum Schutz von Frauen in Konflikten und die gleichberechtigte Einbindung von Frauen in Friedensverhandlungen, Konfliktschlichtung und Wiederaufbau stark gemacht habe. Im Sommer 2015 wurde zu diesem Kontext passend eine in vielfacher Hinsicht aufwühlende und von Staatspräsidentin Jahjaga unterstützte Ausstellung im Fußballstadion von Prishtina gestartet. Die kosovarische Künstlerin Alketa Xhafa-Mripa hängte auf Ständer am Spielfeld 5.000 Kleidungsstücke, die kosovarischen Frauen zu diesem Zweck gespendet hatten. Kosovo/Kosova könne auf keine Einzige seiner Bürgerinnen verzichten, lautete die Botschaft dieser Ausstellung. Und Frauen sollten damit explizit ermuntert werden, ihre traumatischen Gewalterfahrungen nicht länger zu unterdrücken, sondern zu erzählen. Das war Jahre vor »MeToo«! Die Schande liege nämlich nicht bei ihnen, sondern bei jenen, die das Verbrechen begangen hatten, betonte Präsidentin Jahjaga beim Besuch der Ausstellung. Schätzungen zufolge sollen während des Kosovo-Krieges rund 20.000 Frauen vergewaltigt worden sein. Und nach wie vor wird dem Thema Gewalt gegen Frauen im Kosovo/Kosova zu wenig Raum gegeben und zu wenig für deren gesetzliche und strafrechtliche Verfolgung unternommen.

Gerade in Post-Konflikt-Regionen wäre das aber enorm wichtig. Nicht umsonst habe ich in meinen Kosovo-Berichten darauf hingewiesen, »dass sexuelle Gewalt in Zeiten von Kriegen und Konflikten oft zur Normalisierung und einer weiten Verbreitung geschlechtsspezifischer Gewalt in Ländern, die gerade einen Konflikt überwunden haben, führt, wenn nicht angemessen auf diese Probleme eingegangen wird«. Und ich und in meinem Gefolge die Mehrheit des Europaparlaments forderten die kosovarischen Behörden nachdrücklich auf, »Schutzmechanismen und Zufluchtsmaßnahmen für Frauen, die das Schweigen brechen und häusliche Gewalt anprangern, öffentlich zu befürworten und einzurichten«. Erfolgreich waren die kosovarischen Frauen auch damit, dass Überlebende von Vergewaltigungen im Krieg gesetzlich anerkannt werden (2014) und ab 2018 Entschädigungen bekommen – monatlich 230 Euro für die physischen, psychischen, wirtschaftlichen und sozialen Folgen der sexuellen Gewalt im Krieg. Diese Zahlungen seien finanziell und symbolisch von Bedeutung, für viele sind sie aber zu wenig und kommen zu spät, kritisierte die stv. Europa-Direktorin von Amnesty International, Gauri van Gulik, im Dezember 2017 bei der Präsentation des Berichts »Wounds that burn our souls« (»Wunden, die unsere Seelen verbrennen«) in Prishtina.

Bei meinem letzten Kosovo-Besuch als EP-Berichterstatterin wurde ich am 31. Oktober 2017 von UN-Women eingeladen, bei der Konferenz »Access to reparation for

Conflict-Related Sexual Violence Survivors« eine der Eröffnungsreden zu halten. Gerne kam ich dieser Bitte nach und hielt fest, dass es Aufklärung und Sichtbarkeit für die Überlebenden geben muss, und dass die Täter bestraft werden müssen. Und dass sexuelle Gewalt in jeder Form – auch die gerade sehr öffentlichen gewordenen Vorfälle von sexueller Belästigung – kein Kavaliersdelikt ist.

Eine weitere unermüdliche Kämpferin für die Rechte der Frauen in Kosovo/Kosova – z. B. auch für die Opfer von Kriegsvergewaltigungen – ist die mir in den letzten Jahren zur Freundin gewordene Leiterin des »Kosovo Women's Network« Igballe Rogova. Wo und wann immer es notwendig ist, und das ist es leider sehr oft, ist sie eine wachsame Mahnerin für Frauen-, aber auch LGBTI-Rechte, die es nicht scheut, sowohl mit kosovarischen PolitikerInnen als auch den internationalen VertreterInnen in Kosovo/Kosova Tacheles zu reden. Beispielsweise wenn es um fehlende Transparenz, demokratische Mitsprache und vor allem um die mangelnde Einbindung von Frauen geht. Ein Vorwurf, den sie gerade auch den Mitgliedern der internationalen Gemeinschaft nicht erspart, denen sie, von UNMIK angefangen, vorwirft, die kosovarischen Frauen nicht in den Friedensprozess eingebunden zu haben. Mit den bekannten negativen Folgen. Heute ist sie u. a. eine von der NATO eingeladene Expertin für das Civil Society Advisory Panel on Women, Peace and Security (WPS) für die Umsetzung der UN-Resolution 1325 in NATO-Missionen.

Bei der Präsentation des Magazins »Kosovo 2.0« zum Thema »Sex« im Dezember 2012 wurden zwei lesbische Frauen – die Kosovo-Albanerin Igballe Rogova und die Serbin Lepa Mladjenović – Ziel einer Vandalismus-Attacke von islamistischen Hooligans. Rogova und Mladjenović waren eingeladen, die Geschichte ihrer Freundinnenschaft – über ethnische Grenzen hinweg und während der (Vor-)Kriegszeit – zu veröffentlichen und öffentlich vorzutragen, als die Veranstaltung gestürmt wurde. Ich verurteilte diesen Angriff aufs Schärfste, und deklarierte mich selbst damals – ich, die anerkannte europäische Politikerin – erstmals ganz offen und öffentlich als lesbische Frau. Nicht, dass ich es vorher verheimlicht hätte, aber es hatte mich auch niemand öffentlich nach meinem persönlichen Leben gefragt. Nicht nur ich war über einen derartig brutalen Vorfall von islamischen Fundamentalisten in dem prinzipiell sehr säkularen Kosovo/Kosova entsetzt. In keinem europäischen Land darf mehr geduldet werden, dass religiöse (in diesem Fall islamistische) Fundamentalisten und Hooligans Menschen angreifen, nur weil sie offen über ein Thema zu informieren versuchen, das nach wie vor noch mit Vorurteilen, Ängsten und Hass konfrontiert ist. Respekt und Nichtdiskriminierung aufgrund der sexuellen Orientierung sind europäische Werte, die sowohl im EU-Vertrag als auch in der Europäischen Grundrechte-Charta und auch in der kosovarischen Verfassung verankert sind. Hier geht es um ein Menschenrecht. Und ich bedanke mich bei Igballe Rogova und allen ihren MitstreiterInnen in Kosovo/Kosova für ihren Einsatz, und

dass sie sich trotz derartiger Bedrohungen nicht zum Schweigen bringen lassen. Damit helfen sie nicht nur der LGBTI-Community in Kosovo/Kosova – mittlerweile gibt es ja einige Organisationen, und 2017 fand auch das erste Mal eine Regenbogenparade statt – zu mehr Sichtbarkeit und Akzeptanz, sondern erweisen darüber hinaus mit diesem für den europäischen Annäherungsprozess unerlässlichen Bewusstseins- und Wertewandel auch ihrem Land einen großen Dienst.
Auf andere, humorvollere Art und Weise konnte ich dazu auch meinen Beitrag leisten. Zweimal wurde ich für Gastauftritte in die beliebte kosovarische Fernsehserie »Kafeneja Jonë/Unser Café« eingeladen. Beim ersten Auftritt spielte ich eine Frau aus Europa, die ein Mann aus Kosovo/Kosova, von einem ansehnlichen Geldbetrag unterstützt, zu einer Heirat überreden wollte. Sinn des Handels sollte sein, dass er so auch ohne Visa-Freiheit in ein EU-Land reisen und dort leben könnte. Meine Rolle – die ich übrigens sehr gerne spielte – war, ihm die Sinn- und Perspektivenlosigkeit seines Unterfangens klar zu machen und ihn stattdessen zu ermuntern, mit dem vorhandenen Geld am Aufbau seines Landes mitzuhelfen. In der zweiten Folge, musste und wollte und konnte ich einen Mann davon überzeugen, dass es schon in Ordnung und keine Herabwürdigung seiner Mannesehre sei, wenn eine Frau, die ihm gefällt, sich in eine Frau verliebt. In wen Mann und Frau sich verlieben, suchen Mann und Frau sich nicht aus, dass diese Liebe aber erlaubt, geach-

tet, geschützt wird, dazu ist ein Staat verpflichtet – und das gilt natürlich auch in Kosovo/Kosova.

Zurück zur Parlamentspolitik: Kosovo/Kosova ist in Südosteuropa Vorbild. Das Wahlrecht schreibt vor, dass 30 Prozent der Personen auf den Listen der Parteien für Wahlen Frauen sein müssen, und zwar nicht irgendwo weit hinten, sondern dass innerhalb jeder Dreier-Gruppe auf den Listen zumindest einE KandidatIn von jedem Geschlecht gereiht sein muss. Die kosovarische Verfassung sieht zudem vor, dass die 30%-Regel auf jeden Fall gilt: Sollte also ein Mann auf einem hinteren Listenplatz mehr Vorzugsstimmen erhalten als eine Frau vor ihm, sein Einzug jedoch die 30%-Regel für weibliche Abgeordnete dieser Partei unterschreiten, dann gilt: Das unterrepräsentierte Geschlecht, also die Kandidatin, hat den Vorzug vor der höheren Stimmenanzahl des Mannes. Damit gewährleistet die Verfassung, dass es im Parlament tatsächlich bei der Anzahl von (mindestens) 30 % Frauen bleibt. Eine in meinen Augen sehr gute Regel! Auch die Zusammenarbeit im schon erwähnten Frauen-Caucus des Parlaments dient zur Stärkung von Frauen in ihren eigenen Parteien. Zu Diskussionen zwischen mir und ihnen führte immer wieder die Frage der sogenannten offenen oder geschlossenen Listen. Also: Soll es, wie in Kosovo/Kosova üblich, möglich sein, dass Frauen wie Männer über Vorzugsstimmen (offene Listen) ihre Parlamentssitze erringen – jede Wählerin, jeder Wähler kann fünf KandidatInnen ankreuzen – oder soll es ein fixes Reißverschlussprinzip (also geschlossene Listen mit der oben beschriebenen Dreier-Regelung) für die Listenerstellung geben, damit nicht – das ist meine (und nicht nur meine) These – Männer aufgrund meist besserer finanzieller Möglichkeiten und weil ihnen, gerade in stark patriarchalen Gesellschaften eher Machtpositionen anvertraut werden – über Vorzugsstimmen eher in Parlamente einziehen als Frauen. Einige der weiblichen Abgeordneten haben diese These mit ihrem eigenen positiven Beispiel bestritten: Ihnen war es gelungen, so viele Vorzugsstimmen zu erhalten, dass sie vorgereiht wurden. Sie sahen und sehen das als Chance gegenüber ihrer Parteiführung, die sie oft weiter hinten gereiht hatte. Diese Diskussion wird also weitergeführt werden müssen!

Kapitel 8
EULEX – wie aus einem umjubelten neuen Instrument ein ungeliebter Begleiter wurde
Chancen und Schwierigkeiten der internationalen Unterstützung am Beispiel von EULEX

Vor allem im Themenbereich Entwicklungszusammenarbeit wird dieses Konfuzius zugeschriebene Zitat gerne herangezogen, um Sinn und Nutzen der Hilfe zur Selbsthilfe zu illustrieren: »Gib einem Mann[16] einen Fisch und du ernährst ihn für einen Tag. Lehre einen Mann zu fischen und du ernährst ihn für sein Leben.« Ich finde diesen Gedanken aber auch dann sehr passend, wenn es wie in diesem Kapitel um Wesen und Rolle der internationalen Einsätze in Kosovo/Kosova geht. Egal, ob es um UNMIK, OSZE, KFOR oder EULEX geht oder um die vielfältigen nationalen und internationalen Hilfs-, Demokratie-Aufbau- etc. Organisationen – Aufgabe aller dieser Einsätze nach dem Krieg war und ist es, Kosovo/Kosova bei der Staatswerdung und beim Aufbau der dafür nötigen Institutionen und Mechanismen so gut wie möglich zu unterstützen. Gleichzeitig sind diese Missionen – auch wenn sie zu Beginn ihrer Tätigkeit sehr willkommen waren – immer wieder mit dem Vorwurf der Fremdbestimmung, der Gängelung bis hin zu einer Form des Kolonialismus konfrontiert. Die internationalen MitarbeiterInnen dieser

[16] Heute müsste die richtige Übertragung ins Deutsche wohl heißen: »Gib einem Menschen … Lehre einen Menschen zu fischen …«

Missionen werden dann nicht als Unterstützung auf dem Weg zu einem funktionierenden Staat angesehen, sondern als eine – im extremsten Sinn – Form der Besatzung diskreditiert. Am schärfsten wird diese Kritik von der kosovarischen Partei »Vetëvendosje!« (»Selbstbestimmung!«), ihren VertreterInnen und ParteigängerInnen vorgebracht, die einen Großteil der internationalen Präsenz und Beobachtung in Kosovo/Kosova ablehnen. Gegen die von ihnen als »EU-Protektorat« diskreditierte EULEX-Mission protestierten sie vor allem anfänglich sogar mit vielen Demonstrationen, Kundgebungen und Aktionen und fordern deren sofortigen Stopp und die völlige Souveränität der Republik Kosovo/Kosova.

Obwohl ich die Schwierigkeiten, die eine internationale Präsenz in jedem Land mit sich bringt, keinesfalls als klein erachte oder gar leugnen würde, habe ich, gerade was die EU-Präsenz in Kosovo/Kosova angeht, eine sehr viel differenziertere, aber – wie ich meine – auch ausgewogenere Sicht. Gerade was EULEX betrifft, lehne ich eine generelle Schwarz-Weiß-Bewertung ab. Wie in den vielen anderen Fällen zeigt sich auch hier ein graues Bild, was aber auch bedeutet, dass es neben sehr wenigen dunklen viele helle Bereiche in der Bilanz über die Arbeit der größten EU-Rechtsstaatlichkeitsmission gibt.

EULEX wurde im Jahr 2008 gegründet, einige Monate nachdem Kosovo/Kosova sich am 17. Februar 2008 von Serbien unabhängig erklärt hatte. Die Mission soll dabei helfen, ein stabiles Rechtssystem in dem Land zu etablieren. Zudem wurde sie mandatiert, in den besonders sensiblen Bereichen – dazu zählen vor allem Kriegsverbrechen, organisierte Kriminalität und Korruption – selbst exekutiv tätig zu werden und auch selbstständig strafrechtlich sowie bei interethnischen Eigentumsfragen auch zivilrechtlich. Ihr Ziel ist es, die Verantwortlichen in Kosovo/Kosova explizit »durch Beobachtung, Begleitung und Beratung in allen Rechtsstaatsfragen, besonders bei Polizei, Justiz, Zoll und Strafvollzug, zu unterstützen«. EULEX Kosovo/Kosova übernahm diese Aufgaben von der Mission der Vereinten Nationen, UNMIK, die 1999 mit der zivilen Verwaltung Kosovos/Kosovas beauftragt wurde, während die KFOR-Truppe der NATO seit damals als Sicherheits-Unterstützung im Land stationiert ist. Die EULEX-Mission basiert auf einer gemeinsamen Aktion (nunmehr Ratsbeschluss) des EU-Rates im Rahmen der gemeinsamen Außen- und Sicherheitspolitik. Die völkerrechtliche Befugnis zur Durchführung der Mission stützt der Rat – das war nötig wegen der fünf Nicht-Anerkenner unter den EU-Mitgliedstaaten – auf einzelne Absätze der Resolution 1244 des UN-Sicherheitsrates vom 10. Juni 1999, mit denen die Entsendung der Mission legitimiert wird. Dass der Sicherheitsrat militärische EU-Missionen mit einer Resolution absichert, ist gängige Praxis. Für zivile Missionen ist EULEX jedoch der einzige Fall, und in dieser Form und mit dieser Legitimation ein Novum. Daher bestreiten seit damals auch beispielsweise Serbien und Russland die Resolution von 1244 als Basis für die Rechtmäßigkeit der Mission.

Derzeit (Stand Ende 2017) beschäftigt EULEX jedenfalls etwa 800 MitarbeiterInnen. In den vergangenen Jahren waren teilweise aber auch schon fast 3000 internationale und lokale MitarbeiterInnen (PolizistInnen, RichterInnen, GefängnisaufseherInnen, ZollbeamtInnen, administratives Personal u. a.) für EULEX im Einsatz. Ursprünglich war das Mandat der Mission bis zum 14. Juni 2010 befristet. Nach mehrmaliger Verlängerung jeweils um zwei Jahre sowie seit 2012 zunehmend verkleinert soll es nach derzeitigem Stand am 14. Juni 2018 beendet werden. Es ist jedoch bereits abzusehen, dass die Mission weitergeführt wird, jedoch wiederum verkleinert, bzw. sollen einige Verfahren noch beendet, andere den kosovarischen Behörden übergeben werden.
Es gibt das Sprichwort: »Viel Feind, viel Ehr!« – auf EULEX bezogen würde das der Mission sehr viel Ehre zubilligen, denn an Gegnerschaft sowohl in Kosovo/Kosova als auch in der EU mangelt es gerade dieser Mission nicht. Aber dazu ein wenig später, zuerst möchte ich noch kurz meinen Beginn der Zusammenarbeit und des Meinungsaustausches mit dem damaligen obersten EULEX-Verantwortlichen schildern, weil das auch sehr viel über mein Verständnis der Art und Vorgehensweise dieser Mission ausdrückt.
Herbst 2010: Ich besuchte wieder einmal Kosovo/Kosova und im Rahmen meiner politischen Gespräche war auch ein Mittagessen mit dem neuen Chef von EULEX, dem französischen General i. R. Xavier Bout de Marnhac, ver-

einbart worden. Der Ex-General kam mit seinem Berater Romuald Pichard und in Zivil zum Treffen. Das wäre ansonsten keiner Erwähnung wert, hätte es nicht Bout de Marnhac schon bei unserer gegenseitigen Begrüßung betont – nicht ohne sich für meine Glückwünsche zu seiner Ernennung zu bedanken. Gleichzeitig versicherte er mir aber auch, dass meine dabei geäußerten Bedenken jeder Grundlage entbehren und er seine Arbeit so wie die von EULEX natürlich als rein ziviles Engagement auffasst. Um diesen Seitenhieb zu verstehen, muss ich noch von meiner ersten Reaktion auf die Ernennung von Bout de Marnhac zum EULEX-Chef berichten.

Mit 15. Oktober 2010 übernahm der General i. R. die Leitung von EULEX und löste damit seinen Vorgänger, den ersten EULEX-Chef in Kosovo/Kosova und ebenfalls französischen Ex-General Yves de Kermabon ab. Am Vortag der Amtsübernahme von Bout de Marnhac beklagte ich in einer Aussendung, dass die EU-Außenbeauftragte Catherine Ashton mit der neuerlichen Ernennung eines Ex-Generals zum Chef der EU-Rechtsstaatlichkeitsmission in Kosovo/Kosova die Gelegenheit verpasst hatte, der Stabilisierung in Kosovo/Kosova mit zivilen Mitteln auch durch die Personalauswahl Ausdruck zu verleihen. Mein Argument lautete: »Ohne General Bout de Marnhac noch persönlich zu kennen, muss ich festhalten, dass eine Führungspersönlichkeit aus dem zivilen Bereich für die größte EU-Zivilmission die angemessenere Wahl gewesen wäre. Kosovo/Kosova hat den Krieg hinter sich gelassen, jetzt geht es darum, die Rechtsstaatlichkeit und das Vertrauen der kosovarischen Bevölkerung in ihre Institutionen auf- und auszubauen, und die politischen wie wirtschaftlichen Beziehungen mit den Nachbarstaaten auf eine dauerhafte Basis zu stellen: Der hoch sensible Dialog zwischen Kosovo/Kosova und Serbien auf Grundlage der UNO-Generalversammlungsresolution vom 9. September 2010 wird auch die EULEX-Führung vor heikle diplomatische Herausforderungen stellen. Und im Rahmen des zwischen der Europäischen Kommission und der kosovarischen Regierung geführten Visa-Dialogs sollte sich EULEX als Partner der kosovarischen Regierung ins Spiel bringen, wenn es um Datenschutz, Grenzkontrolle und ähnliche Aspekte geht.« Was die zukünftige Positionierung von EULEX anbelangte, forderte ich: »Für die Glaubwürdigkeit der Union im Kosovo ist es weiterhin unerlässlich, dass der unter Yves de Kermabon begonnene Kampf gegen Korruption und organisierte Kriminalität mit aller Vehemenz und auf allen Ebenen fortgesetzt wird – und bei ausreichender Verdachtslage auch vor Untersuchungen und Verfahren gegenüber Spitzenfunktionären in Politik und Wirtschaft nicht Halt macht. Das erwarten sich die Kosovarinnen und Kosovaren von der EU, dafür muss die EULEX-Mission unter der neuen Führung kompromisslos eintreten.« Zudem wies ich darauf hin, dass EULEX dringend mehr Unterstützung beim Justizpersonal aus den Mitgliedsstaaten benötige und sich die JustizministerInnen der EU-Mitgliedsstaaten – darunter natürlich gerade auch Österreich – die nötige Anzahl an Personen für den Aufbau eines gut funktionierenden Justizwesens in Kosovo/Kosova zur Verfügung stellen sollen. Und abschließend wünschte ich dem neuen EULEX-Chef viel Erfolg und freute mich auf den ersten Meinungsaustausch, der dann bei besagtem Mittagessen in Prishtina ja auch stattgefunden hat. (Der General aß übrigens Fisch, ich nahm Lamm und den Digestif bekamen wir aus einer in einem Eisblock steckenden Flasche serviert.)

Das wichtigste sicherheitspolitische Thema bei diesem ersten Meinungsaustausch war meine von vielen Gesprächen mit kosovarischen BürgerInnen geprägte Forderung, dass EULEX bei ausreichenden Verdachtsmomenten auch vor Untersuchungen und Verfahren gegenüber Spitzenfunktionären in Politik und Wirtschaft nicht Halt machen darf. Dem Druck, dem EULEX deswegen von kosovarischen, aber auch transatlantischen Stellen ausgesetzt war, dürfe in keinem Fall nachgegeben werden, sagte ich zu Bout de Marnhac. EULEX müsse ihr Versprechen, auch gegen die »großen Fische« vorzugehen, endlich wahrmachen. Einschränkend muss dazu gesagt werden, dass EULEX zu jener Anfangszeit noch mit der Übernahme der Agenden von UNMIK auch einen Rucksack an ungelösten Fällen übernommen hatte. Für mich war deswegen auch wichtig, diese Fälle anzugehen und abzuarbeiten. Und ich sagte zum neuen Chef der wichtigsten EU-Mission in Kosovo/Kosova: »EULEX muss Erfolg haben,

ansonsten wird die Glaubwürdigkeit der EU völlig diskreditiert.« Ich erzählte Bout de Marnhac davon, dass mir gegenüber bei meinen Besuchen in Kosovo/Kosova viele Menschen beteuern, wie froh sie darüber sind, dass nun endlich von der EU etwas unternommen wird, um auch auf höchster Ebene gegen Korruption, Bestechung, Intransparenz und unzulässige Bereicherung vorzugehen. UNMIK hatte das Vertrauen der BürgerInnen des jüngsten europäischen Staates schon längst verloren. Abschließend sagte ich ihm, dass ich sehr große Erwartungen und Hoffnungen in seine Arbeit und die von EULEX setze und er sich der lautstarken Unterstützung der kosovarischen Bevölkerung für das Fortführen der Antikorruptionsarbeit sicher sein kann und EULEX auch verstärkt darauf bauen sollte. Acht Jahre später muss ich zugeben, dass ich mir mehr Ergebnisse erwartet hätte. Ich bedaure und beklage sehr, dass es EULEX in dieser Zeit nicht gelungen ist, das Herz und die Unterstützung der KosovarInnen zu gewinnen, indem Antikorruptions-Verfahren gegen wirklich »große Fische« tatsächlich erfolgreich zu Ende geführt worden wären. EULEX ist leider ein von außen eingesetzter Fremdkörper geblieben, trotz des redlichen Bemühens vieler internationaler und lokaler MitarbeiterInnen.
Ein aktuelles Beispiel offenbart, wie schwierig es oft ist, bei komplexen Verfahren zu rechtskräftigen Urteilen zu kommen – nicht nur wegen des fehlenden Zeugenschutzes. Das im Jahr 2016 eröffnete Verfahren wegen organisierter Kriminalität, Korruption, Betrug, Nötigung und

Geldwäsche gegen den früheren UÇK-Generalstabschef und kosovarischen Politiker Azem Syla wird, so befürchtet EULEX am 10. Jänner 2018, nicht vor dem Auslaufen des EULEX-Mandats Mitte 2018 zu Ende geführt werden, wenn nicht ein überraschend vom Richterkollegium abgezogener lokaler Richter vom Kosovarischen Justiz-Rat KJC wieder dem Syla-Prozess zugewiesen wird.
Syla wird außerdem in der Schweiz vorgeworfen, zu Unrecht jahrelang, während er schon in Kosovo/Kosova lebte, das Sozialhilfegeld des Kantons Solothurn als Startkapital für eine kriminelle Organisation verwendet zu haben. Und er ist auch einer jener früheren UÇK-Führer, die im Bericht von Dick Marty (Parlamentarische Versammlung des Europarates, 2010/2011, siehe Kapitel 6) mit Menschenrechtsverletzungen in Verbindung gebracht werden und denen ev. vom neuen Sondergericht demnächst eine Anklage droht.
Diese Verknüpfungen zwischen einigen früheren UÇK-Führern, und den Vorwürfen an organisierter Kriminalität und Menschenrechtsverbrechen an angeblichen Kollaborateuren mit Serbien während und kurz nach dem Krieg haben die Arbeit von EULEX immer wieder sehr schwierig gemacht, weil auch hier die Verknüpfung hineinspielt von Politik – die UÇK ist für sehr viele KosovarInnen heute immer noch quasi unantastbar – und Menschenrechts- oder Organisierte-Kriminalitäts-Verbrechen, die ohne Einfluss von politischen Interessen geahndet werden müssten.

Verantwortung dafür tragen meiner Meinung nach beide Seiten – sowohl bewusst gesetzte kontraproduktive Einflussnahmen von anderen Akteuren im Land sowie vonseiten der USA und einiger EU-Mitgliedsstaaten. Manche von ihnen hielten und halten den Faktor Stabilität (und Weiterarbeiten mit jenen, die sie schon kennen) für wichtiger als die Faktoren Demokratie und Rechtsstaatlichkeit. Bei Vorrang für Letzteres wäre und ist ein rechtliches Vorgehen auch gegen manche unter Verdacht stehende hochrangige Amtsträger nötig und sinnvoll. Gleichzeitig ist der Weg von einem Verdacht bzw. der Beschuldigung von Korruption bis zur Überführung und Verurteilung ein weiter – noch dazu in einer Gesellschaft, die in breitem Maß auf Druck und Einschüchterung aufbaut.

Kumuliert zeigten sich die Probleme von und mit dieser Justiz- und Polizeimission beim jüngst erfolgten Rücktritt des Leitenden EULEX-Richters Malcolm Simmons Mitte November 2017. Als Grund dafür nannte Simmons in einem Gespräch mit der französischen Tageszeitung »Le Monde« die Korruption innerhalb der EULEX-Mission. Weiters erhob der Brite massive Zweifel an der Fähigkeit von EULEX, ihrem ureigensten Auftrag gerecht zu werden, der Rechtsstaatlichkeit in Kosovo/Kosova zum Durchbruch zu verhelfen. Simmons führte den Vorsitz im Richterrat seit 2014. Er beschuldigte EULEX auch, »eine politische Mission« zu sein und einzelne Politiker aus dem öffentlichen Leben Kosovos/Kosovas entfernen zu wollen. »Viele meiner Kollegen sind ehrlich und anständig«, sagte

Simmons, »aber sie gehen nicht gegen das System an.« Vielmehr würden sie sich darin einrichten, weil sie wüssten, dass es sonst Probleme geben könnte, denn »sie stehen unter ständigem Druck«. Seitens der EU – namentlich von der Sprecherin von EU-Außenbeauftragter Mogherini, Maja Kocijančič – hieß es zu den Anschuldigungen des Richters, dass die Vorwürfe untersucht würden: »Die EU fährt ebenso wie EULEX eine Null-Toleranz-Strategie gegenüber unangebrachtem Verhalten. Alle Missionsmitglieder tragen Verantwortung für ihre Taten.« Weiters wurde angemerkt, dass es vor seinem Rücktritt schon fünf Untersuchungen gegen Simmons in der CPCC-Zentrale (Ziviler Planungs- und Durchführungsstab) in Brüssel gegeben habe. Diese Untersuchungen laufen unter dem Code of Conduct and Discipline for EU Civilian CSDP Missions ab, der im Juli 2016 vom Rat Auswärtige Angelegenheiten beschlossen wurde.[17] Dieser sieht nun die Möglichkeit vor, dass der Civilian Operations Commander (CivOpsCom, derzeit Kenneth Deane) eine solche disziplinarrechtliche Untersuchung an sich ziehen kann. Das scheint bei den Vorwürfen von Malcolm Simmons der Fall zu sein.

Details wurden zum Zeitpunkt der Endredaktion dieses Buches noch keine genannt. Derartige Anschuldigungen müssen aber meines Erachtens immer raschest aufgeklärt werden, weil die Glaubwürdigkeit der gesamten Mission

[17] Davor hatte jede Mission ihren eigenen Verhaltenskodex.

und die gute Arbeit von Tausenden MitarbeiterInnen auf dem Spiel stehen.

Die Causa Simmons ist die zweite seit den Korruptionsvorwürfen gegen EULEX, die im Oktober 2014 die britische Staatsanwältin Maria Bamieh öffentlich gemacht hatte. Mir war damals sofort bewusst, dass damit nicht nur die Glaubwürdigkeit dieser Mission, sondern die der ganzen EU am Westbalkan auf dem Spiel stand. Ist doch die Forderung nach Bekämpfung der grassierenden Korruption das Mantra in allen EU-Erweiterungsberichten für die Länder in der Region. Sollten sich die Korruptions-Beschuldigungen gegen einzelne EU-MitarbeiterInnen als wahr herausstellen, wären die EU und ihre Reformforderungen auf das Schwerste diskreditiert. Deswegen war ich auch die Erste, die nach Bekanntwerden der Vorwürfe von Bamieh im Herbst 2014 mit der Forderung nach Anhörungen im Europaparlament sowie nach einer unabhängigen Untersuchung reagierte. Die damals neue EU-Außenbeauftragte Federica Mogherini hat zwei Tage nach ihrem Amtsantritt am 1. November sofort den unabhängigen Rechtsexperten Jean-Paul Jacqué beauftragt, zu untersuchen, ob die Mission sich bei der Aufklärung der Vorwürfe etwas zu Schulden kommen hat lassen. Um das gleich vorwegzunehmen: Das wurde in seinem Endbericht klar verneint. Auch im EP fand eine Anhörung statt.

Es gab damals zu diesen Vorwürfen schon eine strafrechtliche Untersuchung innerhalb von EULEX in Zusam-

menarbeit mit einem kosovarischen Staatsanwalt, diese wurde fortgeführt und führte dann zu einem Fallenlassen der Vorwürfe, weil sie nicht haltbar waren.
Ich habe damals schon davor gewarnt, die Mission samt ihrer vorhandenen Erfolge und ihrer Bedeutung als Ganzes infrage zu stellen. Das würde nur jenen zuarbeiten, denen EULEX immer schon und generell ein Dorn im Auge war und die ein Interesse daran haben, dass der Rechtsstaat in Kosovo/Kosova schwach bleibt. In diesem Zusammenhang kritisierte ich auch das Vorgehen der EU-Mitgliedsstaaten, die zu wenige und/oder teilweise nicht ausreichend qualifizierte Richterinnen und Staatsanwälte nach Kosovo/Kosova schickten.
Diese Korruptions-Anschuldigungen kanalisierten die Wut und Enttäuschung über die EU-Mission, die sich in den letzten Jahren in Kosovo/Kosova aufgestaut hatten. Viele KosovarInnen hatten auf diese Mission ihre Erwartungen an einen rechtsstaatlichen Neuanfang nach dem Ende von UNMIK gesetzt und gehofft, die EU könnte und würde bei Vergehen durchgreifen, radikal aufräumen und sowohl der organisierten Kriminalität als auch der Korruption auf allen Ebenen den Garaus machen. Diese Hoffnung war von Anfang an trügerisch und falsch. Es hätte wohl auch von der Mission selbst mehr an öffentlicher Kommunikation geben müssen, um klarzustellen, dass die öffentliche Erwartungshaltung nicht immer mit juristisch korrekten und peniblen rechtsstaatlichen Verfahren Hand in Hand gehen kann. Als schnelle und große

und deutlich sichtbare Erfolge ausblieben, wuchs der Unmut über die Internationalen und die Frage wurde immer lauter: »Warum machen die nichts?« Hier möchte ich nochmals erwähnen, wie schwierig es ist, rechtsstaatlich korrekt[18] von Anschuldigungen zu Verurteilungen zu kommen. Wir wissen auch in Österreich, dass solche Verfahren nicht immer oder erst sehr spät zu einer Verurteilung führen, auch wenn die öffentliche Meinung, basierend auf den bekannt gewordenen Vorwürfen, schon lange vorher eine Verurteilung erhofft hat. Der Imageschaden für die Mission war jedenfalls schon mit dem Fall im Herbst 2014 enorm. In Kosovo/Kosova, aber auch außerhalb war das manchen sehr recht, und zwar jenen kriminellen und politischen Kräften, die wollen, dass der Rechtsstaat schwach bleibt, allen, die der Mission aus politischen Motiven heraus generell ihre juristische Legitimität absprechen und nicht zuletzt allen, die der EU diesen Erfolg in Kosovo/Kosova nicht gönnen wollen.
Mitte April 2015 präsentierte der unabhängige Rechtsexperte Jean-Paul Jacqué seinen Bericht zu den Vorwürfen gegen EULEX. Ich habe es damals als sehr gut beurteilt, dass Mogherini hier umgehend aktiv geworden ist und mit der Berufung Jacqués auf die Vorwürfe reagiert hat. Positiv war auch, dass der Untersuchungsbericht die entscheidenden Punkte thematisierte. Jacqué: »Der Verdacht

[18] Siehe auch Kapitel 6 zu Korruption und organisierter Kriminalität.

der Verschleierung durch EULEX hat sich glücklicherweise als unbegründet herausgestellt.« Der Bericht bemängelte jedoch, dass nicht schon im Jahr 2012 eine Untersuchung der Vorwürfe eingeleitet bzw. diese Informationen an die Brüsseler Zentrale weitergeleitet wurden. Damit hätten viele in weiterer Folge entstandene Probleme und Vorwürfe vermieden werden können. Wie es zum Verschwinden des entsprechenden Berichts gekommen ist und warum hier keine standardisierte Vorgehensweise gegriffen hat, konnte aber nicht geklärt werden. Genauso unbeantwortet blieb die Weitergabe der Informationen an die Öffentlichkeit bzw. die Medien, nachdem die dafür beschuldigte Person vom Jacqué-Bericht entlastet wurde. Gemeinsam mit dem Außenpolitischen Ausschuss des Europarlaments forderte ich deswegen weitere Klarstellungen zu den noch offenen Fragen sowie ein Follow-up an Reformschritten bei EULEX und für künftige Missionen, um weiteren Glaubwürdigkeitsschaden für die EU in Kosovo/Kosova und generell in der gesamten Region zu vermeiden. Denn das Urteil des Berichts über den Erfolg der EULEX-Mission nach sieben Jahren war ernüchternd: »In seiner derzeitigen Verfassung ist das Justizwesen des Kosovo offenbar weiterhin nicht in der Lage, den Aufgaben gerecht zu werden, die sich durch Korruption und damit verknüpfte organisierte Kriminalität stellen.« Die kosovarische Tageszeitung »Koha-Ditore«, die den Skandal publik gemacht hatte, kommentierte daraufhin »eine Tragödie für Kosovo«.

Ich muss dazu auch anmerken, dass viele der vom Jacqué-Bericht gemachten Empfehlungen bereits in meinen jährlichen Kosovo-Berichten und auch in denen der Kommission immer wieder eingefordert wurden. Besonders wichtig wäre darunter zum Beispiel die Notwendigkeit ausreichend langer Amtszeiten für das internationale Justizpersonal zu gewährleisten, um eine kontinuierliche Bearbeitung der Fälle zu gewährleisten. Und auch Jacqué wiederholte zu Recht die auch von mir schon wiederholt geäußerte Kritik am Vorgehen der Entsende-Staaten, einschließlich Österreich, die zu wenig und teilweise nicht ausreichend qualifiziertes Personal, sprich Richter, Staatsanwältinnen u. a., in derartig heikle Missionen schicken. Ich selbst hatte während der Amtszeit der österreichischen Justizministerin Beatrix Karl (2011–2013) bei einem Termin mit ihr dezidiert darum ersucht, dass Österreich mehr Richterinnen und Staatsanwälte entsendet. Die Ministerin betonte mir gegenüber die Wichtigkeit von EULEX, sagte aber auch, dass Österreich nicht genügend aktive RichterInnen habe, um welche für derartige Missionen entbehren zu können. Eventuell könne sie sich bei pensionierten KollegInnen umhören … Ich halte diese Positionierung für sehr problematisch, denn wenn schon eine derartige große Mission beschlossen wird, dann müssten die Mitgliedsstaaten sie auch entsprechend mit Personal ausrüsten, um sicherzustellen, dass sie erfolgreich sein kann.

Bereits 2010 brachte der Justizsprecher der Grünen im österreichischen Nationalrat, Albert Steinhauser, eine

Anfrage »betreffend die Entsendemodalitäten von RichterInnen/StaatsanwältInnen/JustizwachebeamtInnen zu internationalen Einsätzen, im Besonderen zur EU-Rechtsstaatlichkeitsmission EULEX im Kosovo« an die damalige (2009–2011) Bundesministerin für Justiz Claudia Bandion-Ortner ein. Die Anfrage berief sich auf meinen Kosovo-Bericht 2010; dieser betonte die »große Bedeutung der Reform von Justiz und Staatsanwaltschaft im Kosovo – die sich immer noch im Anfangsstadium befindet –, damit die Unabhängigkeit und Professionalität von Richtern und Staatsanwälten gewährleistet und bei den Bürgern das Vertrauen in die Rechtsstaatlichkeit wiederhergestellt werden kann …«.
Die Anfrage verwies ebenfalls auf den Erweiterungs-Fortschrittsbericht der EU-Kommission, in dem auch die fortgesetzte und sogar verstärkte Unterstützung der lokalen Justiz in Kosovo/Kosova und die Entsendung von qualifiziertem Personal im Rahmen der EULEX-Mission betont wurde. Der Westbalkan wird zudem vom offiziellen Österreich regelmäßig als Schwerpunktregion für die österreichische Außenpolitik postuliert. Das österreichische Verteidigungsministerium trägt diesem Anspruch insofern Rechnung, als die Entsendung von BundesheersoldatInnen zu KFOR-Einheiten in Kosovo/Kosova zu den quantitativ größten Auslandseinsätzen des österreichischen Bundesheers gehört. Deshalb stellt Österreich immer wieder hochrangige Mitglieder der KFOR-Führung. Von Juli 2009 bis Jänner 2010 war etwa Brigadier Norbert Huber im Hauptquartier der KFOR-Mission,

dem »Camp Film City«[19] in Prishtina, stellvertretender Stabschef für Personal, Infrastruktur und Budgetangelegenheiten. Und 2011/12 stellte Österreich mit Brigadier Johann Luif den stellvertretenden Kommandanten der gesamten Kosovo-Schutztruppe KFOR. Ich habe beide bei Besuchen in Kosovo/Kosova – auch im »Österreicher-Camp Casablanca« in der Nähe von Suva Reka an einem 1. Mai – persönlich kennengelernt. Es waren nicht nur spannende Gespräche über die Sicherheitslage. Als z. B. kurz vor Weihnachten 2009 heftigster Schneefall die Anreise zur Weihnachtsfeier ins Österreicher-Camp Casablanca verhinderte, diskutierten wir in einem gemütlichen (!) Container-Raum über Österreichs Neutralität, europäische Außen- und Sicherheitspolitik, den Afghanistan-Einsatz sowie die Verantwortung hochrangiger Militärs für die Vorbereitung der Entscheidung für Militäreinsätze – die dann von der Politik beschlossen werden. Für mich als friedensbewegte Grüne waren das sehr aufschlussreiche und anregende Gespräche.

Zurück zur Justiz: Im November 2008 bestand das österreichische Justizkontingent in Kosovo/Kosova aus sechs Personen (vier JustizwachebeamtInnen, zwei Richter); das war der Höchststand des Kontingents. Mit Ablauf des Mandats von Dr. Richard Winkelhofer als Vorsitzenden des Special Chamber des Supreme Court mit Ende des Jahres

[19] Zu Jugoslawien-Zeiten befand sich dort, wie der Name sagt, ein großes Filmstudio, das Jugoslawiens Hollywood sein hätte sollen.

2010 arbeitete keine österreichische RichterIn mehr im Rahmen der EULEX-Mission; österreichische StaatsanwältInnen waren nie im Einsatz, die Zahl der österreichischen JustizwachebeamtInnen in Kosovo/Kosova war zum Zeitpunkt der Anfragebeantwortung im Jahr 2011 auf zwei gesunken, ab 2012 gab es dann gar keine/n mehr. Eine blamable Leistungsschau des österreichischen Justizministeriums, weswegen die Fragen meines Parteikollegen Albert Steinhauser im Rahmen einer parlamentarischen Anfrage an die Justizministerin völlig berechtigt war:

»Was planen Sie im kommenden Jahr 2011 und darüber hinaus an konkreter österreichischer Unterstützung vonseiten Ihres Ressorts für die EU-Rechtsstaatlichkeitsmission (EULEX) im Kosovo?«

Und nicht weniger wichtig, da schließlich auch ausreichend motiviertes und qualifiziertes Personal in solche Einsätze gehen soll:

»Welche Schritte planen Sie, um die Bereitschaft Ihres Ressorts zu erhöhen, an solchen Missionen zu partizipieren? Konkret, wie wollen Sie die Bereitschaft von qualifiziertem Personal erhöhen, sich für derartige Einsätze zu melden?«

Sowie: »Was planen Sie, um Karriereeinbußen für RichterInnen, StaatsanwältInnen, JustizwachebeamtInnen zu verhindern, und welche Wiedereingliederungsmaßnahmen für aus internationalen Einsätzen zurückkehrendes Justizpersonal gibt es, bzw. werden entwickelt?«

Die Anfragebeantwortung blieb – entsprechend der geringen Aktivitäten – vage. Zum einen unterstütze das Bundesministerium für Justiz »jene RichterInnen und StaatsanwältInnen, die von Auslandsentsendungen zurückkehren, im Rahmen seiner Möglichkeiten dabei, adäquate, d. h. dem üblichen Karriereverlauf im nationalen Rechtssystem entsprechende Funktionen zu erlangen«. In der Realität sieht dies nach meinen Erfahrungen nicht so aus. Und was die Personalplanung betrifft, so stelle diese »in erster Linie ein nationales Anliegen dar«. Also nach dem Motto: Wir stimmen zwar auf EU-Ebene zu und fordern auch, dass die EU sich stark engagiert, aber unser Beitrag zur Mission bleibt – auch im Vergleich zu anderen EU-Staaten – gering. Oder übersetzt in eine Redensart: »Wasch mir den Pelz, aber mach mich nicht nass.«
Eine tatsächliche Verbesserung der essenziellen Unterstützung für EULEX durch das Justizressort und das Außenministerium ist trotz anderslautender Beschlüsse des Hauptausschusses des Nationalrates nicht eingetreten. Zuletzt wurde Ende 2016 die Fortsetzung der Entsendung im Rahmen von EULEX Kosovo von bis zu zehn Polizisten/Polizistinnen, von bis zu drei Angehörigen des Bundesministeriums für Justiz sowie von bis zu zwei Zivilpersonen bis 31. Dezember 2017 beschlossen. Dies ist jedoch nur eine Fortschreibung des Rahmens, der aber nie ausgeschöpft wurde und wird. Seit der österreichische Zivilist und Diplomat Thomas Mühlmann, der von 2010 bis 2015 EULEX-Stabschef war, nach Österreich zurück-

gekehrt ist, gibt es auch keine/n sekundierte/n Zivilisten oder Zivilistin mehr, und wie oben erwähnt seit 2012 niemanden vom BM für Justiz. Er und Gender Advisorin Brigitte Holzner (2010–2012) waren übrigens über die Jahre die einzigen sekundierten österreichischen ZivilistInnen bei EULEX. Ohne karrieretechnische Begleitmaßnahmen, die derartige Entsendungen für die betreffenden SpezialistInnen auch nach der Rückkehr attraktiv machen, bleiben diese Beschlüsse des Nationalrats nur Zahlenwerk und leere Versprechungen bzw. fördern nicht, dass sich das bestqualifizierte und motivierteste Personal für diese wichtigen Missionen zur Verfügung stellt.
Letztlich darf bei einer Beurteilung von EULEX nämlich auch auf eines nicht vergessen werden. Diese Arbeit fordert einen sehr hohen persönlichen Einsatz von den MitarbeiterInnen dieser Mission. Das hat nicht nur ein Angriff auf ein EULEX-Einsatzfahrzeug mit Steinen und Molotowcocktails in der nordkosovarischen Stadt Mitrovica nach der Festnahme von zwei Kriminellen im Juli 2013 gezeigt. Bei einem anderen Angriff im September 2013 auf der Straße zwischen Nord-Mitrovica und dem Grenzübergang Jarinje wurden zwei Wagen der Mission beschossen und ein litauischer EULEX-Beamter ist dabei ermordet worden. So tragisch dieser Tod gewesen ist, ich habe damals als Reaktion darauf gesagt: »An der generellen Ausrichtung und den Fortschritten im Dialog zwischen der albanischen und serbischen Bevölkerung in Kosovo/Kosova darf und wird diese Bluttat nichts ändern.

Kosovo/Kosova bleibt auf Kurs eines Miteinanders der Volksgruppen. So wie die EU mit ihrer Fortsetzung der wichtigen Arbeit von EULEX einen maßgeblichen Anteil am Aufbau eines rechtsstaatlichen Kosovos/Kosovas leistet.« Und ich stehe auch heute zu dieser Aussage. So sehr ich jeden Fall von Korruption generell verurteile, und besonders, sollte es innerhalb einer Rechtsstaatlichkeitsmission wie EULEX solche Vorwürfe geben, restlos aufgeklärt und verurteilt sehen möchte, so sehr bin ich aber auch davon überzeugt, dass die Europäische Union Kosovo/Kosova maßgebliche Unterstützung zum Aufbau eines funktionierenden Polizei- und Justizsystems geben musste und, so meine Forderung, weiterhin geben muss. Grob fahrlässig wäre es, hier auf halber Strecke stehen zu bleiben. Kosovo/Kosova darf sich nicht der organisierten Kriminalität beugen, es darf Korruption nicht als konstituierender Teil der kosovarischen Gesellschaft bis hinauf in die höchsten Positionen ignoriert und toleriert werden. Das haben sich die BürgerInnen des Landes nicht verdient, die in einem auf den Prinzipien des Rechtsstaats fußenden Staat leben wollen. Das darf die Europäische Union nicht zulassen. Auch und gerade weil die Bilanz von EULEX in der kosovarischen Öffentlichkeit nicht genügend Wertschätzung erfährt. Aber stellen wir uns einmal vor, wie es um die Rechtsstaatlichkeit in Kosovo/Kosova ohne EULEX bestellt wäre!
Hier eine kurze Übersicht, dessen was bisher erreicht wurde: EULEX-RichterInnen haben 648 Urteile gefällt,

davon 479 strafrechtliche, z. B. zu Korruption, organisiertem Verbrechen, Geldwäsche, Kriegsverbrechen (251 Anklagen) und Menschenhandel. 146 Urteile gab es in zivilen Verfahren. Diese Urteile inkludierten frühere Richter, Minister, Abgeordnete, Staatsanwälte, Polizisten und hochrangige Beamten. EULEX konnte 38 Verurteilungen im Bereich von Kriegsverbrechen erreichen, darunter den überhaupt ersten Fall von konfliktbezogener sexueller Gewalt.

Dies bedeutet, dass Urteile auf allen Ebenen der kosovarischen Justiz gefällt worden sind, bis hinauf zum Obersten Gerichtshof und zum Verfassungsgerichtshof. Aufgrund der Komplexität der kosovarischen Strafprozessordnung, die zahlreiche Berufungen erlaubt, gibt es derzeit noch keine umfassende Übersicht über finale Verurteilungen.

Die viele gute Arbeit, die vielen Verfahren und Verurteilungen, die vielen Ausbildungen und Trainings im Bereich von Polizei und Justiz, werden durch die wenigen Vorwürfe (man bedenke, wie viele zehntausende MitarbeiterInnen die Mission im Laufe der Zeit hatte!) kaputt geredet. In einer skandalgetriebenen Öffentlichkeit, in der vor allem »bad news« »good news« sind, sind die Verdienste oft kaum eine Nachrichtenzeile wert.

Zum Schluss dieses Kapitels noch ein Kommentar zum Spannungsfeld derartiger Missionen zwischen Politik und Rechtsstaatlichkeit. Politik benötigt, pragmatisch gesehen, für ihre angestrebten Ziele und Aufgaben – in unserem Fall etwa in der Ausformung des Dialogs zwischen Kosovo/

Kosova und Serbien – ja GesprächspartnerInnen auf höchster Ebene. Rechtsstaatlichkeit muss prinzipientreu agieren: Alle müssen verfolgt werden, auch jene, mit denen man gerade Politik machen muss/möchte, um die politischen Ziele zu erreichen. Dieses Dilemma ist mir in Kosovo/Kosova immer wieder aufgefallen, auch im Sinne des schon genannten Gegensatzes zu »politische Stabilität sichern«, was oftmals so viel heißt wie: Die derzeit an der Macht sind, sind zwar möglicherweise in Korruption und organisierte Kriminalität verwickelt, aber wir wissen wenigstens, woran wir sind. Der Gegenpol dazu ist, der Rechtsstaatlichkeit absoluten Vorrang vor stabilitäts-strategischen Überlegungen einzuräumen und den demokratischen Wechsel in Mehrparteiensystemen zu unterstützen – auch wenn dabei die Gefahr von nicht so berechenbaren neuen Kräften in Regierungen natürlich gegeben ist. Meine persönliche Position ist klar, und die habe ich auch in Kosovo/Kosova immer wieder zum Ausdruck gebracht: Demokratie und Rechtsstaatlichkeit dürfen nicht kurzfristigem Kalkül und Machtsicherung einiger weniger zum Opfer fallen.

Kapitel 9
Wenn zwei Elefanten sich streiten …
Über die Rolle der USA und Russlands

»Der Balkan ist mir nicht die gesunden Knochen eines einzigen pommerschen Grenadiers wert.« Diesen berühmten Satz wird der für seine markigen Sprüche bekannte »Eiserne Kanzler« Otto von Bismarck auf der Berliner Balkan-Konferenz 1878 schon gesagt haben. Die Ansage klingt auch stark, sie hat nur einen gewaltigen Schönheitsfehler: Sie stimmt nicht. Denn seit jeher sind die Großmachtinteressen am Balkan präsent, haben die Großmächte ihre Grenadiere in die Region geschickt, bestimmten und bestimmen bis heute die dortige Politik und damit das Leben der Menschen in der Region. »Eingekeilt zwischen die Macht- und Kulturzentren Europas und des Orients kommt für den Balkan eine historische Grunderfahrung, ausgesprochen von Emile Cioran, hinzu: ›… An den Grenzen von Ost und West, an der Kreuzung der Kulturen, Religionen und Imperien. Mit einem Wort: Allen im Wege!‹«, so beschreibt der deutsche Historiker und Balkan-Experte Michael W. Weithmann in einem Aufsatz für den Sammelband »Europäischer Konfliktfall Ex-Jugoslawien« (Hg. Rudolf H. Dittel, München, 1993) die politischen Konsequenzen aus der geografischen Lage des Balkans. »Der Balkan wird zum *Aufmarsch- und Schlachtfeld fremder Interessen*«, heißt es bei Weithmann weiter,

»zum permanenten Spannungsgebiet, wo Ostmächte und Westmächte ihre Hegemonialsphären abstecken und die einheimischen Völker nach ihren Vorstellungen ausrichten und kulturell überformen. Kurz: Fremdherrschaft, Fremdbestimmung.«

Diese Balkan-Analyse trifft natürlich auch auf Kosovo/Kosova zu, in besonderem Maße sogar, weil das Land bis zur Erklärung der Unabhängigkeit vor zehn Jahren ja nie ein eigenständiger Staat gewesen war. Auf eine gefährliche Spitze getrieben wurde das hegemoniale Interesse an Kosovo/Kosova bekanntlich während des Kosovo-Krieges in der Nacht zum 12. Juni 1999, als der NATO-Oberbefehlshaber und US-General Wesley Clark beim Einmarsch der Kosovo-Schutztruppe KFOR knapp davor stand, einen militärischen Konflikt mit Russland zu riskieren. Das Nachrichtenmagazin »Newsweek« hat die Geschichte damals akribisch recherchiert und auch mit dem Abstand von bald 20 Jahren liest sich der Hergang dieser Beinahe-Eskalation immer noch mit Schrecken. Um den Flughafen Prishtina noch vor den bereits anrückenden russischen KFOR-Einheiten einzunehmen, befahl Clark den Einsatz von Fallschirmjägern. Der britische KFOR-Oberkommandant Michael Jackson widersetzte sich aber diesem Befehl. Und auch der Chef des NATO-Südkommandos, US-Admiral James Ellis, folgte der Linie von Jackson und verweigerte sich dem Befehl Clarks, die Landebahnen mit Apache-Hubschraubern zu blockieren. Als Clark bei einem späteren Zusammentreffen im KFOR-Hauptquartier in Pristina dem britischen General Befehlsverweigerung vorwarf, soll Jackson mit den legendären Worten reagiert haben: »Ihretwegen riskiere ich nicht den Dritten Weltkrieg.« Die politischen Führungen in Washington und London haben schließlich Jackson recht gegeben, und Clark wurde vorzeitig von seinem Posten abgelöst. Das Ereignis zeigt aber beispielhaft, wie schon während des Kosovo-Krieges das Ringen der Weltmächte um ihren Einfluss in Kosovo/Kosova begonnen hat.

Ich selbst gehörte damals zu jenen, die den NATO-Einsatz und vor allem die Bombardierung von Belgrad ablehnten – mahnend, dass die Militärintervention einen Bruch des Völkerrechts darstelle und eine wirkliche Lösung und ein Ende von Vertreibung und ethnischen Säuberungen nur am Verhandlungstisch erzielbar sei. Aus heutiger Sicht, mit größerem historischem und aktuellem Wissen über die gesamte Region, würde ich wohl in einem ähnlichen Fall eine »humanitäre Intervention« befürworten. Nicht umsonst wurde im Rahmen der Vereinten Nationen nach dem Kosovo-Krieg und der NATO-Intervention die sogenannte »Schutzverantwortung/Responsibility to Protect R2P« entwickelt, die für den Fall, dass die politische Führung eines Staates nicht fähig oder willens ist, die eigenen BürgerInnen vor schweren Menschenrechtsverletzungen zu schützen, ein ziviles oder auch militärisches Eingreifen der internationalen Staatengemeinschaft zum Schutz der bedrohten Bevölkerung vorsieht. Auch darüber muss jedoch wieder der UNO-Sicherheitsrat ent-

scheiden. Mit dieser R2P wurde das erste Mal auf völkerrechtlicher Ebene die Einmischung in innere Angelegenheiten eines souveränen Staates aufgrund von Menschenrechtsverletzungen als völkerrechtliche Möglichkeit anerkannt und festgeschrieben.
Zurück zum Einfluss der Großmächte. Der Schaden, den diese dabei anrichten, wird sehr gut von einem afrikanischen Zitat beschrieben. Die vor allem in Sambia gängige Redewendung sagt: »Wenn sich zwei Elefanten streiten, leidet darunter am meisten das Gras.« Wie treffend für die negativen Auswirkungen der Durchsetzung von Großmachtinteressen – am Balkan und überall. Eine Zeit lang lebte ja zumindest die Hoffnung, dass die früheren oder aktuellen Großmächte bzw. jene, die sich als solche sehen, den Westbalkan »links« liegen lassen bzw. ihn der mit der Erweiterung um Rumänien und Bulgarien in der gesamten Region stärker werdenden Europäischen Union überlassen würden. Gerade die USA orientierten sich unter Obama mehr in Richtung Pazifik, Russland war im Nahen Osten mehr beschäftigt. Doch mit den schwächelnden Fortschritten der EU-Integration der sechs verbliebenen Staaten des Balkan ist – wie schon oft in der Geschichte – festzustellen, dass die einzelnen Machtblöcke wie korrespondierende Gefäße agieren: Schwindet der Einfluss der Europäischen Union am Balkan, befeuert das ein massiveres Engagement Russlands, aber heutzutage auch der Türkei, Chinas, Saudi-Arabiens oder anderer arabischer Staaten. Bezeichnend war hierbei ein Vorfall im serbischen Parlament. Dort wurde im März 2017 die EU-

Außenbeauftragte Federica Mogherini bei ihrer Rede von Abgeordneten der radikalen Nationalisten ausgebuht und sie riefen: »Serbien! Russland! Wir brauchen die EU nicht!« Moskau reagierte daraufhin mit einer weiteren Propagandaoffensive. »Der Balkan hört nicht mehr auf Brüssel«, jubelte die russische Presseagentur »Sputnik«. Und das Belgrader »Novi Magazin« kommentierte enttäuscht: »Es bleibt der bittere Eindruck und die Furcht, dass sich die EU und der Westen langsam von der Region wegdrehen, wenigstens solange sie nicht explodiert.« Einige Zeit schon hatte ich dieselben Befürchtungen immer wieder – z. B. bei den vom österreichischen PSK-Botschafter[20] Alexander »Axel« Marschik organisierten Treffen mit Nicht-Anerkenner- und Anerkenner-Staaten – in den Raum gestellt: Wenn wir – die EU – nicht wollen, dass Russland, die Türkei oder arabische Staaten sich in den sechs Westbalkan-Staaten breitmachen, dann müssen wir – d. h. die EU inklusive aller Mitgliedsstaaten – dieser Region die entsprechende Bedeutung und Anstrengung widmen, und der Bevölkerung wieder den Glauben vermitteln, dass »Europa« sie wirklich will. Die in diesem Zusammenhang mehr als kontraproduktive Aussage von Kommissionspräsident Jean-Claude Juncker im Europa-Wahlkampf 2014: »In den nächsten fünf Jahren wird es sicher keinen neuen Beitritt geben«, war meiner Einschät-

[20] PSK-BotschafterInnen sind für das »Politische und Sicherheitspolitische Komitee«, das die Gemeinsame Außen- und Sicherheitspolitik der EU im Namen der AußenministerInnen der Union unterstützt, zuständig.

zung nach dem EU-Wahlkampf geschuldet, bzw. sogar dem Wahlkampf in der eigenen politischen Familie, der Europäischen Volkspartei EVP (wir erinnern uns, Angela Merkel war nicht begeistert von der Idee, dass Jean-Claude Juncker Spitzenkandidat der EVP und damit wahrscheinlich der nächste Kommissionspräsident sein würde). Diese Aussage hängt »der EU« als Ganzes nach, sie hat bei vielen Pro-EuropäerInnen in Westbalkan-Regierungen, Parlamenten und Bevölkerung das Gefühl gestärkt, in ihren Bemühungen nicht ernst genommen zu werden.

Im Februar 2018, kurz nach Drucklegung dieses Buches, werden HRVP Mogherini und Erweiterungskommissar Hahn die neue Westbalkan-Strategie ins Leben rufen. Ein Punkt darin soll die klare Erweiterungsperspektive für alle sechs Staaten des westlichen Balkan sein: Für Serbien und Montenegro soll der Beitritt bis 2025 angepeilt werden, die Kandidatenländer Mazedonien und Albanien, so die Hoffnung (der Rat muss dazu »Ja« sagen), sollten noch heuer mit Verhandlungen beginnen können. Die anderen beiden – Bosnien-Herzegowina und Kosovo/Kosova – sollen stärker in ihren Beitrittsbemühungen unterstützt werden. Ich halte es für sinnvoll, dass den beiden die Öffnung der Kapitel 23 (Gerichtsbarkeit und Grundrechte) sowie 24 (Justiz, Freiheit und Sicherheit) in Aussicht gestellt wird – oder zumindest der Beginn des sogenannten Screening-Verfahrens, also der Überprüfung der einschlägigen nationalen und europäischen Rechtsvorschriften (Besitzstand). Dies würde klar signalisieren, dass ein weiterer positiver Schritt gesetzt wird und sie nicht zurückgelassen werden, während die anderen vier Fortschritte machen. Und während der bulgarischen Ratspäsidentschaft soll – 15 Jahre (!) nach der ersten Konferenz dieser Art in Thessaloniki – im Mai eine neue stattfinden, die das Beitrittsziel für alle sechs Staaten in greifbarere Nähe rücken soll.

Der Balkan-Experte Dušan Reljić von der Berliner Stiftung Wissenschaft und Politik (SWP) bestätigte in einem Interview mit der Presseagentur Reuters im März 2017 diese Analyse: »Die EU ist derart mit sich selbst beschäftigt, dass die nötige Aufmerksamkeit für den Westbalkan fehlt. Nun nutzen andere Länder wie Russland oder die Türkei das Vakuum«, Reljić warf dabei auch den EU-Staaten vor, sie hätten die wahren Ursachen der wachsenden EU-Skepsis in der Region noch nicht begriffen: »Die Flüchtlingskrise hat nicht nur in den EU-Staaten Spannungen erzeugt, sondern auch in der Region nationalistische Emotionen geschürt. Außerdem geht es den Ländern seit der Schuldenkrise einfach schlechter.«

Und den Glauben »an das Versprechen der EU, dass Übernahmen, Privatisierungen und Investitionen den Aufschwung bringen würden«, beschrieb Reljić als »massiv geschwunden«. Was wiederum dazu führe, dass man sich am Westbalkan nicht mehr nur an der EU orientiere. Wobei die wirtschaftlichen Zahlen nach wie vor die große Bedeutung der EU für die Region belegen. Reljić: »Der Handel der EU mit der Region ist zwölfmal höher als der mit Russland – das wissen auch alle.« Und alle Regierun-

gen am Westbalkan seien sich dessen bewusst, so der SWP-Experte, dass Moskau im Vergleich zur EU nicht viel anzubieten habe. Russland sieht Reljić deswegen »in der Region nicht als echte Alternative, sondern als Spielverderber« auftreten. Ähnliches gelte, laut Reljić, auch für die Türkei oder arabische Staaten, die vor allem bei den muslimischen Bevölkerungsgruppen ansetzten. Auch ich habe in den letzten Jahren, schon vor der Flüchtlings- bzw. Solidaritätskrise, nicht nur in Kosovo/Kosova zunehmenden Anti-EU-Nationalismus wahrgenommen bzw. bemerkt, dass oftmals die Enttäuschung über die zu geringen Fortschritte bei Armutsbekämpfung, Arbeitsplatzschaffung, Gesundheits- und Bildungssystem, der Gleichstellung von Frauen, dem Kampf gegen Diskriminierungen aller Art sowie Umwelt- und Energiefragen auch als Ergebnis der halbherzigen Unterstützung der EU für wirkliche Veränderungen interpretiert wird – oder in den Worten eines kosovarischen Freundes: Die Stabilität mit den altbekannten, oftmals korrupten Regierenden sei der EU lieber – weil berechenbarer – als wirkliche demokratische Verbesserungen bzw. Regierungswechsel.
Moskau kann sich mit der serbisch-orthodoxen Kirche auf einen verlässlichen Gefolgspartner verlassen. So meldete sich im Dezember 2017 der serbisch-orthodoxe Metropolit Amfilohije (Radović) mit einem Appell zu Wort, in dem er den vom serbischen Präsidenten Aleksandar Vučić angestoßenen innerserbischen Dialog zur Kosovo-Frage kritisierte: Der »eingefrorene Konflikt« sei die einzige

»vernünftige Entscheidung«, erklärte Amfilohije. Gleichzeitig bezeichnete er in seinem Appell, aus dem die serbische Tageszeitung »Blic« zitierte, den von der EU initiierten und moderierten Normalisierungsdialog zwischen Belgrad und Prishtina als eine »unverantwortliche Politik« und forderte stattdessen, den Sezessionsprozess Kosovos/Kosovas aufzuhalten. Rund um das orthodoxe Weihnachtsfest Anfang Jänner 2018 warf der Metropolit dem serbischen Präsidenten auch vor, seine Politik würde »zum Betrug an Serbien und Kosovo« führen, und dass Vučić sich »verändert« habe.

Ob und wie sehr sich der serbische Präsident Vučić von der serbisch-orthodoxen Kirche und damit einem direkten Sprachrohr Moskauer Interessen lenken bzw. von seinem auf Pragmatismus setzenden innerserbischen Dialog zu Kosovo/Kosova abbringen lassen wird, bleibt abzuwarten. Schon bislang achtete der serbische Präsident auf eine Balance der serbischen Position zwischen Brüssel und Moskau und spielte immer wieder gleichzeitig auf einer pro-europäischen wie auch auf einer Russland entgegenkommenden Klaviatur. Erst Anfang Dezember 2017 und kurz vor einem Moskau-Besuch erklärte Vučić in einem Interview mit der russischen Nachrichtenagentur TASS, dass sich Serbien zwar einem pro-europäischen Kurs verschrieben habe, es aber keine Pläne gebe, der NATO beizutreten. Serbien werde seine militärische Neutralität beibehalten, sagte Vučić: »Das war und wird die Politik Serbiens sein.« 2007 hatte sich Serbien durch eine parlamentarische Erklärung zur militärischen Neutralität verpflichtet. Gleichzeitig intensivierte Serbien aber im Vorjahr seine Zusammenarbeit mit dem von Russland gebildeten informellen Militärbündnis »Organisation des Vertrages über kollektive Sicherheit« (CSTO) und nahm an einer Militärübung in Kasachstan teil. In der serbischen Öffentlichkeit wird zudem seit längerer Zeit über den Status eines im südserbischen Niš stationierten russischen Hilfszentrums diskutiert.

Moskau drängt darauf, dem Zentrumspersonal den Diplomatenstatus zu gewähren, während sich USA und NATO wiederholt dagegen aussprachen, fürchtend, es würde hier ein militärischer Stützpunkt installiert.

Auch das Europaparlament hat in seinem am 14. Juli 2017 in Straßburg verabschiedeten Serbien-Bericht die Regierung in Belgrad ganz klar und erneut aufgefordert, »Außen- und Sicherheitspolitik, einschließlich der Politik gegenüber Russland, den für Bewerberländer geltenden Anforderungen entsprechend schrittweise an die der EU anzugleichen«.

Das EP bedauert, dass Serbien und Russland gemeinsame Militärübungen durchführen; ist beunruhigt über die Präsenz der russischen Luftwaffe in Niš; bedauert, dass Serbien im Dezember zu den 26 Ländern gehörte, die die Krim-Resolution der Vereinten Nationen, in der die Entsendung einer internationalen Mission zur Beobachtung der Menschenrechtslage auf der Halbinsel gefordert wurde, nicht unterstützt haben.

Vučić wiederum will – in einem Interview mit der serbischen Zeitschrift Danas – im Juli 2017 nicht verstehen, warum die USA sich gegen einen russischen Stützpunkt wehren, denn »Washington habe ja schon einen Stützpunkt auf serbischem Boden: Bondsteel. Und damals, als es gegründet wurde, habe auch niemand Serbien gefragt.« Bondsteel ist aber der US-Stützpunkt im seit zehn Jahren unabhängigen Kosovo/Kosova. Also auch Vučić weiß sehr gut, wann er die »Kosovo ist und bleibt Serbien«-Karte spielen will und muss.
Der Europa-Beauftragte der US-Regierung, Hoyt Yee, hatte im Oktober 2017 bei einer Belgrad-Visite deswegen auch sehr offen Kritik an den engen Kontakten Serbiens zu Russland geübt. Man könne nicht zwischen zwei Stühlen sitzen, kritisierte Hoyt Yee die Diskussion über dieses russische Hilfszentrum im Süden des Landes. In der serbischen Öffentlichkeit ist es mehr oder weniger ein offenes Geheimnis, dass dieses Institut ein verdecktes russisches Spionagezentrum darstellt, auch oder gerade weil das von Moskau auch vehement bestritten wird. Trotzdem versucht Belgrad hierbei eine Konfrontation mit Russland zu vermeiden.
Serbiens Premierministerin Ana Brnabić erklärte denn auch am 9. Jänner 2018 über Serbiens Verhältnis zu EU und zu Russland: »Unser strategisches Engagement mit der EU steht überhaupt nicht infrage, und unsere guten Beziehungen mit Moskau sind kein und werden kein Hindernis auf diesem (europäischen) Weg sein.« Also Fazit: Es

wird keine eindeutige Distanzierung von Moskau geben. Dessen müssen auch alle jene in der EU gewahr sein, die bei der Erweiterung mit dem Westbalkan vor allem auf Serbien setzen – und sei es, weil es wirtschaftlich das wichtigste Land und der größte Absatzmarkt von allen sechs Staaten ist.

Laut einer im September 2017 in Belgrad veröffentlichten Umfrage von »Demostat« sprachen sich übrigens 53 Prozent der serbischen BürgerInnen gegen fremde Stützpunkte auf ihrem Gebiet aus. 20 Prozent würden russische Stützpunkte zulassen, zwei Prozent amerikanische Einrichtungen. Paradox war ein weiteres Ergebnis dieser Umfrage bzw. spiegelt sich darin auch die Gespaltenheit im serbischen Bewusstsein wider. Denn nach wie vor halten die meisten SerbInnen, 41 Prozent, Russland für den größten Freund ihres Landes. Den eigenen Kindern würde aber die Mehrheit raten, ihre Existenz im Westen aufzubauen.

Nach dem bereits erwähnten Besuch von Vučić in Moskau im Dezember 2017 verkündete Präsident Vučić auch die Bereitschaft der russischen Regierung am serbisch-kosovarischen Normalisierungsdialog teilzunehmen. Vučić hatte diese Zusage beim Treffen mit dem russischen Präsidenten Wladimir Putin erhalten. Russland könnte sich einschalten, wenn man versuche, die USA in den EU-vermittelten Dialog einzubinden, sagte Vučić. Der serbische Präsident reagierte damit auf einen Vorstoß des kosovarischen Premiers Ramush Haradinaj. Kosovarische Zeitungen zitierten den Premier am 8. Dezember 2017 mit folgender Erklärung: »Wir werden nicht mehr mit der EU an einem Tisch sitzen ohne Amerika.« Als Grund für diese völlig überdrehte Forderung nannte Haradinaj, dass Kosovo/Kosova »keinerlei Vorteile« von der jahrelangen EU-Vermittlung gezogen habe. Während Serbien im EU-Beitrittsprozess weiterkomme, sei dieser Weg für Kosovo/Kosova blockiert, klagte der neue Premier. Dabei hätte Haradinaj aber dazusagen müssen, dass die kosovarische Politik und im Besonderen auch er und seine Partei jeden Fortschritt beispielsweise im Prozess der Visa-Liberalisierung verhindert haben. Haradinaj hatte drei Wochen vor diesen Aussagen beim zweiten Treffen des SAA-Rates in Brüssel laut TeilnehmerInnen einen Eklat gegenüber Mogherini verursacht, als er auch schon die Einbeziehung der USA in den Dialog forderte. Ein gemeinsames Pressegespräch wurde danach abgesagt. Mogherinis Sprecherin, gefragt danach, ob dies eine Option sei, betonte, dass die EU auch beim Dialog jetzt schon eng mit den USA zusammenarbeite – sie schloss damit also eine Änderung des Formats dezidiert aus.

Auch ich halte dieses Ansinnen für kontraproduktiv. Haradinaj glaubt hier, mit den USA einen stärkeren Stand gegenüber den diversen Forderungen der EU zu haben. Die Reaktion Belgrads bzw. Moskaus auf Haradinajs Vorstoß war ja abzusehen: »Wir haben eine Art Absprache erzielt«, erklärte Vučić nach seinem Moskau-Besuch. Heißt, Serbien würde auf der Einbindung Russlands beharren,

sollte das Drängen Prishtinas erfüllt werden und die USA offiziell Teil des Normalisierungsdialogs werden. Gut, wenn Mogherini sich hier strikt weigert: Das Format des von der EU 2010 als Ausweg aus einer drohenden neuerlichen Initiative Serbiens in der UNO initiierten Dialoges würde unweigerlich zum Nachteil Kosovos/Kosovas geraten. Denn mit Russland mit am Tisch oder einer neuen Initiative im Rahmen der UNO wird Kosovo/Kosova auf jeden Fall am kürzeren Ast sitzen. Vielleicht hat der kosovarische Premier in den ersten Jännertagen 2018, als die USA ihm ein Visum zu einer Veranstaltung in den Vereinigten Staaten verweigerten, ja verstanden, dass die USA nicht bei allen Winkelzügen mitspielen. Hintergrund ist wohl, dass Haradinaj einer jener ehemaligen UÇK-Kämpfer ist, gegen den möglicherweise demnächst vom Sondergericht gegen Kriegsverbrechen (s. Kapitel 6) in Den Haag Anklage erhoben wird.
Zurück zum Dialog: Mit der offiziellen Einbindung der USA wäre die EU öffentlich düpiert und wir zurück in den Zeiten, als es gang und gäbe war, dass Washington die europäische Linie in der Kosovo-Politik vorgab. Wie vor zehn Jahren, als im Jänner 2008, kurz vor der Unabhängigkeitserklärung, ein Dokument geleakt wurde, das ein sehr unrühmliches Bild auf den damals amtierenden slowenischen EU-Ratsvorsitz warf. Das Papier zeigte, dass Slowenien ausgerechnet in der heißesten Zeit der Kosovo-Diskussion kein primär den europäischen Interessen ver-

pflichteter Makler, sondern ein Befehlsempfänger der USA war. Das geleakte Dokument war das Gesprächsprotokoll eines Zusammentreffens zwischen dem politischen Direktor des slowenischen Außenamts, Mitja Drobnič, und US-amerikanischen Spitzendiplomaten in Washington. Thema des Gesprächs waren die Prioritäten des slowenischen EU-Ratsvorsitzes. Peinlich war nur, dass sich in dem Dokument kein einziger Hinweis auf eine eigenständige europäische Position für Kosovo/Kosova finden ließ. Im Gegenteil, das Papier las sich eher als Direktive, mit der Washington zuweilen sogar bis in den Wortlaut hinein Punkt für Punkt die Linie vorgab. Insofern brauchte man sich nicht wundern, dass man in Belgrad die Berichte über das geleakte Dokument mit Freude kommentierte und als sprechenden Beweis für die Gängelung der EU durch die USA interpretierte. Der damalige serbische Kosovo-Minister Slobodan Samardžić warf der EU daraufhin vor, »auf sehr traurige Weise nur eine Schachfigur in diesem Spiel« um Kosovo/Kosova zu sein.
Bei einem sehr bezeichnenden wie peinlichen Versuch direkter US-amerikanischer Einflussnahme auf die kosovarische Innenpolitik war ich selbst Augenzeugin im Parlament in Prishtina. Die Geschichte ist auch ein Musterbeispiel dafür, wie Helmut Kramer und Vedran Džihić die amerikanische Herangehensweise am Balkan und speziell in Kosovo/Kosova in ihrem Buch »Die Kosovo-Bilanz« beschreiben: »Ähnlich wie in Bosnien ist die konkrete

Kosovo-Politik der USA von der für ihre Außenpolitik charakteristischen Kultur eines pragmatischen Improvisierens und ›Durchwurstelns‹ (›Muddling through‹) bestimmt. Das heißt, die US-Vertreter zeigen sich in der jeweiligen Situation äußerst flexibel, prioritieren *(sic!)* kurzfristige Erfolge und Interessensdurchsetzung und handeln aus der Stärke der Position der militärischen Supermacht, aber auch aus der ihre internationale Politik prägenden Tradition des Exzeptionalismus.«

Gezeigt hat sich dieser US-amerikanische Zugang wieder einmal bei der Präsidentenwahl durch das kosovarische Parlament im Februar 2011. Premierminister Thaçis »Demokratische Partei« PDK brauchte für die Regierungsbildung neben Minderheiten-Parteien auch die »Allianz Neuer Kosovo« (AKR) des von Korruptionsgerüchten umwitterten, millionenschweren Bauunternehmers und beim Schreiben dieses Buches Außenministers Behgjet Pacolli. Er gilt als reichster Kosovare, hat auch einen Schweizer Pass, machte sein Vermögen in den 1990er Jahren in Moskau, als unter Jelzin der Staat umgebaut wurde. Mittlerweile ist der Sitz seiner Firma nicht mehr Russland, sondern Kasachstan. Das damals noch in Bau befindliche Nobelhotel »Swiss Diamond« auf dem renovierten Mutter-Teresa-Boulevard im Zentrum von Prishtina, gegenüber dem Parlament und in der Nähe des Regierungssitzes, ist eines seiner »Produkte«. Pacolli verlangte damals als Gegenleistung für die Stimmen seiner

Partei, dass er vom Parlament zum Staatspräsident gewählt wird. Eine derart auch in der kosovarischen Öffentlichkeit umstrittene Figur wie Pacolli konnte aber nie damit rechnen, die zur Wahl des Präsidenten nötige Zweidrittelmehrheit im Parlament einfach so zu erreichen. So setzten er und jene, die ihn protegierten, auf den dritten Wahlgang, in dem nur mehr eine einfache Mehrheit gefordert ist, die von der Regierungskoalition prinzipiell ja erreicht werden konnte. Da sich aber neben den Oppositionsabgeordneten auch einige PDK-Mandatare der Wahl Pacollis widersetzten, wurde die Präsidentenwahl zu einem riskanten Unterfangen für Premier Thaçi und seine Regierung. Und das, obwohl es nicht einmal einen Gegenkandidaten zu Pacolli gab. Wäre dieser nicht dann doch im dritten Anlauf knapp zum neuen Präsidenten gewählt worden, hätten laut Verfassung kurz darauf neuerlich Parlamentswahlen abgehalten werden müssen – mit einem unsicheren Ausgang für Premier Thaçi, der in dieser Zeit wieder einmal von mehreren Fronten unter Beschuss geraten war.

Bei der Präsidentenwahl war ich neben anderen internationalen VertreterInnen, unter anderem auch dem US-Botschafter Christopher Dell, auf der Galerie im Parlament in Prishtina. Ich saß zwei Sitze neben Dell. Dadurch bekam ich direkt mit, wie er nach dem gescheiterten zweiten Wahlgang Pacollis dem neben mir sitzenden Mitarbeiter Anweisungen für das Verhalten Pacollis diktierte, die der Mitarbeiter per SMS-Nachricht an Pacolli weiterleitete[21]. Pacolli befand sich im unteren Teil des Saales und war unsicher, ob er weiter kandidieren solle, und forderte seinen Mitarbeiter auf: »Ask CD (Christopher Dell, Anm.) what to do for 3rd time.« Dell ließ ihn beruhigen: »Dell: Fatmir and Jakup were afraid of threat at the end. Thinks it will be close, but OK …« Dell hatte anscheinend gemeinsam mit Thaçi und dessen Leuten eine Strategie ausgedacht, die sogar Drohungen inkludierte, z. B. gegen Jakup Krasniqi, der wieder Parlamentspräsident werden wollte, aber so wie viele andere Pacolli gar nicht schätzte. Was Dell nicht bedacht hatte: Die Galerie ist bei derartigem Besucherandrang sehr dicht besetzt, und es war einigen JournalistInnen, die hinter uns saßen, ein Leichtes, die SMS von Dell und Pacollis Mitarbeiter von hinten zu fotografieren. Ich verstand auch nicht, warum die beiden nicht zumindest ihre SMS vor neugierigen Augen schützten. Ich machte das, auch wenn meine SMS lange nicht so brisant waren, wie die der beiden US-Amerikaner. Dell protestierte später gegen die Berichte in kosovarischen Medien, die den Inhalt einiger während der Parlamentssitzung geführten und von Anwesenden mitgehörten Telefongespräche bzw. der fotografierten und abgedruckten SMS thematisierten. Er war sich jedenfalls keiner wie immer gearteten Schuld bewusst – im Gegenteil: Er warf den Tageszeitungen »Koha Ditore« und

[21] Alle Details finden sich hier: https://euobserver.com/foreign/31926.

»Gazeta Express« sowie dem staatlichen TV-Sender KTV gesetzwidriges Handeln vor und wandte sich damit an die Unabhängige Medienkommission. Ich meinerseits verurteilte den unverblümt an den Tag gelegten Interventionismus der USA, die es scheinbar als Selbstverständlichkeit erachteten, sich in den Wahlprozess eines unabhängigen Landes einmischen zu dürfen.

Bei dieser Präsidentenwahl (nach der schon wegen zahlreicher Unregelmäßigkeiten umstrittenen Parlamentswahl im Dezember 2010, bei der ich auch Wahlbeobachterin war) stimmte jedenfalls in den ersten beiden Abstimmungsrunden nicht einmal eine einfache Mehrheit für Pacolli. Daraufhin wurde die Parlamentssitzung unterbrochen. Der Vorsitzende Jakup Krasniqi, der als möglicher PDK-Alternativkandidat zu Pacolli gehandelt wurde und interimsmäßig die Pflichten des Präsidenten übernommen hatte, ließ fünf Minuten zu, die sich aber zu einer Dreiviertelstunde ausweiteten. In dieser Zeit fanden die genannten Telefongespräche statt, wurden die genannten Kurznachrichten mit Anweisungen verschickt und in den Gängen und anderswo hektisch verhandelt und offensichtlich ein Kompromiss erzielt, oder der eine oder andere Abgeordnete, womit auch immer, doch noch überzeugt. Im dritten Durchgang bekam Pacolli mit 62 Stimmen jedenfalls die nötige Mehrheit. Und kurz darauf wurde auch die neue Regierung bestätigt.

Lange konnte sich Behgjet Pacolli aber nicht auf dem Präsidentenstuhl halten. Nach etwas mehr als einem

Monat wurde er durch einen Entscheid des Verfassungsgerichts abgesetzt. Die Höchstrichter gaben einer Beschwerde der Opposition statt und erklärten die Wahl Pacollis wegen Verfahrensfehlern und Verstößen gegen die parlamentarische Geschäftsordnung für ungültig. Eine Verfassungskrise zeichnete sich ab, bis sich nach langem Streit Regierung und Opposition doch noch auf eine gemeinsame Kandidatin für das Amt des Staatspräsidenten einigen konnten. Im April 2011 wurde die stellvertretende Polizeichefin Atifete Jahjaga als Kompromisskandidatin in das Amt gewählt. Aber auch dabei hatte der US-amerikanische Botschafter Chris Dell seine Hände mit im Spiel, zumindest am Beginn zum Schaden der neuen Präsidentin, die schon mit dem Verdacht der Gängelung und in ihrem Amt eine Marionette zu werden, antreten musste (die aber dennoch, trotz dieses schwierigen Einstiegs, viel aus ihrem neuen Amt, vor allem für die Frauen des Landes und die Reputation im Ausland, herausholen konnte). Zum Schaden jedoch auch für die Reputation der Politik in Kosovo/Kosova, die von den BürgerInnen keineswegs als unabhängig, sondern als verlängerter Arm und Handlanger internationaler Interessen wahrgenommen wird – ein wichtiger Grund für die späteren Wahlerfolge der links-nationalistischen Partei »Vetëvendosje!«, die ja das Programm bzw. die Forderung nach Selbstbestimmung im Namen trägt. Und vor allem zum Schaden für das internationale Image Kosovos/Kosovas, das Serbien bzw.

Russland und anderen Gegnern des unabhängigen Kosovo/Kosova immer wieder Angriffsflächen bietet. Auch deshalb wäre Kosovo/Kosova besser beraten, die europäische Perspektive als leitende Idee seines politischen Handelns festzulegen und sich nicht auf den angeblich besten Freund[22] auf der anderen Seite des Atlantiks zu verlassen. Denn Gret Haller, von 1996 bis 2000 Ombudsfrau für Menschenrechte in Bosnien-Herzegowina, hat das Grundmuster der US-Politik am Balkan einmal so beschrieben: »Die kurzfristigen Erfolge und Konsequenzen sind für den US-Amerikaner sehr viel wichtiger als die langfristigen, weil er sich darauf verlässt, dass man die langfristigen Konsequenzen später schon noch irgendwie werde korrigieren können.« Die EU verfolgt hingegen einen völlig anderen Ansatz: eine Integrationsstrategie mit dem Zwischenziel der Annäherung und dem Endziel des Beitritts der Länder der Region in die Europäische Union. Und das ist auch das, was die Mehrheit der Menschen am Westbalkan, egal ob in Kosovo/Kosova oder in Serbien, errei-

[22] Der »beste Freund« Chris Dell wurde übrigens ein Jahr nach seiner Zeit als US-Botschafter in Kosovo/Kosova Country Manager für den US-Baukonzern Bechtel in Mosambik – jenen Konzern, dem er als US-Botschafter in Kosovo/Kosova den Zuschlag für einen kontroversiellen milliardenschweren Straßenbauauftrag sichern konnte. Den dafür zuständigen Verkehrsminister Fatmir Limaj, wegen Korruption bei Straßenbauaufträgen angeklagt, versuchte er, mit einem diplomatischen Posten aus Kosovo/Kosova in die USA zu bringen. Dies schlug jedoch fehl. Näheres in: https://www.theguardian.com/world/2014/apr/14/us-ambassador-kosovo-construction-contract-firm-highway.

chen will. Denn wie die oben zitierte Umfrage in Serbien gezeigt hat: Wenn Eltern ihren Kindern etwas raten, dann ist es, sich nach Europa zu orientieren.

Kapitel 10
Never ending story Visa-Liberalisierung
Wer tauscht Almwiesen gegen Reisefreiheit?

»Wanderlust« lautet der Titel eines etwas anderen Visa-Liberalisierung-Buches, das das kosovarische Außenministerium 2016 veröffentlicht hat. 29 Persönlichkeiten aus den Bereichen Kultur, Zivilgesellschaft, Sport, Wissenschaft und Politik in Kosovo/Kosova lieferten für diesen Bericht ihre Statements über die Bedeutung des freien Reisens und über den Schaden, den die Isolierung eines Landes und seiner BürgerInnen anrichtet. Ich war eingeladen, als einzige nicht-kosovarische Autorin – sozusagen als »Ehren-Kosovarin« – ebenfalls einen kurzen Artikel beizusteuern. Begonnen habe ich mein Statement mit dem wohl berühmtesten Song von Beatles-Legende John Lennon: »Imagine!« und der Zeile: »Imagine there's no countries, it isn't hard to do …«

John Lennon hat mit diesem Lied Geschichte geschrieben. Nicht umsonst wurde »Imagine« zur Hymne der Friedensbewegung und zum Leitgedanken von so vielen von uns, die sich eine Welt ohne Kriege, mit mehr Gerechtigkeit und Gleichheit nicht nur vorstellen können, sondern sich auch dafür engagieren. Die von mir zitierte Zeile thematisiert auch einen der EU-Grundpfeiler, das grenzenlose Europa und die damit einhergehende Bewegungs- und Reisefreiheit. Das Lied wurde 1971 veröffentlicht – eine Zeit, in der die im damaligen Jugoslawien lebenden Eltern und Großeltern der heutigen BürgerInnen Kosovos/Kosovas frei und ohne Visa in fast alle Staaten der Welt, Ost und West reisen konnten – mit Ausnahme einiger weniger wie USA, Albanien, China, Israel und Griechenland. Und heute? Wie würden Sie sich fühlen, ermunterte ich die europäischen LeserInnen dieses »Wanderlust«-Berichtes, sich in die Situation heutiger KosovarInnen hineinzuversetzen, wenn

• Sie heute in Zeiten des gemeinsamen Europas und im Gegensatz zu Ihren Eltern und Großeltern in Ihrem Land eingesperrt wären und die einzigen Länder, in die Sie ohne langwierige Visa-Ansuchen frei reisen dürfen, Albanien, Mazedonien, Montenegro, Serbien, die Türkei und die Malediven sind?

• im Unterschied zu Ihnen alle BürgerInnen in den Westbalkan-Nachbarländern, aber auch der Ukraine oder Georgiens oder sogar aus Peru oder Kolumbien ohne Visumpflicht für 90 Tage in die Europäische Union reisen dürfen?

• Sie sich zum Beispiel als kosovarischer Kardiologe mühsam ein Visum für die Teilnahme an einem wichtigen Kardiologen-Kongress in Wien organisieren müssen, oder auch nur, wenn Sie ihre Verwandten in Österreich, Deutschland oder Schweden wieder einmal sehen wollen – und Sie für dieses Visum für lediglich drei Tage rund ein Viertel eines durchschnittlichen kosovarischen Monatseinkommens bezahlen und zweimal nach Skopje reisen müssen?

Imagine! Wie würden Sie sich da fühlen? Enttäuscht? Unfair behandelt? Erniedrigt? Kein Zweifel, Sie würden mit Unverständnis, vielleicht sogar Zorn reagieren, und sich wieder einmal als BürgerIn zweiter Klasse fühlen. Die Liste der Behinderungen der Eigenständigkeit Kosovos/Kosovas und des endlich »Herr/in im eigenen Haus Sein«, ist immer noch lang. Verschiedene Aspekte davon behandle ich in den anderen Kapiteln dieses Buches. Die für die Bevölkerung jedoch spürbarste Einschränkung ist nach wie vor die Tatsache, dass Kosovarinnen und Kosovaren – egal welcher ethnischen Zugehörigkeit – mit einem Pass der Republik Kosovo/Kosova immer noch nicht frei für drei Monate in die EU reisen dürfen. Im ersten Kapitel habe ich bereits meinen Besuch im November 2010 in der Universität Prizren und meine Gespräche mit den Studierenden und dem Führungs- bzw. Lehrpersonal dort erwähnt. Eine Wortmeldung damals ist mir dabei im Zusammenhang mit dem Thema dieses Kapitels besonders in Erinnerung geblieben: Ein Student sagte zu mir, bezugnehmend auf meine Rolle als Kosovo-Berichterstatterin des Europäischen Parlaments: »Ich hoffe, Sie werden der Grund sein für unsere Visa-Liberalisierung mit der EU!« Der Grund dafür werde ich nicht sein, habe ich ihm geantwortet, aber ich werde mein Möglichstes tun, um den Visa-Prozess in Gang zu bringen und die Visa-Liberalisierung auch für Kosovo/Kosova durchzusetzen. Denn gerade angesichts der vielen jungen Kosovarinnen und Kosovaren finde ich es – auch wenn ich um die Notwendigkeit der Einhaltung von Kriterien weiß – unerträglich und seitens der EU einfach politisch dumm, das Land als einziges Land in der Region so zu isolieren. Denn wollen die EU und die InnenministerInnen der Mitgliedsstaaten im Rahmen der großen geschürten Angst vor Flüchtlingen und Migration wirklich dazu beitragen, dass sich die vielen jungen Menschen im Land, die bisher die pro-europäischsten in ganz Südosteuropa waren, mehr in Richtung Türkei orientieren? Einer Türkei unter dem autoritären Regime Erdoğan, die sie mit offenen Armen empfängt und die ihre geopolitischen und wirtschaftlichen Interessen sehr wohl über persönliche Kontakte zu kanalisieren weiß?

Ich habe mich oft gefragt, ob die sich lange dem Beginn des Visa-Dialogs mit Kosovo/Kosova verweigernden InnenministerInnen tatsächlich nur den Tunnelblick auf die geschürte Angst ihrer BürgerInnen vor muslimischer Migration im Blickfeld und außerdem noch nie davon gehört hatten, dass Isolation die Bereitschaft zu Radikalisierung fördert. Die Enttäuschung über die unerfüllten Versprechungen der EU ist mit jedem Jahr gewachsen, in dem die KosovarInnen ergebnislos auf die Visa-Freiheit oder die an anderer Stelle dieses Buches thematisierten Ankündigungen von EULEX, effektiv gegen die »großen Fische« der Korruption und der organisierten Kriminalität vorzugehen, gewartet haben. Es wurde für mich über die Jahre hinweg ein immer größeres Problem, gegenüber den KosovarInnen glaubhaft zu erklären, warum die Union eine Art Zwei-Klassen-System für Reisende vom Westbalkan etabliert. Erhard Busek, der langjährige Sonderkoordinator des Südosteuropa-Stabilitätspaktes und österreichischer Vizekanzler a. D. verlangte bereits Ende Juni 2008 zum Auslaufen des Stabilitätspakts den EU-Kandidatenstatus und Visa-Freiheit für alle Staaten des Westbalkans. Gelinge es, die Staaten in den EU-Friedensprozess zu integrieren, könnte die jetzige Aufteilung der Region, sprich die Grenzziehungen eine dauerhafte Lösung werden, prognostizierte Busek in einem Gespräch mit der Austria Presse Agentur.

Am 23. Dezember 2009, nach der Aufhebung des Visa-Zwangs für die BürgerInnen von Mazedonien, Montenegro und Serbien, die ich sehr begrüßt habe, veranstaltete ich mit tatkräftiger Unterstützung meiner ersten Praktikantin Angela Wieser ein Fest im Ostklub in Wien, um die Visa-Freiheit für die Bürgerinnen und Bürger dieser Staaten zu feiern und für die anderen Westbalkan-Staaten zu fordern: »20 Jahre nach dem Fall des Eisernen Vorhanges«, sagte ich damals, »muss die Reisefreiheit jedoch weiter gehen, um auch den BürgerInnen von Albanien, Bosnien-Herzegowina und Kosovo/Kosova eine visafreie Einreise in Länder der Europäischen Union zu ermöglichen.« Nachdem Albanien und Bosnien-Herzegowina ein Jahr darauf im November 2010 durch die Visa-Freiheit-Ziellinie gingen, blieb nur mehr Kosovo/Kosova als das isolierte Land am Westbalkan zurück. Das ist mittlerweile mehr als sieben Jahre her, und die Isolation hat zugenommen, im selben Verhältnis wie der Glaube an die EU-Integration abgenommen hat im jüngsten europäischen Land.

Selbstverständlich haben auch die kosovarischen Regierungen einen Anteil an dieser Misere. Das habe ich damals auch den Studierenden in Prizren erklärt, dass nämlich auch die KosovarInnen die in ihrer eigenen Verantwortung liegenden Aufgaben und Bereiche erfüllen müssen – von der Regierung über die Opposition im Parlament bis hin zur Zivilgesellschaft, und nicht nur darauf warten, dass »die EU« (die ja noch dazu kein einheitlich agierendes Konstrukt ist – Stichwort Nicht-Anerkenner-Staaten) ihre Probleme löst. Visa-Freiheit ist kein Recht, sondern sie basiert für Kosovo/Kosova auf der Erfüllung von 95 genau definierten Kriterien. Am 18. Dezember 2015 attestierte die EU-Kommission in ihrem dritten Bericht zum Visa-Dialog mit Kosovo/Kosova, dass Prishtina 87 dieser Kriterien vollständig und 8 teilweise erfüllt hat. Die Hoffnung, dass 2016 als das Jahr für die Visa-Freiheit für KosovarInnen in die Geschichte eingehen könnte, schien also durchaus berechtigt. Und auch der genannte Wanderlust-Bericht gab dem Glauben Ausdruck, dass 2016 das Ende der EU-Isolationspolitik bedeuten würde. Doch es kam wieder anders. Mehrere Gründe, auf die ich weiter unten noch näher eingehen werde, waren dafür entscheidend.

Zunächst schien mit der Unterzeichnung des Stabilisierungs- und Assoziierungsabkommen (SAA) zwischen der EU (Außenbeauftragte Mogherini) und Kosovo/Kosova (Premier Mustafa) am 27. Oktober 2015 in Straßburg noch alles eitel Wonne. Die entscheidende Ampel für eine erfolgreiche Fortsetzung der EU-Annäherung Kosovos/

Kosovas wurde damit auf Grün gestellt, ein Gewinn für beide Seiten erreicht. Das SAA ist die erste umfassende vertragliche Beziehung zwischen Kosovo/Kosova und der EU, ist der erste Schritt in Richtung Beitritt, und schreibt alle Elemente einer vollständigen politischen und wirtschaftlichen Zusammenarbeit fest: Das SAA beinhaltet eine vollständige Öffnung des EU-Marktes für Produkte aus Kosovo/Kosova, während Kosovo/Kosova für einige sensible Produkte längere Übergangsfristen erhält. Neben der Liberalisierung des Handels mit Waren und Dienstleistungen und des Kapitalverkehrs gehört zum SAA auch die Schaffung eines politischen Dialogs – etwa im Rahmen der halbjährlich tagenden Zusammenarbeit der Parlamente; die Anpassung an das EU-Recht in Bezug auf Wettbewerb, öffentliche Beschaffung, geistige Eigentumsrechte, Konsumentenschutz, Soziales, Bildung, Kultur, Umwelt u. v. a. m. Sogar der serbische Premierminister Aleksandar Vučić äußerte sich positiv zum SAA-Abschluss. »Ausgezeichnet« nannte Vučić das Abkommen und wies darauf hin, dass das SAA auch der serbischen Wirtschaft Vorteile in Kosovo/Kosova sichern würde. Es gelte, das Abkommen in diesem Licht zu nutzen, meinte Vučić. Seit Jahresbeginn 2015 war es zudem schon zu sichtbaren Fortschritten in der Zusammenarbeit der Wirtschaftskammern der beiden Länder gekommen, konnten beide Kammern doch auch einen gemeinsamen Aktionsplan für eine engere Zusammenarbeit präsentieren.

Kurzum, die Republik Kosovo/Kosova machte mit dem SAA zweifellos einen großen Schritt nach vorne im EU-

Annäherungsprozess. Für mich war das auch ein wichtiges Signal gerade in der damals wieder einmal aufgeheizten innenpolitischen Stimmung im Land. Im Kontext sowohl des inner-kosovarischen Konflikts um den serbischen Gemeindeverband als auch um das Grenzabkommen mit Montenegro wurde damals kräftig an der Eskalationsspirale gedreht. Ich verurteilte scharf die Tränengas- und Eier-Attacken als keine angemessenen Mittel der politischen Auseinandersetzung in einem Parlament. Gleichzeitig forderte ich Opposition und Regierungsparteien auf, unverzüglich Grabenkämpfe zu beenden und konstruktiv an einer Lösung im Sinne aller kosovarischen Bürgerinnen und Bürger zu arbeiten. Besonders in Richtung der Oppositionsparteien erinnerte ich an die gute kosovarische Tradition des – im Sinne des ersten kosovarischen Präsidenten Ibrahim Rugova – gewaltfreien Protestes und forderte alle auf, anstatt weiterer Schritte Richtung Eskalation die Antwort des letztzuständigen kosovarischen Verfassungsgerichtshofs abzuwarten und zu akzeptieren. Leider erreichte ein zuvor von den beiden Abgeordneten Vjosa Osmani und Ilir Deda (die eine aus der Regierungspartei LDK kommend, der andere Oppositionsabgeordneter) eingebrachter Entwurf für einen echten politischen Dialog zwischen den Parteichefs und eine politische Lösung, die die Funktionsfähigkeit des kosovarischen Parlaments wieder herstellen sollte, keine Mehrheit. Auch ich habe mich damals bemüht, um diesem Vorschlag zum Durchbruch zu verhelfen und damit zu einer friedlichen

Verhandlungsführung wie konstruktiven parlamentarischen Debatten zurückzukehren. Dabei ging es mir vor allem auch darum, dass das Image Kosovos/Kosovas im Ausland nicht durch eine weitere Eskalation der Gewalt noch mehr beschädigt wird. Denn das würde es FreundInnen Kosovos/Kosovas wie mir sehr schwer machen, so meine Argumentation, auf europäischer Ebene für eine weitere EU-Integration einzutreten. Insbesondere wenn es darum geht, die InnenministerInnen der EU-Mitgliedsstaaten davon zu überzeugen – nachdem die Kommission ihr grünes Licht für die Visa-Freiheit gegeben hat – ebenfalls ihr OK für die Visa-Liberalisierung zu geben. Wie gesagt, meine und unsere Bemühungen für den Osmani-Deda-Einigungsvorschlag blieben unbeachtet. Die Eskalation rund um die Frage des Grenzabkommens führte schließlich zu Neuwahlen und die Diskussion darüber ist auch Anfang 2018 noch nicht beendet.
Doch noch einmal kurz zurück zur SAA-Unterzeichnung. Damit sandte die EU endlich wieder einmal ein lange erwartetes eindeutiges Signal an die KosovarInnen, dass sie und ihr Land nicht zur vergessenen Peripherie gehören, sondern Teil des europäischen Einigungsprozesses sind. Am Tag der Unterzeichnung rief ich zu einem raschen Ratifizierungsverfahren sowohl im Europaparlament als auch in der Nationalversammlung in Prishtina auf, damit dieses Abkommen schnellstmöglich in Kraft treten kann. Und ich erinnerte daran, dass nach dem Abschluss des SAA die Umsetzung der Visa-Liberalisierung als nächster

wichtiger Schritt im EU-Integrationsprozess anstehen muss.

Zu gut war mir nämlich noch Erinnerung, was ein Jahr zuvor das internationale Image arg beschädigt und zu einem schweren Rückschlag der Reisefreiheits-Bemühungen Kosovos/Kosovas geführt hatte: Im Spätherbst 2014 setzte sich eine Massen-Auswanderung von KosovarInnen Richtung EU in Bewegung, die zum Jahreswechsel ihren Höhepunkt erreichte. 50.000 bis 60.000 Menschen sollen laut Schätzung von kosovarischer Seite allein zwischen Dezember 2014 und Februar 2015 ausgewandert sein. Der Großteil davon reiste via Serbien und Ungarn vor allem nach Österreich, Deutschland, in die Schweiz und gegebenenfalls noch weiter. Da Kosovo/Kosova jedoch schon damals in einigen EU-Staaten als »sicheres Herkunftsland« eingestuft wurde, hatten die Asylanträge dieser KosovarInnen keine Chancen auf Erfolg. Asyl-Schnellverfahren und Massenabschiebungen per Flugzeug waren die Folge. Auch die kosovarische Regierung wollte ihren eigenen BürgerInnen die »Illusionen« über ein Asyl im Ausland nehmen und bat die europäischen Staaten um Hilfe, die Massenauswanderung seiner BürgerInnen zu stoppen. Kosovos/Kosovas Innenminister Skender Hyseni forderte in diesem Sinne die Regierungen der EU-Mitgliedsstaaten auf, illegale MigrantInnen aus Kosovo/Kosova so bald wie möglich wieder in ihre Heimat zurückschicken. »Man hat uns immer wieder gesagt, dass die große Mehrheit der illegalen Migranten keinen (Aufenthalts-)Status bekommt und zurückgeschickt wird. Ich möchte betonen, dass ich das möchte, dass dies schnellstmöglich passiert«, sagte Hyseni. »Wir alle wissen, dass der Kosovo nicht die besten Bedingungen zum Leben bietet«, es handle sich aber um ein »sicheres Land«. Rund um den Massen-Exodus hatte sich nämlich sehr schnell ein Netzwerk von Schleusern entwickelt. Oft verkauften KosovarInnen ihr Hab und Gut für die Auswanderung, nur um mit nichts mehr in den Taschen kurz darauf wieder nach Kosovo/Kosova zurückkehren zu müssen. Auch die Politik von serbischer Seite schien nicht unbedingt von einem gutnachbarschaftlichen Gedanken getragen. Vielmehr schaute es so aus, als würde Serbien seine Grenzen für den Durchzug kosovarischer Flüchtlinge nicht ohne Schadenfreude öffnen. Die serbische Regierung berichtete zwar regelmäßig, man habe die Migrationswelle aus Kosovo/Kosova mit stärkeren Grenzkontrollen eingedämmt; nicht nur Innenminister Hyseni hegte daran aber starke Zweifel. Auch Kosovos/Kosovas Präsidentin Atifete Jahjaga klagte: »Serbien hat seine Tore weit geöffnet für illegal Ausreisende aus dem Kosovo.« Gleichzeitig wuchs auch die Zahl derer, die einen serbischen Pass beantragten. Nach Angaben Belgrads wurden 60.000 solcher Anfragen innerhalb weniger Wochen rund um den Jahreswechsel 2014/15 registriert. Der Hintergrund dafür war, dass serbische Staatsangehörige im Unterschied zu KosovarInnen ohne Visum in die EU reisen können.

Deswegen drängte auch der kosovarische Innenminister Hyseni die EU-Staaten in dieser Zeit darauf, die Visa-Pflicht für KosovarInnen zu lockern und ihnen eine legale

Einreise zu ermöglichen. Damit könnte man die illegalen Grenzüberschreitungen beenden und die EU bekomme einen realen Blick über die Zahl der Einreisenden, argumentierte Hyseni. Unter anderen die damalige österreichische Innenministerin Mikl-Leitner erteilte diesem Ansinnen eine Absage. Zuerst müsse es weniger Asylansuchen von KosovarInnen geben, forderte sie, sowie eine Stabilisierung der wirtschaftlichen Lage.

Gemeinsam mit dem österreichischen Politikwissenschaftler und Balkan-Experten Vedran Džihić widersprach ich in einem Gastkommentar für den »Standard« im Februar 2015 dieser Meinung der Innenministerin. Anders als sie waren und sind wir nach wie vor überzeugt, dass, gäbe es die Visa-Freiheit, nicht so viele Tausende KosovarInnen versucht hätten, über Serbien und Ungarn in Österreich oder Deutschland Asyl zu bekommen. Unsere Argumentation lautete, dass das Gefühl des Eingesperrtseins, ohne wirkliche Zukunftsperspektiven zu haben, in der zweiten Jahreshälfte 2014 bei vielen KosovarInnen einen neuen Höhepunkt erreicht hatte. In meinen ersten Jahren als Kosovo-Berichterstatterin ab 2009 habe ich bei jedem meiner Besuche den Enthusiasmus und das Engagement der vielen jungen Leute gespürt, die vor und während des Krieges 1999 das Land verlassen mussten, dann im Ausland die Schule beendet und studiert hatten, und nach der Unabhängigkeit zurückgekommen waren, um beim Aufbau ihres so lange herbeigesehnten jungen Staates mitzumachen. Dieser Enthusiasmus war aber mittlerweile bei vielen einer großen Enttäuschung gewichen. Die zu geringen Fortschritte bei der Visa-Liberalisierung waren ein Teil davon. Dafür ist natürlich auch den fünf Nicht-Anerkenner-Staaten der EU (Griechenland, Rumänien, Slowakei, Spanien und Zypern) eine gewisse Mitverantwortung – um nicht von Mitschuld zu sprechen – zuzuschreiben (siehe vor allem auch Kapitel 5). Neben diesen längerfristigen Gründen sahen Džihić und ich aber noch weitere Auslöser für den Massen-Exodus aus Kosovo/Kosova genau zu diesem Zeitpunkt. Neben den externen Faktoren sahen wir hier vor allen auch interne: Die schlechte wirtschaftliche und soziale Lage, die sich in den letzten Jahren nicht wirklich deutlich verbessert hat, das schlechte Gesundheitssystem und die immer noch zu geringen Erfolge im Kampf gegen Korruption. Vor allem aber auch die hohe Jugendarbeitslosigkeit machte und macht Kosovo/Kosova zu schaffen. Ein Resultat der wirtschaftlichen Misere ist auch die extrem hohe Anzahl der in Armut lebenden bzw. von Armut bedrohten KosovarInnen, die laut UNDP bei etwa 45 Prozent liegt. Und das Gefühl des Eingesperrtseins vergrößerte noch die anderen Entbehrungen und Enttäuschungen. Nach so vielen Versprechungen in der Vergangenheit, die nicht eingelöst wurden, glaubten sie ihren PolitikerInnen einfach nicht mehr.

Die Regierungsbildung Anfang Dezember 2014 fegte dann wohl noch bei vielen die letzten Reste des Vertrauens hinweg. Und sie brachte eine Regierung an die Macht, die die Hoffnung auf einen Politikwechsel und tiefgreifende Veränderungen neuerlich zunichtemachte. Die Wahl im Mai 2014 hatte Verluste der seit 2008 regierenden PDK unter Hashim Thaçi gebracht. Die Partei wurde zwar wieder erste, doch hatten die Oppositionsparteien mit einer Koalition gegen die PDK einen Politikwechsel herbeiführen wollen. Die Hoffnung darauf zerbrach Anfang Dezember, nachdem LDK-Chef Isa Mustafa – auch auf Druck einiger Internationaler in Prishtina – Thaçi sein OK für eine »große Koalition« gab. Einige BotschafterInnen von EU-Mitgliedstaaten in Prishtina hatten damals im Vorfeld dieses befürchteten Schwenks des LDK-Chefs versucht, eine öffentliche Unterstützung für eine alternative Regierung zu signalisieren, ev. mit Duldung durch Vetëvendosje, und mit einem Ende der langjährigen Regierungsführung durch die PDK, die ja eindeutig Verluste bei der Wahl hinnehmen musste. Dieses Ansinnen wurde leider in der Nacht vor der Öffentlichmachung durch die Anweisung aus einer Hauptstadt – es war nicht Wien! – zunichtegemacht. Ich bedauerte dies, denn das junge Land hätte einen demokratischen Wechsel verdient. Doch auch hier galt einigen Staatskanzleien wieder einmal: Lieber Stabilität mit dem, den wir kennen, statt der demokratischen Entscheidung der WählerInnen zu folgen und eine Regierung mit neuen Mehrheiten zu versuchen. Ich habe persönlich in vielen Gesprächen diese zweitere Position vertreten, fand auch, dass es Vetëvendosje guttun würde, einmal selbst Regierungsverantwortung zu haben, oder zumindest eine Minderheitsregierung verantwortungsvoll zu unterstützen und damit den »Gegen-alles-Sein«-Habitus endlich zu verlassen. Öffentlich hatte ich diese Position nicht vertreten, aber gehofft, dass sich auch jene Internationalen, die die PDK an der Macht halten wollten, mit direkter Einflussnahme zurückhielten. Leider lag ich da falsch.

Durch seinen Schwenk wurde Mustafa selbst Premier, und Thaçi Außenminister – mit dem Versprechen, dass ihn 2016 auch die LDK-Abgeordneten im Parlament zum Staatspräsidenten wählen werden – ein undemokratischer Deal, der nicht nur mir gar nicht schmeckte. Und die Enttäuschung über diese Regierungsbildung trug wohl auch dazu bei, dass Tausende die Hoffnung auf eine Neuorientierung in ihrer kosovarischen Heimat in weite Ferne gerückt sahen und meinten, es reicht – sie versuchen es in der EU. Und zahlreiche SerbInnen halfen ihnen dabei: Schlepper, Bus- und Taxifahrer – und manche in Serbien haben sich dabei wohl heimlich ins Fäustchen gelacht und gedacht: Gut, dass Kosovo/Kosova wieder einmal schlecht dasteht in der EU.

Die österreichische Innenministerin Mikl-Leitner war in der Zeit des Massen-Exodus nach Kosovo/Kosova gereist und lancierte dort eine Inseratenkampagne, die klarmachen sollte, dass es in Österreich kaum eine Chance auf Asyl für KosovarInnen gab. Für Vedran Džihić und mich wäre es aber besser gewesen, wenn sie in den Jahren davor mehr dazu beigetragen hätte, dass ihre InnenministerkollegInnen im Rat eine positivere Haltung zur Visa-Liberalisierung an den Tag legen – und innerhalb der österreichischen Bundesregierung, dass z. B. das Justizministerium gut qualifizierte RichterInnen und StaatsanwältInnen für die EU-Zivilmission EULEX zur Verfügung gestellt hätte (siehe auch Kapitel 8). Das hätte sowohl zu Stabilisierung wie auch zu mehr Rechtsstaatlichkeit im Land beigetragen. In den damaligen Zeiten, in denen viele keine oder wenig Perspektive in Kosovo/Kosova sahen, diese mit der Botschaft »Ihr habt bei uns keine Chance« vor den Kopf zu stoßen, verunsicherte unserer Meinung nach die KosovarInnen in ihrem Glauben noch mehr, ob »die EU« sie denn auch wirklich haben will. So hoffnungsfroh die KosovarInnen 2008 am Unabhängigkeitstag Richtung Europa und Zukunft blickten, so verunsichert und enttäuscht waren sie am Jahresbeginn 2015.

Eine unserer Meinung nach adäquate Antwort auf einen Vertrauensvorschuss, wie er z. B. im Juli 2017 in einer Gallup-Umfrage immer noch existiert (mit 84 Prozent ist der Anteil der EU-Begeisterten immer noch der höchste unter allen sechs Westbalkanstaaten), müsste doch die rasche Umsetzung der Visa-Liberalisierung und intelligente Programme zur wirtschaftlichen Entwicklung anbieten. Mit Rhetorik und Appellen ließ sich die Krise rund um den Jahreswechsel 2014/15 jedenfalls nicht lösen. Als die kosovarische Präsidentin Atifete Jahjaga in dieser Zeit versuchte, die Menschen mit dem Versprechen auf neue Arbeitsplätze zum Verbleib im Land zu motivieren, trat ihr ein Mann verbittert entgegen und meinte »Wenn ich morgen einen Job bekomme, bleibe ich, ansonsten bin ich weg.« Was sollte die Präsidentin diesem Mann entgegenhalten? Ausreichend Arbeitsplätze werden schlicht und einfach nicht vom Himmel fallen. Wir, Džihić und ich, haben jedenfalls in diesem Exodus einen Weckruf gesehen – an die Politik in Kosovo/Kosova, aber auch an die EU. Schluss mit leerer Rhetorik und deklarativem selbstbezogenen Politikstil, und Ärmel aufkrempeln! Harte und langwierige Reformen verlangen nach am allgemeinen Wohl und nicht nur eigenen Partikularinteressen orientierten PolitikerInnen, die weniger reden und mehr handeln. Seitens der EU muss man sich endlich davon verabschieden, alles durch das Prisma Angst vor (muslimischen) Flüchtlingen bzw. der eigenen Sicherheit zu betrachten, und muss aus der Erfahrung von Visa-Liberalisierungen der Nachbarstaaten lernen: Es gab keine Massenmigration! Unser Appell lautete deswegen: Schluss mit Business as usual! Mehr Mut zur schnellen Visa-Liberalisierung, zu einer effizienten EU-Erweiterungsstrategie, zum offensiven Dialog mit den fünf Nicht-Anerkenner-Staaten und letztlich auch zu neuen intelligenten Migrationsstrategien. Die Mühen der Ebene, um Bertolt Brecht zu paraphrasieren, sind in Kosovo/Kosova wohl noch mühsamer als woanders, könnten aber auch dort mit einem »Reset« der bisherigen Politik auf kosovarischer und europäischer Ebene bewältigt werden.

Zu diesem »Reset« ist es schließlich auch gekommen – aber anders, als wir uns das erhofft hatten. Nicht durch eine konstruktive und auf die Zukunft gerichtete Politik, sondern durch destruktive und vor allem stark nationalistisch ausgerichtete Blockade-Politik. Die drei Oppositionsparteien »Nisma«, »Allianz für die Zukunft (AAK)« und »Vetëvendosje!« blockierten weitere eineinhalb Jahren die Parlamentsarbeit – immer wieder auch mit gewalttätigen Mitteln –, um die Ratifizierung des Grenzabkommens mit Montenegro und die Schaffung des Verbands der serbischen Gemeinden im Kosovo zu verunmöglichen. Und das obwohl sie wussten und wissen, dass das Grenzabkommen die wichtigste verbliebene Voraussetzung seitens der EU für die Visa-Liberalisierung darstellt.

Ich habe in dieser Zeit immer wieder versucht, die kosovarische Opposition zu einem Ende dieser Blockadepolitik zu bringen. Mein Hauptargument war, dass Fernsehbilder mit Tränengas-Attacken im Parlament in Prishtina kontraproduktiv für die Erfüllung des Wunsches nach visumfreiem Reisen sind. Und dass der Schlüssel zur Erteilung der EU-Visa-Freiheit seit Monaten ungenützt in den Händen von Kosovos/Kosovas Parlament und Regierung liege. Deswegen forderte ich: Das Grenzabkommen mit Montenegro gehört ratifiziert. Für die Ratifizierung des Grenzabkommens ist eine Zweidrittelmehrheit im Parlament notwendig. Diese wurde aber bis zur Drucklegung dieses Buches nie erreicht. Im Mai 2017 schließlich scheiterte die kosovarische Regierung von Ministerpräsident Isa Mustafa an einem Misstrauensvotum im Parlament. Gegen das Kabinett sprachen sich 78 von 120 Abgeordneten aus, darunter auch jene der mitregierenden Demokra-

tischen Partei (PDK). Neuwahlen wurden für den 11. Juni 2017 avisiert.
Gerne wäre ich auch diesmal, wie schon einige Male zuvor, wieder als Wahlbeobachterin am Wahltag in Kosovo/Kosova gewesen, aber meine Entscheidung, am 21. Mai, kurz nach dem Rücktritt der Parteichefin der österreichischen Grünen, Eva Glawischnig, die Spitzenkandidatur für die ebenfalls vorverlegten österreichischen Nationalratswahlen zu übernehmen, hat dies verhindert. Wenig überraschend waren die ungelösten Fragen nach diesen Wahlen in Kosovo/Kosova aber die gleichen wie vor diesen Wahlen: Ich gratulierte den BürgerInnen und Parteien Kosovos/Kosovas zum größtenteils friedlichen und demokratischen Ablauf der Wahlen, die einen weiteren Beweis für den erfolgreichen Demokratisierungs- und Stabilisierungsprozess in Kosovo/Kosova erbrachten. Auch die wachsende Wahlbeteiligung der serbischen Minderheit an diesen Wahlen war ein sehr erfreuliches Zeichen. Inhaltlich hatte sich seitens der EU-Forderungen an das kosovarische Parlament und die Regierung nichts geändert: Die zwei letzten noch verbleibenden Anforderungen für die Visa-Freiheit gehörten raschest umgesetzt. Sprich, das Grenzdemarkierungsabkommen mit Montenegro muss vom Parlament ratifiziert werden. Und zweitens muss die Regierung bzw. die Justiz in Prishtina – nach bereits erzielten wichtigen Fortschritten – ihre Erfolgsbilanz zu hochrangigen letztinstanzlichen Verurteilungen wegen Korruption und organisierter Kriminalität noch verbes-

sern und das effektive Vorgehen gegen kriminelle Netzwerke verstärken. Das ist auch insofern wichtig, als dass das Image Kosovos/Kosovas immer noch von organisierter Kriminalität und Korruption getrübt ist (siehe Kapitel 6). Allerdings brauchen die kriminellen Netzwerke keine visumfreien Reisen, um Grenzen zu überschreiten: Sie arbeiten grenzüberschreitend außerhalb jeglicher rechtlicher Rahmenbedingungen und ohne Visa-Regelungen.
Während das zweite Kriterium der Kriminalitäts- und Korruptionsbekämpfung eine Langzeit-Anforderung ist, die Kosovo/Kosova bereits seit Beginn des EU-Annäherungsprozesses und davor auch schon als zentrales Element der (Rechts-)Staatswerdung beschäftigt, handelt es sich bei der Ratifizierung des Grenzabkommens mit Montenegro um einen prinzipiell eigentlich schnell zu erledigenden einmaligen Akt. Dass sich aber gerade an dieser Frage die politischen Emotionen in Kosovo/Kosova derart aufgeschaukelt haben, dass es zu Gewaltexzessen im Parlament, zu einem Sturz der Regierung und zum Aufs-Spiel-Setzen der Visa-Liberalisierung mit der EU gekommen ist, beweist wieder einmal die beileibe nicht nur in Kosovo/Kosova immer wieder verheerende destruktive Kraft von Geschichtsverklärung und Nationalismus. Denn worum geht es bei diesem Grenzabkommen eigentlich, dass der Streit darüber das Land und seine Parteien und BürgerInnen derartig tief entzweit?
Das Abkommen, unterzeichnet am 26. August 2015 am Rande der Westbalkan-Konferenz in Wien vom damaligen Außenminister und heutigen Staatspräsidenten Hashim

Thaçi sowie dem damaligen Premierminister Isa Mustafa, regelt die Anerkennung der 79 Kilometer langen Grenzlinie zwischen den beiden Staaten. Sie verläuft entlang der früheren in der jugoslawischen Verfassung von 1974 festgelegten Verwaltungsgrenzen. Strittig waren nur rund 900 Meter im Rugova-Gebirge zwischen dem kosovarischen Peja und dem montenegrinischen Rožaje unweit des Čakorpasses. Dort befinden sich etwa 8.200 Hektar Wiesen im Besitz von KosovarInnen. Die kosovarische Regierung akzeptierte in dem Grenzabkommen, dass dieses Gebiet definitiv Montenegro zugeschlagen werde, die kosovarischen BesitzerInnen es aber weiter bewirtschaften können. Sowohl der jetzige Premier Ramush Haradinaj – er besitzt selbst betroffenes Land – und dann vor allem die linksnationalistische Oppositionspartei »Vetëvendosje!« starteten daraufhin eine »Blut-und-Boden-Kampagne«, die sowohl gegen den »Ausverkauf der Heimat« als auch gegen die Abgehobenheit der politischen Elite mobilmachte. Kosovarische Bauern, Hirten, Holzfäller, die von der neuen Grenze angeblich von ihren Weiden und Wäldern getrennt werden, wurden gegen die auf dem internationalen diplomatischen Parkett einknickenden kosovarischen RegierungspolitikerInnen auch medial hervorragend in Szene gesetzt. Die »Vetëvendosje!«-Galionsfigur Albin Kurti beschwor bei Protestversammlungen die glorreiche Vergangenheit dieser Almwiesen, auf denen Schlachten geschlagen worden seien und albanische Märtyrer ihr Leben im Kampf für die Heimat geopfert hätten. Auch der militärisch-strategische Aspekt wurde thematisiert.

Die wahre Grenze laufe über den Grat und nicht entlang nicht zu verteidigender Berghänge, und auch der Ausverkauf der Naturschätze wurde gegeißelt. Die staatliche Grenzkommission Kosovos/Kosovas hielt zwar dagegen, dass die Demarkation der Grenze zu Montenegro mit allen historischen Rechtsakten und Karten übereinstimme: »Die Republik Kosovo setzt keinen Quadratmeter ihres Staatsgebiets aufs Spiel.« Und gemäß dieser gültigen Grenzziehung gibt es eben Grundstücke von Kosovaren, die in Montenegro liegen. Auch die damalige Staatspräsidentin Atifete Jahjaga erzählte die Geschichte ihres Großvaters, der zeit seines Lebens seine Schafe auf diesem Gebiet weidete und immer schon, also auch in früheren Jahrzehnten, Steuern dafür in Montenegro abführte. Doch mit sachlichen Argumenten war in diesem emotional aufgeheizten Thema augenscheinlich kein Punkt mehr zu holen.

Die neue kosovarische Regierung mit dem Grenzabkommen-Gegner Ramush Haradinaj als Premier an der Spitze bestellte auch gleich eine neue Regierungskommission zur Überprüfung des Grenzverlaufs. Nicht wirklich überraschend bewertete diese neue Kommission die Grenzlinie in dem Abkommen als falsch gezogen. Sie würde nicht mit jener der einstigen sozialistischen jugoslawischen Provinz Kosovo übereinstimmen, erklärte Kommissionsleiter Shpejtim Bulliqi bei der Präsentation des Berichts am 4. Dezember 2017 in Prishtina. Eine Revision des Grenzabkommens wurde bisher aber von Montenegro kategorisch ausgeschlossen, beharrt die montenegrinische Regierung doch auf der bis dato angenommenen Meinung, dass es sich dabei um die alte innerjugoslawische Grenzlinie handelt, die bislang nie infrage gestellt wurde. Mir gegenüber hat der im April 2017 zum Staatspräsidenten gewählte langjährige Premier Hashim Thaçi in einem unserer Gespräche vor seiner Wahl zum Staatsoberhaupt zur Visa-Freiheit gemeint, er werde, sobald er Staatspräsident ist, sofort mit seinem montenegrinischen Gegenüber ins Gespräch treten und sei zuversichtlich, dass es hier bald zu einer einvernehmlichen neuen Lösung komme. Nichts ist geschehen. Insofern hat sich auch mit der neuen Regierung nichts an der Pattstellung in dieser Frage geändert. Der Ball liegt erneut auf der kosovarischen Seite und wartet darauf, endlich durch das Visa-Freiheit-Tor geschossen zu werden. Wenn Präsident Thaçi dann Anfang November erklärte, die EU habe hier eine Falle für die KosovarInnen aufgestellt, so konnte auch ich nicht anders, als ihn wegen dieser Aussage bei meinem letzten Besuch als Kosovo-Berichterstatterin bei meiner Pressekonferenz klar und deutlich zu kritisieren: Er selbst sei als Außenminister dafür verantwortlich, dieses Abkommen in Wien im August 2015 unterschrieben zu haben. Außerdem habe die Kommission schon 2011 einen entsprechenden Passus in die Unterlagen zu den Verhandlungen eingefügt – sie wollte nämlich rechtzeitig beginnen, Grenzstreitigkeiten wie in Slowenien und Kroatien zwischen anderen Ländern im Beitrittsprozess keine Chance mehr zu geben.

Kein kosovarisches Regierungsmitglied hat in all diesen Jahren bei den vielen Verhandlungssitzungen je Einspruch dagegen erhoben. Eine »von der EU aufgestellte Falle« hier in den Raum zu stellen, ist ein unglaublicher und verantwortungsloser Fehltritt des jetzigen Staatspräsidenten, frei nach dem Motto: Haltet den Dieb. Die BürgerInnen Kosovos/Kosovas haben sich endlich diese Befreiung aus der Isolation und verantwortungsvolle eigene PolitikerInnen an der Führung ihres Staates verdient. Und in Richtung der letztlich ihre Zustimmung gebenden EU-InnenministerInnen wiederhole ich meine Überzeugung, dass die Visa-Freiheit für die KosovarInnen nicht mehr AsylbewerberInnen in die EU bringen wird, dass aber mit Sicherheit mehr (insbesondere) junge europäisch denkende KosovarInnen darin bestätigt werden, dass der Traum von einer gemeinsamen europäischen Zukunft auch ihnen gehört. Oder wie es John Lennon für alle Zeiten gültig formuliert hat:

»You may say I'm a dreamer
But I'm not the only one!«

Kapitel 11
»Zwei Teile, die sich wunderbar bedingen …«
Mein Schlüsselbund für den Amselfeld-Käfig

»Imagine«, der Ewigkeits-Song von John Lennon, den ich als roten Faden im vorigen Kapitel zur Visa-Liberalisierung eingeflochten habe, passt natürlich auch wunderbar, um am Ende dieses Buches nicht nur einen Schlusspunkt zu setzen, sondern einen Bund voller Schlüssel für die nächsten notwenigen Schritte zusammenstellen: Schlüssel, die es sowohl von kosovarischer als auch europäischer Seite ermöglichen sollen, den in vielerlei Hinsicht versperrten Amselfeld-Käfig aufzuschließen – und endlich aus der immer noch vergangenheitsgetränkten Gegenwart in eine bessere Zukunft zu gelangen. Den wichtigsten Schlüssel haben sich die KosovarInnen vor zehn Jahren mit ihrem Einsatz für einen unabhängigen und demokratischen Staat selbst gegeben. Im vergangenen Jahrzehnt sind viele weitere Schlüssel dazu gekommen, vonseiten Kosovos/Kosovas wie auch angeboten und ausgehändigt von den PartnerInnen in der Europäischen Union. Nach wie vor sind aber noch einige Tore versperrt und Wege blockiert – zum Schaden, wie ich an vielen Stelle in diesem Buch aufgezeigt habe, für Kosovo/Kosova und seine BürgerInnen und auch für die Europäische Union.

»Hat Südosteuropa eine Zukunft?«, fragt Nerzuk Ćurak, Politikwissenschaftler an der Universität Sarajevo, Essayist und Journalist, im Sammelband »Sprich günstig mit

dem Balkan« (Edition Atelier, Wien 2011), zu dem auch ich einen Beitrag beisteuern durfte. Ćurak fragt weiter: »Welche Zukunft können wir für eine Region erwarten, deren Vergangenheit von der Last der Gewalt erdrückt wird?« Ćuraks eigene Antwort, die gut zu Lennons »Imagine« passt, lautet: »In meinem Kopf sehe ich eine solche Zukunft gut sortiert in der Schublade namens ›Hoffnung‹. Viele werden sagen, das sei eine Utopie. Aber Utopien wurden wohl auch deswegen geschaffen, damit sie mit ihrer transformativen Kraft die Realität herausfordern.« Und der bosnische Politologe fordert von allen, die sich am Balkan und in anderen Teilen Europas von dieser Utopie angesprochen fühlen: »Es ist Zeit für geopolitisches Brückenbauen, das den Balkan von einer marginalen (unwichtigeren) in eine liminale (in gewissem Sinne besonders wichtige) Region Europas transformieren soll.«
Unabgesprochen zeitgleich mit der Fertigstellung dieses Buches bereitet die Kommission eine neue Westbalkan-Strategie vor, die sie im Februar 2018 vorstellt, kurz vor Erscheinen dieses Buches. Ich hoffe, es wird eine sein, die genau dieses geopolitische Brückenbauen zum Ziel hat, nämlich die gesamte Region, und im Besonderen die sechs Länder, die sich im Erweiterungsprozess befinden, im Sinne Ćuraks in eine wichtige und gewichtige Region Europas zu transformieren. Ein Schlüssel für diesen Weg wäre ein unkonventioneller: nämlich die Öffnung der zentralen Erweiterungskapitel 23 und 24 (Justiz, Rechtsstaatlichkeit, Medien, Grund- und Minderheitenrechte) oder zumindest den Beginn des Acquis-Screenings (was für

Beitrittsländer üblicherweise erst mit dem Kandidatenstatus beginnt) für jene beiden Länder, die noch keinen Kandidatenstatus haben, nämlich Bosnien-Herzegowina und Kosovo/Kosova, vorzuverlegen. Dieser Vorstoß wurde schon bei mehreren Debatten über den Erweiterungsprozess am Westbalkan von mehreren ExpertInnen eingebracht, auch von mir. Ich weiß, dass dies ein unkonventioneller Vorschlag ist, aber in schwierigen Zeiten ist es manchmal hilfreich, den bekannten Denkrahmen zu verlassen »in order to think out of the box«.

Als Kosovo-Berichterstatterin des Europaparlaments war ich schon die vergangenen acht Jahre quasi eine der hauptberuflichen geopolitischen BrückenbauerInnen für die Staaten des Westbalkans und im Speziellen für Kosovo/Kosova – und will mich auch in Zukunft in anderer Form dafür engagieren.

In den vergangenen Jahren hat regelmäßig eine große Mehrheit der Abgeordneten des Europaparlaments meinen Kosovo-Berichten zugestimmt. Die darin formulierten Richtlinien für einen erfolgreichen EU-Annäherungsweg hat der leider bereits verstorbene kosovarische InnenministerBajram Rexhepi mir gegenüber einmal als »zentrale europäische Leuchttürme« für die Politik in Kosovo/Kosova bezeichnet. Sie zusammenfassend, und noch einige andere Ideen dazu, möchte ich als Epilog dieses Buches in Form eines Schlüsselbundes konkretisieren: Zehn wichtige Schlüssel für das Aufsperren der noch verschlossenen bzw. der offenen, aber noch klemmenden Türen, raus aus dem Amselfeld-Käfig und hin zu einem demokratischen, rechtsstaatlichen, sicheren, prosperierenden und europäischen Kosovo/Kosova. Zehn Schlüssel auch als Reminiszenz an den zehnten Jahrestag der Unabhängigkeit des Staates Kosovo/Kosova, und zehn Schlüssel, mit denen ich die Erwartung verknüpfe, dass diese Türöffner nicht nur am Schlüsselbund hängen bleiben, sondern genützt werden.

1. Schlüssel: Der Vorschlag der Kommission, Kosovo/Kosova die Visa-Liberalisierung zu gewähren, liegt nach wie vor auf dem Tisch. Jetzt muss das politische Prishtina zugreifen: Das Grenzabkommen mit Montenegro gehört umgehend im Parlament ratifiziert und der Kampf gegen Korruption und organisiertes Verbrechen mit nachweisbaren höchstrichterlichen Erfolgen belegt. Damit die emotional belastende Isolation der Kosovarinnen und Kosovaren endlich aufhört und sie genauso wie alle anderen Bürgerinnen und Bürger der fünf Nachbarstaaten frei für drei Monate in die EU reisen dürfen.

2. Schlüssel: Das Stabilisierungs- und Assoziierungsabkommen (SAA) zwischen der EU und Kosovo/Kosova hat einen positiven wirtschaftlichen Impuls gesetzt und ein neues Umfeld geschaffen, das die Handels- und Investitionsintegration Kosovos/Kosovas in der Region und darüber hinaus in der EU fördert. Dieses Momentum, das durch das SAA entstanden ist, gilt es zu nützen, um unerlässliche wirtschaftlichen Reformen umzusetzen und damit die sozioökonomische Entwicklung des jüngsten europäischen Landes voranzutreiben. Kosovo/Kosova braucht wirtschaftliche Erfolge, Kosovo/Kosova braucht Arbeitsplätze, Kosovo/Kosova braucht Investitionen – mit dem SAA als Rückenwind müssen jetzt in Kosovo/Kosova die Segel gesetzt werden. Die Industrie vor Ort gehört dringend gefördert. Dazu gehört auch eine für alle Seiten annehmbare langfristige Lösung für den Status des Bergbaukombinats Trepča. Gleichzeitig muss der Wettbewerbsfähigkeit der in Kosovo/Kosova hergestellten Erzeugnisse besondere Aufmerksamkeit geschenkt werden, damit diese auch die für eine Einfuhr in die EU nötigen Normen erfüllen. Ebenfalls unerlässlich ist, den Verwaltungsaufwand für kleine und mittlere Unternehmen (KMU) zu verringern, gleichzeitig ist hier aber auch die EU-Kommission aufgefordert, den KMU-Bereich in Kosovo/Kosova stärker zu unterstützen.

3. Schlüssel: Geld ist das feigste, was es auf der Welt gibt. Es geht nur dort hin, wo Stabilität und Sicherheit garantiert sind. Um Investitionen nach Kosovo/Kosova zu bringen, braucht es daher eine stabile politische und rechtsstaatliche Ordnung. Die in den letzten Jahren entstandene extreme Polarisierung der politischen Landschaft bis hin zu Gewalt im demokratiepolitischen Zentrum der Republik, dem Parlament, ist das genaue Gegenteil davon. Ich fordere deswegen alle Parteien auf, Verantwortung für das ganze Land zu übernehmen und eine konstruktive, kompromissbereite und lösungsorientierte politische Haltung an den Tag zu legen. Dies muss auch bedeuten, dass die Parteien junge, nicht mehr der Kriegsgeneration angehörende Frauen und Männer an die Spitze lassen. Viele der jetzt in Amt und auch Regierungs-Würden befindlichen Personen nehmen das gesamte Land immer wieder – derzeit wegen der Grenzziehung zu Montenegro oder wegen des Sondergerichts – in Geiselhaft und verbauen damit die Zukunft der nächsten Generationen.

4. Schlüssel: Ohne gegenseitiges Vertrauen zwischen den Bevölkerungsgruppen fehlt die Basis, auf dem eine gedeihliche Zukunft Kosovos/Kosovas aufbauen kann. Dabei handelt es sich sowohl vonseiten der Mehrheitsgesellschaft als auch der Minderheiten um eine Hol- *und* eine Bringschuld. Die kosovarischen AlbanerInnen müssen und sollen schon aus eigenem Interesse an ihrem Land den Zugang von kosovarischen SerbInnen zu kosovarischen Institutionen unterstützen. Und die PolitikerInnen der kosovo-serbischen Gemeinschaft sind aufgefordert – auch sie schon aus eigenem Interesse an ihrem Land –, ihren Platz und ihre Rolle in den Institutionen des Landes in vollem Umfang auszuüben und unabhängig von Belgrad konstruktiv im Interesse aller BewohnerInnen des Landes zu handeln. Das Lernen beider Sprachen wäre hier auch hilfreich.

5. Schlüssel: Der serbisch-kosovarische Dialog findet nicht wegen des Dialogs, sondern mit dem Ziel der Normalisierung des Nachbarschaftsverhältnisses zwischen diesen beiden Ländern statt. Das scheint den teilnehmenden PolitikerInnen aus Belgrad wie auch Prishtina nicht immer ganz bewusst zu sein. Es geht nicht nur um Worte, um Kompromisse auf dem Papier und gegenseitiges Händeschütteln für gemeinsame Fotos. Ziel des Dialogs sind Taten, die vollständige Umsetzung der Vereinbarungen und Handschlagqualität auf beiden Seiten. Dazu gehört auch, dass nach konstruktiven Treffen unter dem EU-Dach in Brüssel keine destruktiven Handlungen, provokativen Schritte oder kontraproduktive Rhetorik im nationalen Umfeld von Belgrad oder Prishtina gesetzt werden, die die sowieso schon sehr mühsam erzielten Fortschritte gefährden. Wichtig ist zudem, den BürgerInnen Kosovos/Kosovas und Serbiens sowohl von beiden Regierungsseiten wie vonseiten der EU den Nutzen des Dialogs und der erreichten Vereinbarungen direkt zu kommunizieren und die Vorteile transparent zu machen, die diese Normalisierung bringt.

Unerlässlich seitens Prishtinas ist die umgehende Umsetzung des Verbandes serbischer Gemeinden; und Belgrad muss die nach wie vor andauernde finanzielle Förderung der serbischen Parallelstrukturen in Kosovo/Kosova endlich einstellen, diese auflösen sowie den kosovo-serbischen PolitikerInnen klarmachen, dass sie ihre Entscheidungen eigenständig zu treffen haben und nicht immer Belgrad um Rat oder gar Einverständnis fragen.

6. Schlüssel: Der wichtigste Schlüssel seitens der EU! Dass die Unabhängigkeit Kosovos/Kosovas nach wie vor von fünf EU-Mitgliedsstaaten nicht anerkannt wird, ist ein grober Bremsklotz am Bein des Integrationsprozesses. Zehn Jahre nach der Unabhängigkeitserklärung ist es hoch an der Zeit, dass die Nicht-Anerkenner-Staaten endlich die Macht des Faktischen anerkennen. Warum die kosovarische Unabhängigkeitserklärung und Staatswerdung nicht vergleichbar ist mit anderen separatistischen bzw. Unabhängigkeitsbewegungen in EU-Mitgliedsstaaten, habe ich im Kapitel 5 ausführlich erklärt. Kosovo/Kosova ist ein besonderer Einzelfall und gehört auch als solcher bewertet. Eine geschlossene Vorgangsweise aller EU-Staaten würde den Dialog zwischen Kosovo/Kosova und Serbien unterstützen, da Belgrad eine eindeutige europäische Linie als Vorgabe hätte – und sich nicht immer wieder auf die Uneinigkeit der EU ausreden könnte. Das gerade von der EU und den Mitgliedsstaaten (zu Recht) geforderte engagiertere Vorgehen der kosovarischen Behörden gegen Korruption und organisierter Kriminalität würde von dieser geschlossenen Anerkennung profitieren, könnte Kosovo/Kosova damit auch Mitglied von Interpol werden und mit Europol noch enger zusammenarbeiten. Zudem wäre ein einheitliches Vorgehen in dieser Frage generell ein wichtiges und weltweit verstandenes Signal, das der Glaubwürdigkeit der EU-Außenpolitik insgesamt guttun würde.

7. *Schlüssel:* Auch in Kosovo/Kosova sind Frauen nach wie vor in Führungspositionen unterrepräsentiert – ganz offensichtlich auch in der Regierung! Deswegen fordern alle meine Berichte so wie ich auch selbst bei jeder Gelegenheit, Frauen kontinuierlich dazu zu fördern und zu ermutigen, Führungspositionen anzustreben. Gleichzeitig muss aber der Diskriminierung von Frauen auf dem Arbeitsmarkt, insbesondere im Rahmen von Einstellungsverfahren, ein Riegel vorgeschoben werden. Und prinzipiell ist Regierung wie Wirtschaft in Kosovo/Kosova aufgerufen, das Beschäftigungsniveau von Frauen zu erhöhen und die Arbeitsmarktbedingungen für sie zu verbessern. Um dies zu erreichen, sind zahlreiche Schritte nötig: Die Qualität des Bildungssystems muss – für Mädchen wie für Buben! – unter anderem durch eine bessere Ausbildung der Lehrkräfte verbessert werden, die Schulen müssen infrastrukturell besser ausgestattet sein; der Übergang von der Schule ins Berufsleben muss gefördert und die im Rahmen des Bildungssystems vermittelten Kompetenzen auf die Anforderungen des Arbeitsmarkts ausgerichtet werden – das würde auch zur Bekämpfung der ausgeprägten Arbeitslosigkeit junger Frauen, aber auch Männer helfen. Grundsätzlich bedeutet das Ziel der rechtlichen und gesellschaftlichen Gleichstellung aber ein Überwinden patriarchaler Strukturen in Familie, Bildungs- und Gesundheitssystem, Wirtschaft und Politik. Und den entschlossenen Kampf gegen alle Formen von Gewalt gegen Frauen und Mädchen: egal ob sexistische Sprache, sexuelle Belästigung, physische oder psychische Gewalt, das

Engagement unzähliger Frauen dagegen braucht massive institutionelle wie finanzielle Unterstützung. Und die Bereitschaft von Männern, Frauen bei gleicher Qualifikation bei der Besetzung von Posten den Vortritt zu lassen.

8. Schlüssel: Medienfreiheit ist unerlässlich für eine funktionierende Demokratie und einen effizienten Rechtsstaat. Meine Kosovo-Berichte kritisieren im Gegensatz dazu mangelnde Fortschritte im Hinblick auf den Schutz der Meinungs- und Medienfreiheit und zeigen, dass die kosovarischen Medien von politischer Seite einem zunehmenden Maß an Einflussnahme, Druck und Einschüchterung ausgesetzt sind. Direkte Drohungen und Angriffe auf JournalistInnen haben zugenommen und die »Schere im Kopf«, sprich die Selbstzensur, wird größer. Kosovos/Kosovas Politik und Institutionen sind hier mit Nachdruck aufgerufen, die Meinungsfreiheit im Einklang mit EU-Standards in vollem Umfang anzuerkennen und zu schützen. Und so wie in anderen Ländern der Region, aber auch darüber hinaus europa- und weltweit ist auch in Kosovo/Kosova Sorge zu tragen, dass hinsichtlich der Eigentumsverhältnisse im Medienbereich transparente Verhältnisse herrschen, und dass unzulässigem wie letztlich demokratieschädigendem Druck auf VerlegerInnen und JournalistInnen entgegengehalten wird.

9. Schlüssel: Nicht nur als Grüne, sondern auch als oftmalige Besucherin in Kosovo/Kosova leide ich so wie die

KosovarInnen an der weder der Gesundheit zuträglichen noch nachhaltigen noch effizienten Umwelt- und Energiepolitik in Kosovo/Kosova. Was es braucht, ist eine langfristige Energiestrategie, die sich auf Energieeffizienz, die Diversifizierung der Energiequellen und den Ausbau erneuerbarer Energieträger stützt. Laut Vertrag zur Gründung der Energiegemeinschaft (www.energy-community.org) ist Kosovo/Kosova zudem rechtlich dazu verpflichtet, bis 2020 ein Viertel seines Stromverbrauchs aus erneuerbaren Energien zu decken. Gerade was die besorgniserregend hohe Luftverschmutzung in Kosovo/Kosova betrifft, muss sich die Regierung an die Vereinbarung über die Stilllegung des Kraftwerks Kosovo A und die Sanierung des Kraftwerks Kosovo B halten. 60 Millionen Euro stellt die EU zu diesem Zweck zur Verfügung – dieses Geld muss endlich im Sinne der Gesundheit der KosovarInnen und vor allem der am meisten unter der schlechten Luftqualität leidenden Kinder genützt werden.

10. Schlüssel: Die EU-Unterstützung zum Aufbau und zur Steigerung der demokratischen, rechtsstaatlichen, sozialen, ökologischen und wirtschaftlichen Kompetenz des Staates Kosovo/Kosova ist zeitlich begrenzt. Das gehört auch allen deutlich gesagt, die gegen die internationale bzw. EU-Präsenz – vor allem von EULEX – in Kosovo/Kosova protestieren. Ziel ist, dass Kosovo/Kosova alle diese Aufgaben schließlich vollständig selbst übernehmen kann. Bis dahin darf aber die EU gerade in ihren Bemü-

hungen um die Stärkung eines unabhängigen Justiz-, Polizei- und Zollwesens nicht nachlassen. Es gibt das Sprichwort, dass man mitten in einem Fluss nicht die Pferde wechselt. Das gilt, wie in Kapitel 8 gezeigt, auch bei EULEX. Die Rechtsstaatlichkeitsmission muss ihre Arbeit noch seriös abschließen können und danach eine effiziente und reibungslose Übergabe von Gerichtsverfahren an nationale Instanzen garantieren.
Gleichzeitig ist die Arbeit des Sondergerichts Den Haag ein wesentlicher Schritt, um für Gerechtigkeit zu sorgen – jeder Versuch seitens der kosovarischen Politik, dieses Sondergericht zu torpedieren, ist völlig inakzeptabel und ein No Go!
Daneben muss ein echter Aussöhnungsprozess in der Region das Anliegen aller sein, egal ob in Kosovo/Kosova, Serbien, den anderen Westbalkan-Ländern oder in Brüssel und den EU-Mitgliedsstaaten. Dazu bedarf es der Förderung kultureller Projekte, die die konfliktreiche Vergangenheit zum Thema haben, eines gemeinsamen und einvernehmlichen Verständnisses der Geschichte – etwa bei der Gestaltung von Geschichtsbüchern und Geschichtsunterricht – und einer öffentlichen und politischen Kultur der Akzeptanz von Unterschieden, der Inklusion und der Aussöhnung. Jugend-Austausch-Projekte wie RYCO (Regional Office for Youth Cooperation) sind hiefür von großer Bedeutung.

Zehn Schlüssel für das Öffnen einer europäischen Zukunft für Kosovo/Kosova. Zehn Schlüsselprojekte, die zum zehnten Jahrestag der Unabhängigkeit Kosovos/Kosovas unverzüglich angegangen werden sollten. Auf den zehnten »Geburtstag« Kosovos/Kosovas hin habe ich auch dieses Buch geschrieben. Ich widme es als mein Geburtstagsgeschenk den Bürgerinnen und Bürgern Kosovos/Kosovas und wünsche den Menschen und dem Land aus ganzem Herzen und vollster Überzeugung: »Alles Gute zum Geburtstag!« »Happy birthday!« »Gëzuar ditëlindjen!« »Srećan rođendan!«

Meine Überlegungen und mein Buch über und für Kosovo/Kosova möchte ich abschließen mit einem Gedanken des von mir sehr geschätzten Balkan-Spezialisten und Freund Vedran Džihić in der Debatte[23] über Südosteuropa. Damit hat er wunderbar zusammengefasst, worum es mir mit und in diesem Buch gegangen ist: Um das europäische Miteinander – oder wie es Džihić formulierte: »Im Grunde genommen ist Balkan Europa. Und gerade weil es den Balkan gibt, so wie es den Balkan gibt, ist Europa heute so, wie es heute ist. Und ich glaube, dass man diese dichotomische Beziehung zueinander überwinden und folgendes postulieren muss: Das sind zwei Teile des gemeinsamen Ganzen, die sich gegenseitig ergänzen und sich dadurch auch wunderbar bedingen.«

[23] balkan diskurs š, Südosteuropäischer Dialog, JG.5/Heft 1, Wieser Verlag, Klagenfurt/Celovec 2006.

Acht Jahre Berichterstatterin des Europäischen Parlaments für Kosovo/Kosova in Bildern

Fotos: © Wolfgang Machreich

Blick übers Amselfeld; geschichtsträchtiger Ort mit Auswirkungen bis heute und Namensgeber für den Staat Kosovo/Kosova.

Herzlich in Prishtina begrüßt von Atifete Jahjaga, von 2011 bis 2016 als erste Frau Präsidentin des Staates Kosovo/Kosova, April 2015.

Unterwegs als Wahlbeobachterin bei der zweiten Runde der Parlamentswahlen im Jänner 2011; mehr dazu in Kapitel 7 »Frauenpower«.

Auf dem Weg ins kosovarische Parlament kurzer Foto-Stopp mit Parlaments-Mitarbeitern und Karin Marmsoler, im Jänner 2014 Policy Advisor for Rule of Law beim EU-Büro in Prishtina.

Treffen mit dem Frauenausschuss des kosovarischen Parlaments im Dezember 2014. Mit OSZE-Unterstützung haben kosovarische und serbische Parlamentarierinnen die zukunftsweisende Dialog-Initiative »Follow Us«, inkl. gleichnamigem Film, gestaltet.

November 2015: Treffen mit dem Europa-Ausschuss des kosovarischen Parlaments – wie üblich begleitet von sehr großem Medieninteresse.

Gemeinsam mit internationalen BotschafterInnen im Dezember 2014 auf der Tribüne des Parlaments in Prishtina; Ort für großes Polit-Kino bei der Präsidentenwahl 2011, siehe Kapitel 9.

Jahrelang erinnerten die Bilder von Vermissten am Zaun des Parlaments in Prishtina an die immer noch offen Wunden des Kosovo-Krieges.

An klaren Aussagen habe ich es als Kosovo-Berichterstatterin des Europaparlaments (hier bei einer PK in Prishtina) nie mangeln lassen – und wurde und werde dafür von den BürgerInnen Kosovos/Kosovas geschätzt.

Bei meinen Kosovo-Reisen wurde ich auch regelmäßig von österreichischen JournalistInnen begleitet; im April 2015 war Marian Smetana von den Salzburger Nachrichten mit dabei.

Gast in den Hauptnachrichten des staatlichen Fernsehsenders RTK am 30. März 2012; Thema der Nachrichten (»lajme«) war mein Kosovo-Bericht 2012.

31. März 2012: Besprechung der Sicherheitslage mit KFOR-SoldatInnen im serbisch dominierten Norden Kosovos/Kosovas. Mein Versuch, über KFOR-Vermittlung den kosovo-serbischen Bürgermeister eines Ortes im Norden zu treffen, schlug leider fehl: Er hatte zuerst zu-, dann wieder abgesagt; Dritter von links ist der heutige Generalleutnant und Leiter der Generalstabsdirektion Johann Luif, 2011/12 stv. KFOR-Kommandant.

Treffen im März 2012 mit EULEX-ZollbeamtInnen am nordkosovarischen Grenzübergang zu Serbien, Jarinje, der mehrmals Schauplatz gewaltsamer Auseinandersetzungen war.

Gemeinsam mit dem damaligen stv. KFOR-Kommandanten Luif auf der im März 2012 mit Schotterhaufen verbarrikadierten Brücke über den Fluss Ibar in Mitrovica; ein Streitpunkt bis heute, ausführlich behandelt in Kapitel 4.

Kosovo-Berichterstatterin auch für die Kleinsten: Besuch im April 2015 in einem von der Austrian Development Agency (ADA) unterstützen Kindergarten in einem Roma-Viertel am Stadtrand von Prishtina.

Rückkehrer-Erfolgsgeschichte: Nach Jahren als Kriegsflüchtling in der Schweiz hat Avdullah Krasniqi einen erfolgreichen Bio-Eier- und Honig-Bergbauernhof bei Suva Reka geschaffen.

Schaf-Nachwuchs im April 2015 auf einem von der ADA geförderten Bauernhof in der Nähe von Prizren; rechts im Bild der damalige ADA-Leiter in Kosovo/Kosova Christian Geosits.

Blick vom Dach der EU-Botschaft auf Prishtina – der klare Himmel an diesem Tag trügt, oft und gerade im Winter leiden die BewohnerInnen der Hauptstadt sehr an der Luftverschmutzung.

Großer Medienandrang nach einem Treffen mit dem Bürgermeister von Prishtina, Shpend Ahmeti (re. neben mir), im Jänner 2014.

Erinnerungsfoto mit der Film-Crew nach einem meiner Gastauftritte in der beliebten kosovarischen Fernsehserie »Kafeneja Jonë/Unser Café« im Mai 2011.

Das in Österreich lebende Erfolgsduo »Catch-Pop String-Strong« mit der serbischen Bratschistin/Sängerin Jelena Popržan und der kosovarischen Cellistin Rina Kaçinari zeigt der Politik wie es besser geht – nämlich gemeinsam! Der österreichischen Botschaft gelang es, die beiden im Jahr 2013 zu je einem Konzert in Prishtina wie auch in der serbisch-kosovarischen Stadt Gračanica zu gewinnen.

Ibrahim Rugova (1944–2006), der »Gandhi des Kosovo«, Schriftsteller und erster Präsident des Landes: »Meine Vision ist, dass unser Land in die EU integriert wird.«

Meinungsaustausch im Februar 2013 unter der Unabhängigkeitserklärung Kosovos/Kosovas mit Präsidentin Atifete Jahjaga; ihre einnehmende Art und starkes Auftreten haben das Bild des Landes im Ausland positiv geprägt.

Wie bei diesem Treffen im Mai 2011 auch sonst nicht immer einer Meinung mit dem früheren Premier und jetzigen Präsidenten Hashim Thaçi; links der verstorbene Innenminister Bajram Rexhepi und die damalige EU-Abgeordnete Doris Pack.

Express

E martë

30 nëntor, 2010

të fillojë në shkurt, ndërsa këmbëngul që veriu nuk do të jetë temë diskutimesh. Ai tha se Prishtina është e gatshme për dialog dhe se do ta marrë rolin e vet me kohë. Shefi i diplomacisë serbe, Vuk Jeremic, fajësoi sërish autoritetet kosovare për zvarritje të dialogut. | FAQE 6

Mbështetje policëve

Një grup të rinjsh nga Prizreni kanë shpërndarë fletushka në mbështetje për policët e suspenduar, pas incidentit me deputeten e Shqipërisë, Albana Vokshi. Ata kërkojnë kthimin e policëve në punë. Nëse kjo nuk ndodh, të rinjtë prizrenas paralajmërojnë protesta. Përkrahje dhe kthimin e policëve në punë e kërkon edhe KMDLNJ. | FAQE 7

KOMENT » **Na falni që na fyet**

Me ndjesën e shprehur kryeministrit Sali Berisha, homologu i tij në ikje, Hashim Thaçi, nuk bëri gjë tjetër vetëm i hapi rrugë shkeljes së ligjit, e jo zbatimit të tij. Në Kosovë mund të vijnë edhe të tjerë zyrtarë nga Tirana, t'i fyejnë e t'i turpërojnë policët në kufi. Reagimi i Prishtinës do të jetë nënshtrues e plot faj: na falni që na fyet!

Shkruan: Imer Mushkolaj | FAQE 2

PËR VIZAT »

KONTESTON PREMTIMIN

Raportuesja e Parlamentit Europian për Kosovën, Ulrike Lunacek, ka kontestuar premtimin për liberalizim të vizave, të cilin Kryeministri Hashim Thaçi është duke e përdorur për të kërkuar votën e qytetarëve. Eurodeputetja Lunacek thotë se është e befasuar me këto deklarata, derisa ka kërkuar punë nga autoritetet e Prishtinës që të dëshmojnë se janë plotësuar kushtet për

30. November 2010: Als ich dem Wahlversprechen des damaligen Premiers Thaçi, bei seiner Wiederwahl würden die KosovarInnen innerhalb von 15 Monaten die Visa-Liberalisierung erhalten, öffentlich widersprochen habe, war ich die Topmeldung des Tages nicht nur am Express-Cover (mehr dazu in Kapitel 7).

Treffen im April 2015 mit Isa Mustafa, 2014 bis 2017 Premierminister der Republik Kosovo/Kosova von der Demokratischen Liga Kosovo (LDK); zwischen 2007 und 2013 war er Bürgermeister von Prishtina.

Handshake 2012 mit dem damaligen und heutigen Außenminister Enver Hoxhaj, der viele Jahre unter anderem in Österreich studierte und im Jahr 2000 an der Universität Wien promovierte.

Die Uhr tickt für EULEX, die größte Rechtsstaatlichkeitsmission der EU soll ihre Arbeit auslaufen lassen; seit 2008 unterstützt sie Kosovo/Kosova beim Aufbau eines Polizei-, Justiz-, Zoll- und Strafvollzugs-Systems – siehe Kapitel 8.

5. Oktober 2012: Mit US-Botschafterin Tracey Ann Jacobson, Präsidentin Atifete Jahjaga und Dialog- und Vize-Premierministerin Edita Tahiri beim Marsch durch Prishtina im Rahmen einer »Pink Ribbon«-Bewusstseinskampagne gegen Brustkrebs.

Frauenthemen gehören auch in Kosovo/Kosova ohne Zugeständnisse an überkommene Traditionen offen diskutiert; neben mir und für mich dolmetscht die Vorsitzende des Kosovo Women's Network Igballe Rogova (zu ihr mehr in Kapitel 7) anlässlich des Pink-Ribbon-Tages.

Flaggenparade in den Bergen oberhalb der südkosovarischen Stadt Prizren; welchen (nicht immer nur positiven) internationalen Einflüssen Kosovo/ Kosova ausgesetzt ist, beschreibe ich in Kapitel 9.

November 2016: Treffen und Meinungsaustausch mit den BotschafterInnen der EU-Mitgliedsstaaten in Kosovo/Kosova; nach wie vor wird Kosovo/ Kosova zum Schaden aller von fünf EU-Mitgliedsstaaten nicht anerkannt.

Die Luftverschmutzung in Kosovo/Kosova stinkt zum Himmel; deswegen fordere ich auch als Grüne die Abschaltung des uralten Braunkohlekraftwerks Kosovo A und die Sanierung von Kosovo B sowie mehr Investitionen in Energie-Effizienz und erneuerbare Energien.

Besuch 2016 in Gjakova bei der ersten Bürgermeisterin in Kosovo/Kosova (2013-2017), der früheren stv. Premier- und Handelsministerin Mimoza Kusari-Lila; derzeit ist sie Parlamentsabgeordnete und Vorsitzende der liberalen Partei »Alternativa«.

Alltagsszene auf dem Land: Kosovo/Kosova ist sehr von Unterstützung der KosovarInnen im Ausland abhängig; 750 Millionen Euro, ein Sechstel des BIP, werden jährlich in die Heimat überwiesen.

November 2015: Schulführung durch die Berufsschule Prizren im Süden des Landes; die sehr pro-europäisch eingestellte Jugend ist der Reichtum des Landes.

Beim Start der Europäischen Reformagenda am 11. November 2016 in Prishtina; gemeinsam mit EU-Erweiterungskommissar Johannes Hahn, Premierminister Isa Mustafa u.v.a.

April 2015: Treffen mit der Österreichisch Kosovarischen Gesellschaft (www.oekg-ks.org) in Prishtina; links von mir der frühere österreichische Botschafter in Kosovo/Kosova, Johann Brieger, mit Gattin Roswitha, rechts von mir der damalige OeKG-Leiter Günther Fehlinger.

Die Gesprächsrunden mit kosovarischen und serbischen StudentInnen im Rahmen des Forum Alpbach sind mir zur lieben Tradition geworden; über die Hintergründe schreibe ich in Kapitel 4.

Das Ziel meiner Arbeit als Kosovo-Berichterstatterin: Mitbauen an einer guten, gemeinsamen und europäischen Zukunft für die Menschen in Kosovo/ Kosova und der gesamten Region.

Zusammenfassung/Abstract: Was dieses Buch will

Am 17. Februar 2018 jährt sich die Unabhängigkeit der Republik Kosovo/Kosova zum zehnten Mal. Zeit für mich als langjährige Kosovo-Berichterstatterin des Europaparlaments, Bilanz zu ziehen. Denn zehn Jahre nach der Unabhängigkeitserklärung sind die Fortschritte im Land selbst und auch am Weg in Richtung Mitgliedschaft in der Europäischen Union nicht so weit gediehen, wie dies im Februar 2008 erwartet und gewünscht wurde.
Dieses Buch spricht Klartext darüber, was die Europäische Union mit ihren Institutionen und Mitgliedsstaaten zum Aufbau des unabhängigen Staates Kosovo/Kosova beigetragen hat, von den Erfolgen, aber auch von den Fehlern und groben Versäumnissen wie der Nichtanerkennung durch fünf Mitgliedsstaaten. Dieses Buch spricht Klartext über die Leistungen, aber auch Fehler, Rückschläge wie grobe Mängel der kosovarischen Politik, verursacht durch sehr viele innere wie äußere Faktoren. Dieses Buch spricht Klartext über die zwiespältige Haltung Serbiens, das am Weg in die Europäische Union sich nur halbherzig entscheidet, Hindernisse für gutnachbarschaftliche Beziehungen mit Kosovo/Kosova aus dem Weg zu räumen. Und dieses Buch versucht in jedem Kapitel den Bogen von der Politik zu den Bürgerinnen und Bürgern zu spannen, zu den Frauen, Männern und Kindern, für die und zu deren Nutzen und Vorteil ja alle Programme, Ver-

einbarungen, Abkommen, Initiativen, Berichte, Resolutionen usw. gedacht sind, die unter dem abstrakten Begriff »EU-Erweiterungspolitik« zusammengefasst werden. Nach acht Jahren intensiver Beschäftigung mit Kosovo/Kosova und der Region und mit der Erfahrung aus mehr als zwei Dutzend Reisen nach Kosovo/Kosova und in die Region sowie vielen Kontakten und Begegnungen gibt dieses Buch meine tiefe europa- und erweiterungspolitische Überzeugung wieder: Wir EU-ropäerInnen haben die Verpflichtung, die großen Hoffnungen, die gerade die BürgerInnen des jüngsten europäischen Staates in die EU setzen, nicht zu enttäuschen. Die KosovarInnen sollen endlich – Krieg, Vertreibung, Flucht liegen knappe zwanzig Jahre zurück – ein »normales« Leben in einem »normalen« und weltweit anerkannten Staat, weder isoliert, noch von Nachbarn angefeindet, verantwortlich für sich selbst, führen dürfen. Gerade im Falle von Kosovo/Kosova muss und kann und sollte sich erneut die friedenspolitische Durchsetzungskraft und Soft Power der Europäischen Union beweisen.
Ich bin zuversichtlich, dass dieses Buch jedenfalls gute Argumente für eine intensivierte Fortsetzung des Beitrittsweges dieses jüngsten europäischen Staates liefert. Die neue Strategie, die die EU im Februar 2018 vorlegt, ist notwendig um zu signalisieren: Kosovo/Kosova sowie die anderen Staaten des Westbalkan sind wichtiger Teil dieses unseres Kontinents. Dafür sind die Umsetzung von Rechtsstaatlichkeit, eine nachhaltige Reform der Justiz und eine

effiziente Korruptionsbekämpfung von höchster Wichtigkeit – genauso wie ein modernes Bildungs-, Gesundheits- und Sozialsystem, eine funktionierende Wirtschaft und ein Ende von Umweltzerstörung und Energievergeudung. Das bedarf noch vieler Anstrengungen und Mühen. Und vielleicht auch neuer Herangehensweisen. Eines ist mir jedoch in diesen acht Jahren klar geworden: Alle diese Anstrengungen sind der Mühe wert. Denn erst mit der Erweiterung der Europäischen Union um ALLE Nachfolgestaaten Jugoslawiens wie auch Albaniens wird das Europäische Friedensprojekt auch für diesen Teil des Kontinents erfüllt sein.

Çfarë synon ky libër

Më 17 shkurt 2018 është 10-vjetori i pavarësisë së Republikës së Kosovës. Një rast për mua si raportuese shumëvjeçare e Parlamentit Europian për Kosovën të bëj një bilanc ngase dhjetë vjet pas deklarimit të Pavarësisë përparimi në vetë vendin si dhe në rrugë drejt anëtarësisë në Unionin Europian nuk janë zhvilluar sa u prit dhe u dëshirua në shkurt të vitit 2008.

Ky libër flet troç për sa Unioni Europian ka kontribuar me institucionet dhe shtetet anëtare të saj për ndërtimin e shtetit të pavarur të Kosovës, për sukseset, gabimet dhe lëshimet e mëdha siç është mosnjohja nga pesë shtete anëtare. Ky libër flet shkoqur për arritjet por edhe për gabimet, dështimet dhe gafat trashanike të politikës kosovare të shkaktuara nga shumë faktorë të brendshëm e të jashtëm. Ky libër flet për qëndrimin kontradiktor të Serbisë e cila në rrugë për në Unionin Europian vendos vetëm me gjysmë zemre t'i mënjanojë pengesa për marrëdhënie fqinjësore me Kosovën. Ky libër tenton gjithashtu që në çdo kapitull të bëjë një hark prej politikës deri te qytetaret dhe qytetarët, gratë, burrat dhe fëmijtë, për hir dhe në dobi të të cilave dhe të cilëve u menduan të gjitha programet, marrëveshjet, nismat, raportet, rezolutat etj. që përmblidhen me termin abstrakt »politika zgjeruese e Unionit Europian«.

Pas tetë vjetësh që jam marrë intensivisht me Kosovën dhe rajonin dhe përvojën nga më shumë se dy duzina udhë-

time në Kosovë dhe rajon si dhe nga kontaktet dhe takimet e shumta, ky libër tregon bindjen time të thellë për Europën dhe zgjerimin e saj: Ne EU-ropianet dhe EU-ropianët e kemi detyrimin të mos i zhgënjejmë shpresat e mëdha që i kanë pikërisht qytetaret dhe qytetarët e shtetit më të ri europian karshi UE-së. Kosovaret dhe kosovarët më në fund – pas luftës, dëbimit, arratisjes para pothuaj njëzet vjetësh – duhet të kenë një jetë »normale« në një shtet »normal« e të njohur anembanë botës, as të izoluar dhe as të sulmuar por përgjegjes për veten. Pikërisht në rastin e Kosovës duhet, mund dhe do të duhej të tregohet forca depërtuese e politikës paqësore dhe Soft Power e Unionit Europian.
Jam plot besim që ky libër ofron argumente të mira për një vazhdim të intensivuar të rrugës së anëtarësimit të këtij shteti më të ri europian. Strategjia e re që e paraqet UE-ja në shkurt të këtij viti është e nevojshme për të sinjalizuar: Kosova dhe shtete të tjera të Ballkanit Perëndimor janë një pjesë e rëndësishme e këtij kontinentit tonë. Për këtë janë të një rëndësie maksimale sendërtimi i shtetit juridik, një reformë qëndrueshme e gjyqësorit si dhe një luftim efikas i të korrupsionit – ashtu si dhe një sistem modern arsimor, shëndetësor dhe social, një ekonomi funkcionuese dhe fundi i ndotjes së ambientit dhe i shkapërderdhjes së energjisë. Kjo ka ende nevojë për shumë përpjekje dhe mundime. Mbase edhe për mënyra të reja procedimi. Mirëpo, një e kam të qartë pas tetë vitesh: të gjitha këto strapacime ia vlejnë të bëhen. Vetëm me zgjerimin e

Unionit Europian me të GJITHA shtetet pasardhëse të Jugosllavisë dhe me Shqipërine koncepti europian për paqe do të jetë i plotësuar edhe për këtë pjesë të kontinentit.

What this book wants

February 17, 2018 marks the tenth anniversary of the Republic of Kosovo/Kosova's independence: time for me, as longtime Kosovo rapporteur of the European Parliament, to take stock. Ten years after declaring its independence, progress within the country and also on its path toward membership in the European Union is not as far along as was anticipated and desired in February 2008. This book offers straight talk on what the European Union, with its institutions and member states, has contributed to the development of an independent Kosovo/Kosova; the successes, but also the failures and crude omissions, such as the country's non-recognition by five member states. This book offers straight talk about the achievements and errors, setbacks, and major shortcomings of Kosovo's politics, brought about by a great number of internal as well as external factors. This book also offers straight talk about the ambivalent attitude of Serbia, which on its path to the European Union, only halfheartedly decides to clear the hurdles for good neighborly relations with Kosovo/Kosova. And in each of its chapters, this book attempts to draw a line from the politics to the citizens, the women, men, and children who are the intended users and beneficiaries of all of the programs, agreements, treaties, initiatives, reports, resolutions, etc., compiled under the abstract term »EU enlargement policy.«

After eight years of intense involvement with Kosovo/Kosova and the region, and with the experience of over two dozen journeys there, as well as manifold contacts and encounters, this book represents my deep belief in European and enlargement policies: As EU-ropeans, it is our responsibility to not disappoint the great hopes that citizens of the youngest European State have of the EU. Twenty years have passed since war, displacement, and flight: the Kosovar people deserve the opportunity to lead a »normal« life in a »normal« state recognized throughout the world, which is neither isolated nor subjected to hostility by its neighbors, a state taking full responsibility for its own actions. Precisely in the case of Kosovo/Kosova, the European Union can and must demonstrate its peace building clout and soft power.

I am confident that this book, in any case, will offer solid arguments for an intensified continuation of this youngest European State's path to accession. The new strategy presented by the EU in February 2018 is crucial for signalizing that Kosovo/Kosova as well as the other West Balkan States are an essential part of our continent. For this, implementation of the rule of law, sustainable judicial reform, and efficient combating of corruption are of prime importance – as are modern educational, health, and social systems, a functioning economy, and an end to environmental destruction and energy waste. This requires a great deal of effort and hard work. And perhaps also new approaches. However, one thing has become clear to me over these eight years: all of this hard work is worth the effort. An enlargement of the European Union to include ALL of the Yugoslavian successor states, and also Albania, is necessary for the European peace project to be fulfilled also for this part of the continent.

Šta je poruka ove knjige

17. februara 2018. godine biće obilježena deseta godišnjica nezavisnosti Republike. To je i za mene kao dugogodišnjeg izvjestitelja Evropskog parlamenta za Kosovo momenat da pogledam nazad i analiziram sve ono što je obilježilo zadnju deceniju. Deset godina nakon Deklaracije o nezavisnosti, napredak u zemlji i na putu prema članstvu u Evropskoj Uniji nije onakav kako je priželjkivano u februaru 2008. godine.

Ova knjiga progovara jasno o tome koliko je Evropska Unija doprinijela sa svojim institucijama i pojedinim članicama uspostavljanju i izgradnji nezavisnog Kosova, govori o uspjesima ali i o propustima i greškama kao što je recimo politika nepriznavanja Kosova od strane pet država članica EU. Knjiga također analizira uspjehe ali isto tako i sve probleme i manjke kosovske političke garniture. Knjiga nudi i trezvenu analizu dvosmislenog stava Srbije, koja se na putu ka Evropskoj Uniji vrlo teško upušta u uklanjanje prepreka za izgradnju dobrosusjedskih odnosa s Kosovom. I na kraju, ova knjiga u svakom momentu nastoji da pronađe put od političke analize ka građanima, svim onim ženama, muškarcima i djeci za koje su na kraju i osmišljeni i namijenjeni svi programi, ugovori, sporazumi, inicijative, izvještaji, rezolucije, itd. sakrivene iza apstraktne sintagme »Politika proširenja EU«.

Nakon osam godina intenzivnog rada s Kosovom i regijom, nakon više od dvadesetak dužih putovanja po Kosovu i regiji i mnogih kontakata i susreta, ova knjiga odražava moje duboko evropsko uvjerenje u ispravnost i neophodnost politike proširenja: mi Evropljani imamo obavezu da ne razočaramo velike nade koje građani najmlađe evropske države polažu u Uniju i ulazak u nju. Kosovari konačno – nakon rata, protjerivanja i bijega koji su obilježili zadnjih dvadeset godina – treba da žive »normalne« živote u »normalnoj« i internacionalno priznatoj državi – niti izolirani, niti izloženi animozitetima susjeda, i odgovorni za sami sebe. Upravo u slučaju Kosova Evropska Unija mora pokazati i dokazati da posjeduje moć da potpomogne mirovnu transformaciju društva.

Uvjerena sam da će ova knjiga pružiti dobre argumente za intenziviranje puta ove najmlađe evropske države ka EU. Nova strategija za proširenje koju je EU predstavila u februaru 2018 potrebna je da signalizira da su Kosovo i zemlje zapadnog Balkana važan dio zajedničkog evropskog kontinenta. A da bi postali dio te velike familije potrebno je da se ojača vladavina prava, da se reformira pravosuđe i odlučno bori protiv korupcije, isto kao što je važno i graditi moderno obrazovanje, zdravstvo i socijalnu skrb, ojačati privredu i prestati sa uništavanjem okoliša i olakim trošenjem energetskih resursa. Sve to zahtijeva mnogo napora i truda. I možda i neku novu vrstu pristupa ovim problemima. Međutim, jedna mi je stvar postala jasna u zadnjih osam godina: svi ovi napori vrijedni su truda. Jer samo uz proširenje Evropske Unije na sve država nasljednice Jugoslavije, kao i na Albaniju, Evropski mirovni projekt će konačno biti okončan i za ovaj dio kontinenta.

Danksagungen

All den Menschen namentlich und persönlich zu danken, die meine Begegnungen mit Kosovo/Kosova in vielen Formen begleitet und betreut haben, denen ich kurz oder länger über den Weg gelaufen bin, oder sie mir, die mir geschrieben, mich angerufen und angeredet, mir bei Podiumsdiskussionen interessante, auch kritische Fragen gestellt haben, die mich an vielen Orten Europas und einmal sogar in New York auf der Straße angeredet und gefragt haben: »Are you Ms Lunacek? Can I have a picture with you? I am from Kosovo …!« – das ist ein Ding der Unmöglichkeit.

Der jüngste Staat Europas und seine Menschen waren in diesen acht Jahren ein essenzieller Bestandteil meines Lebens – bleiben wird die Freude über eine spannende und herausfordernde Zeit, über viel Neues, viel Lachen, aber auch einige Tränen, viel Erreichtes, aber auch Ärger über vertane Chancen, aus welchen Gründen auch immer.

Einigen Menschen möchte ich hier auf dieser Seite namentlich danken. Allen voran meinem langjährigen Pressesprecher Wolfgang Machreich, Chronist und Archivar von Artikeln, Aussagen, Veranstaltungen und Fotos, der einen Großteil der Texte in diesem Buch vorbereitet und aufgezeichnet hat – ein ausgezeichneter Journalist, humorvoller Begleiter, kaum aus der Ruhe zu bringen, und in diesen vielen Jahren zu einem guten Freund geworden.

Den anderen Personen in meinem engsten Team: meine Außenpolitik-AssistentInnen Eva Rosenberg, Victoria Pirker und Felix Hauer, den Assistentinnen, die für die anderen Teile meiner Arbeit im Europaparlament zuständig waren: Caroline Ausserer, Hanna San Nicoló, Ulrike Sedlmayr. Den Dutzenden PraktikantInnen, die in diesen acht Jahren in meinem Büro in Brüssel mitgeholfen, mitgearbeitet haben – und keine/r davon hat das Büro verlassen, ohne mehr über Kosovo/Kosova gelernt und erfahren zu haben! Meine erste Praktikantin, Angela Wieser, selbst Balkan-Expertin, sei hier erwähnt: Sie hat im Dezember 2009 im Wiener Ostklub ein Visa-Freiheits-Fest organisiert, zum Zeitpunkt, als Serbien, Mazedonien und Montenegro Visa-Freiheit bekamen und die Hoffnung unter KosovarInnen groß war, dass dies bald auch für sie Realität werden würde.

Mein Team in Wien: neben Wolfgang Machreich zuerst Simon Eder, dann Hemma Gritsch, die meine sozialen Medien wunderbar betreuten und weiterentwickelten.

In der Grünen/EFA-Fraktion im Europaparlament vor allem Paolo Bergamaschi, unser jahrzehntelanger Außenpolitik-Berater und Balkanexperte: Er hatte schon zu Milošević -Zeiten, als Albin Kurti und andere in Belgrad im Gefängnis saßen, Resolutionen des EP verfasst für die Freilassung dieser politischen Gefangenen.

Im Sekretariat des Außenpolitischen Ausschusses die zuständigen MitarbeiterInnen Silvio Gonzato, Ewa Mahr, Marta Udina und Elisabetta Pietrobon.
Meine »shadows«, also die für Kosovo/Kosova zuständigen MEPs der anderen Fraktionen, mit denen ich Jahr für Jahr meine Berichte verhandelte – danke für die großartige Zusammenarbeit, über Fraktionsgrenzen und oftmals Meinungsverschiedenheiten hinweg.
Dank auch an die beiden Vorsitzenden des Außenpolitischen Ausschusses, zuerst Elmar Brok und dann David McAllister (er ist auch Serbien-Berichterstatter) für die meist konstruktive Zusammenarbeit. Dank ebenso an Eduard Kukan, slowakischer MEP, langjähriger Vorsitzender der für Kosovo/Kosova zuständigen EP-Delegation, und an den ebenso langjährigen Delegationsmitarbeiter Tomasz Banka – beider Humor, Ausdauer und Lösungsorientiertheit habe ich zu schätzen gelernt.

Lange Jahre war Herbert Pribitzer in der außenpolitischen Abteilung des EP und dann im Europäischen Auswärtigen Dienst (EAD) für den Balkan zuständig, und für mich gerade zu Beginn meiner Tätigkeit eine sehr gute Anlaufstelle, Danke dafür.

Im EAD und in der Europäischen Kommission gilt mein Dank den Erweiterungs-Kommissaren Stefan Füle und Johannes Hahn und ihren Teams, sowie der ersten Hohen Repräsentantin/Vizepräsidentin der Kommission Catherine

Ashton und ihrer Nachfolgerin Federica Mogherini sowie ihren jeweiligen Teams.
An diese Stelle passt auch mein Dank für die Idee und Bemühungen im Jahr 2011, mich zur HoO/EUSR in Kosovo/Kosova zu machen, was nicht möglich wurde, weil ich keine österreichische Diplomatin bin und weil zum damaligen Zeitpunkt Europaabgeordnete noch nicht in den EAD wechseln konnten.
Besonders möchte ich Fernando Gentilini und Angelina Eichhorst nennen, hintereinander EAD-DirektorInnen für den Westbalkan, und Pierre Mirel, bis zu seiner Pensionierung 2013 Kommissions-Direktor für den Westbalkan.

In Brüssel danke ich den jeweiligen kosovarischen BotschafterInnen Ilir Dugolli, Mimoza Ahmetaj und Bernard Nikaj sowie in Wien Sabri Kiqmari und Sami Ukelli mit ihren hervorragenden MitarbeiterInnen an beiden Standorten.

Im Rahmen der österreichischen Ständigen Vertretung (ÖStV) in Brüssel gilt mein Dank den österreichischen PSK-Botschaftern Alexander »Axel« Marschik sowie Alexander Kmentt , sowie Richard Winkelhofer, Präsident (2008–2010) der »Special Chamber of the Supreme Court of Kosovo« im Rahmen von EULEX; ebenso vielen anderen Personen an der ÖStV, die ich im Zusammenhang mit meiner Kosovo-Arbeit kennenlernte.

Dank an den früheren österreichischen Botschafter in Kosovo/Kosova Johann Brieger mit seiner Frau Roswitha, die sich für mehr Tierschutz eingesetzt hat. Vor allem die Schaffung eines Geheges für »freigekaufte« Tanzbären, wo diese im Rahmen eines Projekts von »Vier Pfoten« Zuflucht finden, geht auf ihre Initiative zurück.
Auch dem aktuellen Botschafter in Prishtina, Gernot Pfandler, und vielen Gesandten und anderen BotschaftsmitarbeiterInnen gilt mein Dank. So wie dem langjährigen Leiter der Austrian Development Agency (ADA) in Kosovo/Kosova, Christian Geosits, mit dem ich bei meinen Reisen nach Kosovo/Kosova viele erfolgreiche ADA-Projekte besuchen konnte.

In Kosovo/Kosova waren die LeiterInnen der EU-Botschaft – von Renzo Davide über Khaldoun Sinno, Samuel Zbogar bis zu Natalya Apostolova, der ersten Frau in dieser Funktion, eine große Unterstützung – Danke! Auch den anderen MitarbeiterInnen herzlichen Dank – sie haben alle meine Aufenthalte in Kosovo/Kosova wunderbar betreut und sind mir mit Rat und Tat zur Seite gestanden, all die acht Jahre lang.

Ebenso gilt den MissionschefInnen von EULEX – Yves de Kermabon, Xavier Bout de Marnhac, Bernd Borchardt, Gabriele Meucci, Alexandra Papadopoulous – und ihren Teams mein Dank für rasche Bereitstellung von Informationen und interessante Gespräche. Den österreichischen

Diplomaten Thomas Mühlmann, von 2010 bis 2015 Stabschef von EULEX, und Werner Almhofer, von 2008 bis 2012 Leiter der OSZE-Mission in Prishtina, bin ich zu besonderem Dank verpflichtet. Ihnen gelang es, mir die komplexen Zusammenhänge in und um EULEX und CPCC in Brüssel bzw. rund um das Verhältnis der verschiedenen internationalen Organisationen im Land gut zu erklären.

Danke vor allem auch an meine kosovarischen Freundinnen, Freunde und Bekannte, die ich bei so gut wie jedem Besuch getroffen habe und die mich immer auf den neuesten Stand der politischen Lage wie persönlicher Umstände brachten, jeweils verbunden mit einem guten Essen in einem der vielen Lokale in Prishtina, sei es das De Rada, das Liburnia, das Dit' e Nat', das Tiffany oder das Rings, um nur einige zu nennen.

Ein besonderer Dank gilt Verena Knaus, die zu Beginn meiner Tätigkeit in Kosovo/Kosova für die European Stability Initiative arbeitete. Diese hatte sie mit ihrem Bruder Gerald Knaus gegründet. Sie lebte damals mit ihrem Mann Hili Nrecaj in Prishtina, brachte mich mit einigen dieser jungen Menschen in Kontakt und zeigte mir einige schöne Seiten des Landes. Ihr Reiseführer »Kosovo« aus der Reihe Bradt Travel Guides, den sie gemeinsam mit Gail Warrander geschrieben hat, ist in der neuen Auflage für Kosovo-Reisende immer noch empfehlenswert!

Dank an die Österreichisch-Kosovarische Gesellschaft (ÖKG) in Prishtina und ihren langjährigen Leiter Günther Fehlinger, der jedesmal bei einem meiner Besuche darauf bestand, ein Treffen mit ÖsterreicherInnen und an Österreich interessierten KosovarInnen abzuhalten. Einmal war dieses Treffen nach einem bereits zwölf Stunden dauernden Tag angesetzt (an dem ich nicht wirklich zum Mittagessen gekommen war), und dann wollte Günter Fehlinger auch noch, dass ich wie vereinbart zuerst den Anwesenden Rede und Antwort stehe, BEVOR ich etwas zu essen bekam… – aber was tut frau nicht alles ;-)! Erst um etwa 21:30 konnte ich dann endlich was G'scheites essen und unter anderem meinen geliebten Schopska-Salat genießen! Jetzt hat Remzie Hoxhaj, Universitätsdozentin in Prishtina, die Leitung der ÖKG übernommen, mit genauso viel Engagement und Verve, vielen Dank dafür. Genauso dem sehr rührigen jetzigen MEP Lukas Mandl (ÖVP), der 2016 die Österreichisch-Kosovarische-Freundschaftsgesellschaft gegründet hat, die in Österreich mehr Interesse für den jüngsten Staat Europas und seine Menschen gewinnen will.

Österreichische Kosovo- bzw. Balkan-Experten, mit denen ich mich des Öfteren angeregt ausgetauscht habe, sind der Politologe Vedran Džihić, der frühere Koordinator des Südosteuropa-Stabilitätspaktes Erhard Busek sowie der frühere österreichische Botschafter und Bosnien-Beauftragte Wolfgang Petritsch.

Besondere Freude machten mir die Mittag- oder Abendessen in Alpbach mit den Mitgliedern des Club Alpbach Belgrad und des Club Alpbach Prishtina. Die Prozesse des Vorurteile-Abbauens so direkt mitzuerleben, war eine Bereicherung – und wird hoffentlich in Zukunft fortgesetzt!

Herzlichen Dank an den Verleger Lojze Wieser und seiner Mitarbeiterin, Erika Hornbogner, sowie dem Lektor Josef G. Pichler. Ohne diese drei Personen wäre aus diesem Buch – und schon gar nicht rechtzeitig – nichts geworden.

Der Erste Stiftung sei Dank für die finanzielle Unterstützung.

Mein Dank fürs Übersetzen der Zusammenfassungen ins Albanische, Serbische und Englische gilt Hans-Joachim Lanksch, Vedran Džihić und Lisa Rosenblatt.

Meinem Nachfolger als Kosovo-Berichterstatter des Europäischen Parlamentes, Igor Soltes, danke ich, dass er diese Aufgabe übernommen hat, und wünsche ihm viel Erfolg und viel Freude in dieser – anstrengenden, aber lohnenden – Funktion.

Auch er hat schon Ruzhdi Bekteshi kennengelernt, unseren immer gut aufgelegten, gesprächigen, englisch mit schottischem Akzent sprechenden Fahrer, der mich und meine BegleiterInnen immer wieder sicher und verlässlich kreuz und quer durchs Land und einmal sogar über Albanien nach Montenegro gefahren hat, danke dafür!

Großer Dank gilt meiner Compañera, meiner Lebensgefährtin über fast 25 Jahre, Rebeca Sevilla: ein Drittel dieses Vierteljahrhunderts hat sie mit viel Geduld und Interesse auch meine Kosovo-Aktivitäten begleitet; einmal war sie mit dabei beim berühmten Doku-Fest in Prizren, das sie begeistert hat – genauso wie die Stadt und die Menschen. Danke für alles!

Und ein herzlicher Dank an alle jene, die mir verzeihen, dass sie ihren Namen in dieser langen Liste der Danksagungen nicht gefunden haben, obwohl sie auch zu den vielen wichtigen Begegnungen gehören, die ich im Laufe dieser acht Jahre als Kosovo-Berichterstatterin erleben durfte.

Eine Auswahl weiterführender Literatur im Wieser Verlag

Martin Camaj: *Weißgefiedert wie ein Rabe / Njeriu më vete e me tjerë*. Gedichte albanisch/deutsch. Aus dem Albanischen übersetzt von Hans-Joachim Lanksch. 1999.

Ali Podrimja: *Ich sattle das Ross, den Tod*. Poesie. Aus dem Albanischen übersetzt von Hans-Joachim Lanksch. 1991.

Ali Podrimja: *Wandern mit dem Wolf*. Sonderdruck von 50 numerierten Exemplaren anlässlich des 50. Geburtstags von Ali Podrimja. Auswahl von Ludwig Hartinger und Hans-Joachim Lanksch. 1992.

Ali Podrimja: *Das Lächeln im Käfig / Buzëqeshja në kafaz*. Poesie albanisch/deutsch. Aus dem Albanischen übersetzt von Hans-Joachim Lanksch. 1993.

Azem Shkreli: *Ich weiß ein Wort von Stein*. Gedichte. Aus dem Albanischen übersetzt von Hans-Joachim Lanksch. 1993.

Luan Starova: *Das Buch der Mutter: Balkansaga*. Aus dem Makedonischen übersetzt von Will Firth. 2010.

Kasëm Trebeshina: *Der Esel auf dem Mars: Eine Liebesgeschichte*. Aus dem Albanischen übersetzt von Hans-Joachim Lanksch. 1994.

Ulrich Ammon, Harald Haarmann, Miloš Okuka (Hrsg.): *Wieser Lexikon der Sprachen des Europäischen Ostens und Westens*. Drei Bände. 2008.

Toni Bernhart (Hrsg.): *Europa Erlesen: Sizilien*. 2001.

Karl-Markus Gauß (Hrsg.): *Das Buch der Ränder: Prosa*. 1992.

Doris Barbara Grießner (Hrsg.): *Europa Erlesen: Balkan*. 2009.

Miloš Okuka (Hrsg.): *Europa Erlesen: Niš*. 2012.

Kevin Perryman (Hrsg.): *Europa Erlesen: Zwischen Fels und Nebel*. 2006.

Wolfgang Petritsch, Karl Kaser, Robert Pichler: *Kosovo / Kosova: Mythen, Daten, Fakten*. 1999.

Wolfgang Petritsch: *Zielpunkt Europa: Von den Schluchten des Balkan und den Mühen der Ebene*. Aufsätze, Reden, Kommentare, Interviews, Dokumente 2001–2009. 2009.

Lojze Wieser (Hrsg.): *»... und darin fliegt eine Schwalbe«: Meine Lieblingsgedichte*. 2017.

Christine Zucchelli (Hrsg.): *Europa Erlesen: Albanien*. 2013.

Christine Zucchelli (Hrsg.): *Europa Erlesen: Tirana*. 2015.

www.wieser-verlag.com